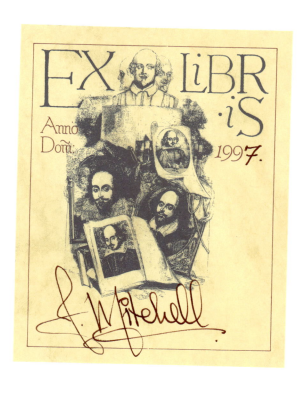

Georg Markus
Das kommt nicht wieder

Georg Markus

Das kommt nicht wieder

Neue Geschichten aus alten Zeiten

Mit 26 Abbildungen

Amalthea

Vorderes Schutzumschlag-Motiv: Maximilian Lenz, Die Sirkecke auf der Ringstraße, um 1900 (Historisches Museum der Stadt Wien)

Bildnachweis
Universität Wien (Seite 17), Franz Xaver Winterhalter (58), Nationalbibliothek (66, 69) Wiener Kriminalmuseum/Harald Seyrl (81), Ladislaus Tuszyinski/»Illustrierte Kronen Zeitung« (84), Posthotel Rössle/ Gaschurn (122), Leonardo da Vinci (130, 131), Kupferstich Carl Schütz (135), Repro Ernst Kainerstorfer (135, 145), DDSG (169), Joseph Kriehuber (240), »Sterne und Weltraum« 3/1997 (244) sowie Privatarchiv des Autors und Archiv der »Neuen Kronen Zeitung«/ Wien.

© 1997 by Amalthea
in der F. A. Herbig Verlagsbuchhandlung GmbH,
Wien · München
Alle Rechte vorbehalten
Umschlaggestaltung: Wolfgang Heinzel, München,
unter Verwendung eines Fotos der Museen der Stadt Wien
Herstellung und Satz: VerlagsService Dr. Helmut Neuberger
& Karl Schaumann GmbH, Heimstetten
Register: Margit Wudernitz
Gesetzt aus der 10,5/13,5 Punkt Stempel Garamond
Druck und Binden: Wiener Verlag, Himberg
Printed in Austria
ISBN 3-85002-408-3

Inhalt

Von einer Jahrhundertwende zur anderen
Vorwort 11

MEDIZINISCHES 13

Die erste Frau Doktor
Gabriele Possanner setzt sich durch 14

»So werde ich es machen...«
Große der Weltgeschichte begehen Selbstmord 19

Der liebe Gott unter den Chirurgen
Theodor Billroth 27

Sex gestern & heute
Vom Liebesleben im Wandel der Zeiten 31

»Schnee« von gestern
Wie die High-Society »high« wurde 37

KAISERLICH & KÖNIGLICHES 43

Beruf: Mätresse
Pompadour und Dubarry 44

Amor in der Hofburg
Seitensprünge im Kaiserhaus 53

Schön sein wie »Sisi«
Eine Kaiserin als Vorbild 57

Auf der Flucht
»Sisis« Schloß auf Korfu 61

Der Erzherzog und das Ballettmädel
Die Tragödie des Johann Orth 64

»Wie ein gewöhnlicher Matrose«
Erzherzog Ludwig Salvator 68

Hier ist der Kunde Kaiser
Die k. u. k. Hoflieferanten 72

KRIMINALGESCHICHTEN 77

»Ein gemütlicher Spezi«
*Aus dem Leben des k. k. Scharfrichters
Josef Lang* 78

»Um ein freies Leben führen zu können«
Wenn Frauen töten 83

Massaker auf der Teufelsinsel
*Die Ermordung österreichischer
Expeditionsteilnehmer* 88

Der berühmteste Gangster aller Zeiten
Al Capone 91

KÜNSTLERISCHES 97

Der Kampf mit den Windmühlen
War Cervantes der Mann von La Mancha? 98

Josef Meinrad
Das letzte Interview 101

Caruso & Co.
Große Tenöre 108

»Ich hab' mich so an dich gewöhnt«
Auch der Kaiser ging ins Kino 115

Der alte Mann und die Affär'
Hemingways Doppelleben im Montafon 120

»Man hört mich zwischen Scheibbs und Palermo«
Die ersten Radioübertragungen 124

Der andere Leonardo
Die Erfindungen des Malers 129

OH, DU MEIN ÖSTERREICH 133

Unser »Steffl«
Der Dom und seine Geschichte 134

Der »Fenstergucker« erinnert sich
Ein Exklusivinterview mit Meister Pilgram 139

»Es wird a Wein sein...«
Der Wiener Heurige 143

Alles Walzer
Wien und seine Bälle 148

Der Kaiser war nie am Opernball
Eine Institution im ³/₄-Takt 157

»Volk der Freiheit, Volk der Brüder«
Die andere Bundeshymne 161

Dampfschiffahrt ohne Dampf
Vom Reiseverkehr auf der Donau 168

»Wir sind doch keine Lipizzaner«
Die Wiener Sängerknaben 172

Die Hofburg brennt!
Zwei Feuerkatastrophen, 1668 und 1992 177

Rubens, Bruegel, Tizian, Dürer
Österreichs Kunstschätze 182

Politisches 187

Mozart war kein Österreicher
oder Es ist schwer, ein Nationalheld zu sein 188

Auf dem Weg zur Demokratie
*Wieso die »Rechten« rechts und
die »Linken« links stehen* 191

»Es kann nur einen Kanzler geben«
Die Regierungschefs der Zweiten Republik 194

»No sports!«
Wenn Politiker krank sind 199

In Zeiten wie jenen 203

In welcher Epoche lebte Fred Feuerstein?
*In gar keiner, denn eine solche Zeit hat
es nie gegeben* 204

Sechzehn Menschen auf 48 m²
Der Alltag im Jahre 1747 207

Beine auf den Bühnen helfen Bühnen auf die Beine
Wie wild waren die zwanziger Jahre? 210

Ein Revuegirl, das in die Jahre kommt
Der 100. Geburtstag eines vergessenen Stars 215

ZWISCHEN KRAKAU UND BAD ISCHL 221

Der Kaiser im Hawelka
K. u. k. Krakau 222

Tirol liegt in Brasilien
Als Österreich die Welt benannte 226

Mit dem Hofratszug in die Sommerfrische
Die Dichter von Reichenau an der Rax 230

»Es komponiert sich so leicht bei Regenwetter«
*Von Ischler Salzprinzen und
Operettenkönigen* 233

KLEINE UND GROSSE WELTGESCHICHTE 237

Dichter und Tierfreund
Ignaz Castelli 238

»Die Welt steht auf kan' Fall mehr lang«
oder Der Komet kommt! 242

Ein Kreuz auf dem Kalenderblatt
Was Nostradamus wirklich prophezeite 248

»Mein Gott, es spricht«
Wie Mr. Bell das Telefon erfand 253

Herr von Knigge benimmt sich schlecht
*Der Ahnherr der feinen Sitten war
nicht immer fein* 258

Die Ahnen des Bischofs
*Die siebenhundert Jahre alte Familie
Schönborn* 262

Das war der Schilling
Ein Nachruf 265

Ein Paar Würstel um drei Schilling
Was wann wieviel kostete 269

Wenn es in Dallas geregnet hätte
Wetter macht Weltgeschichte 272

»Mehr Licht!«
Letzte (und vorletzte) Worte 275

Quellenverzeichnis 279

Namenregister 282

Von einer Jahrhundertwende zur anderen

Vorwort

Das kommt nicht wieder.« Den Titel dieses Buches kann man aufatmend zur Kenntnis nehmen, denn so gut waren die Zeiten nicht, daß man sie gleich noch einmal erleben möchte. Andererseits pflegt man der »guten alten Zeit« wehmütig nachzuweinen. Im Zeitalter des Internet sind »Sisis« Schönheit und die Geschichten vom »alten Kaiser« Reminiszenzen an verklungene Epochen, die entweder verteufelt oder aber allzu verklärt dargestellt werden.
Wir wollen weder verteufeln noch verklären. Sondern aufzeigen, was einst geschah. Wenn etwa von einer jungen Frau erzählt wird, die zur Jahrhundertwende den steinigen Weg auf sich nahm, als erste Österreicherin ein akademisches Studium zu absolvieren. Oder wenn unter »Kriminalgeschichten« berichtet wird, wieso gerade der letzte k. k. Scharfrichter ein überaus populärer Mann gewesen ist. Oder wenn wir über die Erotik unserer Großeltern informieren.
Caruso und anderen großen Tenören ist das Kapitel »Künstlerisches« gewidmet. In dem wir auch frühe Stummfilmstars und Radiopioniere treffen. Eine Begegnung mit Josef Meinrad sollte zum letzten Interview seines Lebens werden. Anhand eines bislang unbeachtet gebliebenen Meldezettels erfährt man, daß Ernest Hemingway 1925/26 im Vorarlberger Montafon auf Skiurlaub war – und zwar mit zwei Frauen gleichzeitig! Die eine – seine Ehefrau – wohnte in Schruns, die andere – die

Geliebte – im nahen Gaschurn. Der Dichter pendelte einen Winter lang zwischen den beiden hin und her. Bis es zur familiären Entscheidung kam.

Hemingway finden wir auch – neben Tschaikowsky, van Gogh, Ferdinand Raimund und Stefan Zweig – im Kapitel über Große der Geschichte, die Selbstmord begingen.

Wer schließlich hätte das gedacht: »Mozart war kein Österreicher«! Der Nachweis für diese betrübliche Tatsache wird in dem gleichnamigen Kapitel erbracht. »No sports« heißt ein Abschnitt, in dem es um kranke Politiker geht und um den Einfluß, den ihre Krankheiten auf die Weltgeschichte hatten.

Den Ausbruch des Zweiten Weltkriegs, das Attentat auf Hitler, die Ermordung John F. Kennedys, das Unglück von Tschernobyl und vieles mehr hat Nostradamus – so wird seit Jahr und Tag verkündet – vor vierhundert Jahren schon prophezeit. Geht man den Vorhersagen des »größten Sehers aller Zeiten« auf den Grund, bleibt allerdings nicht viel übrig von alledem.

Die letzten Worte historischer Persönlichkeiten sind auch die letzten Worte dieses Buches. Wir erfahren, was Marie Antoinette, Franz Kafka, Egon Friedell, Beethoven, Gustav Mahler sagten, ehe ihr Leben ausgehaucht war. Und natürlich Goethe, dessen letzte Worte seit Generationen Anlaß zu Spekulationen geben.

So unterschiedlich die Themen der historischen Reportagen dieses Buches sein mögen, der Untertitel »Neue Geschichten aus alten Zeiten« ist ein Hinweis darauf, daß es in all seinen Kapiteln den Bezug zum Heute darstellen will. Von Jahrhundertwende zu Jahrhundertwende.

GEORG MARKUS
Wien, im August 1997

Medizinisches

Die erste Frau Doktor

Gabriele Possanner setzt sich durch

Die junge Frau hatte sich Unmögliches in den Kopf gesetzt. Sie wollte Ärztin werden, wie viele Mitglieder ihrer Familie – oder besser: wie viele männliche Mitglieder ihrer Familie. Denn Frauen gehörten vor hundert Jahren noch an den Herd, durften Fabrikarbeiterinnen oder Dienstmädchen werden.
Während heute mehr als ein Drittel aller österreichischen Ärzte Frauen sind, gab es knapp vor der Jahrhundertwende hierzulande keinen einzigen weiblichen Arzt. Erst im Jahre 1897 durfte die erste Frau an der Universität Wien zum Doktor der Medizin promoviert werden. Gabriele Possanner von Ehrenthal war damit auch die erste Frau überhaupt, die in Österreich einen akademischen Titel führen durfte. Und sie nahm dafür einen unglaublichen Kampf auf sich.
Das »schwache Geschlecht« hatte ab der Mitte des vorigen Jahrhunderts an den meisten europäischen Universitäten Einzug gehalten. Österreich und Preußen hingegen waren die letzten Staaten, in denen Frauen keine Studienerlaubnis erhielten.
Possanner entstammte einer im 17. Jahrhundert geadelten Kärntner Familie. Sowohl ihr Großvater als auch einer ihrer Onkel waren Ärzte, während es ihr Vater als Jurist zum Sektionschef im Finanzministerium brachte. Als

eines von sieben Kindern in großbürgerlicher Atmosphäre, vorerst in Pest, später in der k. u. k. Haupt- und Residenzstadt aufgewachsen, maturierte sie 1887, bereits 27 Jahre alt, als zweite Absolventin in der Geschichte des Akademischen Gymnasiums in Wien. Denn auch die Erlangung der Reifeprüfung war für Mädchen in jenen Tagen mit großen Schwierigkeiten verbunden. Und in ihrem Abschlußzeugnis fehlte der Passus »Erteilung der Reife zum Besuch einer Universität«, wie er für männliche Maturanten vorgesehen war.

Also mußte sie ihr Studium im Ausland absolvieren. Sie inskribierte an der Universität Zürich, wo sie 1893 mit einer Dissertation über eine besondere Form der Netzhautentzündung zum Dr. med. promovierte und einige Semester als Assistentin an der Universitäts-Augenklinik tätig war. Nach Wien zurückgekehrt, suchte sie im Ministerium für Kultus und Unterricht um Nostrifizierung* an. Ihr Antrag wurde aber »mit Rücksicht auf bestehende Vorschriften gar nicht in Verhandlung genommen«. Und das, obwohl in Österreich großer Bedarf an weiblichen Ärzten – vor allem an Schulärzten für Mädchen – herrschte.

Gabriele Possanner hatte einen eisernen Willen. Und den unbändigen Wunsch, in ihrer Heimat als Ärztin zu arbeiten. So sandte sie innerhalb von zweieinhalb Jahren eine Unzahl weiterer Gesuche an Universitäten, Kliniken, Ministerien, an den Verwaltungsgerichtshof, das Abgeordnetenhaus. Und obwohl die spätere Nobelpreisträgerin Bertha von Suttner und die Hotelbesitzerin Anna Sacher als prominente Mitglieder des *Vereins zur erwei-*

---

* Anerkennung der ausländischen Diplome

terten Frauenbildung ihren Kampf unterstützten, wurden ihre Eingaben entweder
a) abgelehnt oder
b) nicht beantwortet bzw.
c) auf gut österreichisch: »schubladiert«.
Denn: Würden Mädchen studieren, hatte Wiens Akademischer Senat schon 1873 gewarnt, »müßten Docenten vieles, was sich für das Ohr der Männer eignet, erst jenem der Frauen, namentlich züchtiger Jungfrauen, anpassen«. Und Unterrichtsminister Paul Gautsch von Frankenthurn hielt »die Concurrenz der Frauen für eine volkswirtschaftliche Gefahr«.
Am 8. Juli 1895 wandte sich Gabriele Possanner (mittlerweile Baronin) von Ehrenthal in ihrer Not an den Kaiser, den sie um »gnadenweise« Ausübung der ärztlichen Praxis ersuchte, zumal »zahlreiche Mädchen und Frauen sich scheuen, beim Beginne einer Krankheit einem männlichen Arzte sich anzuvertrauen, infolgedessen solche Leiden sich steigern und oft unheilbar werden«. Ihrem Gesuch lag ein »Appell« ihres 73jährigen Vaters an den Kaiser bei: »Nun soll sie im Alter von fünf und dreißig Jahren vor die Alternative gestellt sein; entweder Familie und Vaterland zu verlassen oder ihren Beruf aufzugeben. Ihre durch so schwer errungene, durchgreifende Ausbildung gewährleistete Befähigung für ihren Beruf soll brach liegen bleiben, ihr langjähriges, so ausdauerndes und ehrenhaftes Streben nach einem der edelsten Ziele, welche im menschlichen Leben überhaupt erreichbar sind, soll vereitelt werden, die schweren Geldopfer an das Ausland, welche ich, da uns das Inland verschlossen blieb, bringen mußte, müßten fruchtlos hinausgeworfen bleiben – kurz das Alles soll knapp vor dem Gelingen scheitern – an Motiven, welche die Wissenschaft sowie die sämmtlichen Cultur-Staaten

Erst die Intervention Kaiser Franz Josephs verhalf ihr nach jahrelangem Warten zum Doktordiplom: Gabriele Possanner von Ehrenthal war Österreichs erste Ärztin.

der Welt als werthlosen Ballast schon längst über Bord geworfen haben!«
Die dramatischen Worte des Vaters verfehlten ihre Wirkung nicht, und jetzt endlich kam die Sache in Bewegung. Kaiser Franz Joseph beauftragte den Innenminister, den Fall zu prüfen, worauf dieser eine Verordnung erließ, mit der »die Nostrifizierung ausländischer Doktordiplome auch für weibliche Ärzte geregelt« wurde.
Possanner trat an der Universität Wien innerhalb von neun Monaten zu 21 Prüfungen an, die sie alle mit gutem Erfolg bestand. Am 2. April 1897 feierte sie im Großen Festsaal der *Alma Mater* ihre (zweite) Promotion zum Doktor der gesamten Heilkunde, wobei der Rektor der Universität die inzwischen 37jährige Ärztin in seiner Ansprache als »muthige Vorkämpferin um die Erweiterung der Frauenrechte« würdigte. Ihr Bild fand sich in mehreren Zeitungen, »da an der Wiener Universität zum ersten Male eine Dame zum Doctor promovierte«.
Dr. Gabriele Possanner blieb unverheiratet und ließ sich

in Wien IX., Günthergasse 2/1. Stock als praktische Ärztin nieder, wo sie »täglich von 15 bis 16 Uhr« ordinierte. Einige Jahre auch in Wiener Spitälern tätig, behandelte sie nach dem Ersten Weltkrieg von der *Caritas* betreute Kinder. 1928 wurde ihr von Bundespräsident Michael Hainisch – wieder als erster Frau in Österreich – der Titel Medizinalrat verliehen. Sie starb im März 1940 im Alter von achtzig Jahren.
Ihr Kampf hat sich gelohnt. An Österreichs Universitäten schlossen 1996 fast so viele Frauen (4768) wie Männer (5842) ein Studium ab. An den medizinischen Fakultäten promovierten sogar mehr Frauen (529) als Männer (480). Nur bei den Lehrern herrschen heute noch Zustände wie beim alten Kaiser: unter den 128 ordentlichen Professoren, die an Österreichs Universitäten Medizin unterrichten, sind 125 männlichen Geschlechts.
Und 3 (in Worten: drei) sind weiblichen Geschlechts.

»So werde ich es machen ...«

Große der Weltgeschichte begehen Selbstmord

Selbstmord. Die Tat der Verzweiflung, der letzte Aufschrei einer gequälten Seele macht vor keinem Stand halt. Auch vor den ganz Großen nicht. Tschaikowsky, van Gogh, Hemingway, Adalbert Stifter, Stefan Zweig sind unsterblich.
Und waren nicht fähig, zu leben.
Wie manch andere Künstler, wie Könige, Prinzen und Politiker.
Ferdinand Raimund hatte so viel Schwermut und Melancholie in sich, daß er sich das Leben nahm, nachdem sein Hund ihn gebissen hatte. Am 29. August 1836 ereignete sich ein zunächst unbedeutend erscheinender Vorfall: der Volksdichter und Schauspieler war, von einer erfolgreichen Gastspielreise aus Hamburg kommend, auf seinen Besitz im niederösterreichischen Gutenstein zurückgekehrt, wo ihn sein Hund liebevoll empfing. Das Tier hatte unglücklicherweise kurz vorher mit einem anderen Hund im Dorf gerauft und sich dabei eine schmerzhafte Verletzung zugezogen. Bei der Begrüßung berührte Raimund den geliebten Hund unabsichtlich an der Wunde, so daß dieser instinktiv nach seinem Herrchen schnappte und an der Hand verletzte.
Was noch lange kein Drama gewesen wäre, weitete sich infolge der angekränkelten Psyche des Dichters zur Katastrophe aus. Nachdem ihm eine Zigeunerin in jungen Jah-

ren prophezeit hatte, er würde dereinst an den Folgen eines Hundebisses sterben, war Raimund nun überzeugt davon, er wäre durch die Verletzung an Tollwut erkrankt und müsse elendiglich zugrunde gehen. Zwar ließ er noch eine Kutsche anspannen, um seinen Arzt zu konsultieren, doch als er unterwegs von einem schweren Gewitter überrascht wurde und im Gasthof *Zum Goldenen Hirschen* in Pottenstein übernachten mußte, verlor er die Nerven.
Um vier Uhr früh schoß er sich mit seinem Revolver, den er immer bei sich hatte, eine Kugel in den Kopf. Ferdinand Raimund starb nach einer Woche qualvollen Leidens.
Und hatte damit im Alter von 46 Jahren wahrgemacht, was er den Tischler Valentin im *Verschwender* singen läßt: *Da leg' ich meinen Hobel hin und sag' der Welt ade ...*
Vincent van Gogh hatte mehrere Selbstmordversuche hinter sich, ehe er tatsächlich starb: Nach einem Streit mit seinem Freund Paul Gauguin schnitt er sich einen Teil der linken Ohrmuschel ab, worauf er, da die Aorta durchtrennt war, fast verblutete. Wieder genesen, schluckte er mehrmals giftige Malutensilien und begab sich dann freiwillig in die Irrenanstalt von Saint-Rémy in der Nähe von Arles.
Auch – und gerade – in den schlimmsten Phasen der Selbstzerstörung und während seiner stationären Behandlungen in Nervenheilanstalten schuf van Gogh einige der bedeutendsten Werke der Kunstgeschichte.
Bis er am 27. Juli 1890 in Auvers-sur-Oise bei Paris zum Revolver seines Zimmerherrn griff, die Waffe gegen seinen Unterleib richtete und abdrückte. Er starb zwei Tage danach.
War es die Verzweiflungstat eines erfolglosen Genies, dessen Bilder zu seinen Lebzeiten unverkäuflich waren? (Während sein Porträt *Dr. Gachet* bei einer Auktion in

New York vor einigen Jahren umgerechnet mehr als 800 Millionen Schilling erzielte.)
»Er hat mehr an seinem Innenleben gelitten als an der äußeren Erfolglosigkeit«, meint der Wiener Psychiater Dr. Stephan Rudas. »Auch wenn van Gogh seine Bilder verkauft hätte, hätte ihn das nicht geheilt.«
Der Fall Ernest Hemingway untermauert diese These, denn auch er wählte den Freitod, und das, obwohl er zu Lebzeiten überaus erfolgreich war. Freilich ist seine Familie in eine tragische Kette von Suizidfällen verstrickt. Nicht nur der Dichter selbst, sondern auch sein Vater, sein Bruder, seine Schwester und – erst im Juni 1996 – seine Enkelin Margaux endeten durch Selbstmord.
Ernest Hemingway hat in Anwesenheit mehrerer Zeugen vorgeführt, daß Suizidgefährdete tatsächlich dazu neigen, ihr tödliches Vorhaben – als Aufschrei, als letzten Hilferuf – anzukündigen. Auf Kuba »spielte« der Literaturnobelpreisträger einmal die Szene regelrecht durch. »Sehen Sie, so werde ich es machen«, sagte er, setzte sich barfuß auf einen Sessel und stellte den Gewehrkolben zwischen seine Beine. Dann beugte er sich vor, schob sich die Laufmündung in den Mund und drückte mit der großen Zehe auf den Abzug, bis es klickte. »So begeht man Harakiri«, erklärte er, »denn der Gaumen ist der weichste Teil des Kopfes.«
In seinem letzten Jahr sprach er immer häufiger vom nahenden Ende, stellte sich manchmal neben den Gewehrschrank, hielt seine Waffen in der Hand und starrte zum Fenster hinaus.
Trotz seiner schweren Depression wurde er wenige Tage vor seiner Verzweiflungstat als Patient der weltberühmten *Mayo-Klinik* entlassen. »Es ist nicht zu hart ausgedrückt, daß den Ärzten der Klinik hier ein entscheidender Fehler unterlaufen ist. Denn es war ja auch den medizinischen

Laien aus Hemingways Umgebung bekannt, welches ausweglose Wahngebilde er aufgebaut hatte«, meint der Wiener Arzt und Medizinhistoriker Hans Bankl, der in seinen Büchern den Tod außergewöhnlicher Menschen analysiert.

Mehrmals konnte »Hem« durch Freunde und Angehörige von dem immer wieder angekündigten Schritt abgehalten werden, doch als er sich am Abend des 1. Juli 1961 mit den Worten »Gute Nacht, mein Kätzchen« von seiner vierten Frau Mary verabschiedete, dachte sie nicht an eine gefährliche Situation. Und mußte am nächsten Morgen im Flur des Landhauses in Ketchum im US-Bundesstaat Idaho seinen Leichnam entdecken, ein Gewehr zwischen den Beinen. Der Selbstmord war von ihm genauso durchgeführt worden, wie er ihn angekündigt hatte.

Ein Jahr nach Hemingway wurde die Welt durch den spektakulären Freitod Marilyn Monroes erschüttert. Sie hatte seit langem in einem fatalen Teufelskreis gelebt, nahm nachts Unmengen von Tabletten, um schlafen zu können, und pumpte sich tagsüber mit Aufputschmitteln voll, um wieder wach zu werden. Der 36jährige Filmstar war immer von Männern umgeben und doch allein, ein Sexsymbol, das kein Glück in der Liebe fand. Das belegen vier gescheiterte Ehen – zuletzt mit Arthur Miller – und zahllose Liebschaften – darunter die Brüder John F. und Robert Kennedy. Es war ein »chronischer Selbstmord«, meint Professor Bankl, der sich über viele Jahre hinzog.

Tatsächlich hatte auch sie sich mehrmals umzubringen versucht, was aber in der Glitzerwelt von Hollywood unterging, nicht ernst oder einfach nicht zur Kenntnis genommen wurde.

Als die Haushälterin Eunice Murray am Sonntag, dem 5. August 1962, um 3.30 Uhr noch immer Licht in ihrem

Schlafzimmer brennen sah, alarmierte sie Dr. Greenson, den Psychiater der Monroe, der sofort kam und durch das Fenster in den Raum stieg. »Ich erkannte aus etlichen Metern Entfernung, daß Marilyn nicht mehr am Leben war«, sagte er später. »Da lag sie, mit dem Gesicht nach unten und entblößten Schultern, und als ich näher trat, konnte ich erkennen, daß sie mit der rechten Hand das Telefon umklammert hielt.«

Als ob der Hörer ihr die Einsamkeit hätte nehmen können.

»Es gibt keine Krankheit namens Selbstmord«, sagt Dr. Rudas, »aber es gibt verschiedene Ursachen, die eine solche Verzweiflungstat auslösen können.« Diese sind:

- Eine organische Krankheit, die unerträgliche Schmerzen bereitet oder ohne Überlebenschance erscheint. In diese Gruppe von Selbstmördern gehört der Dichter Adalbert Stifter, der an einer schweren Leberzirrhose litt, ehe er sich mit seinem Rasiermesser eine Wunde am Hals zufügte, an deren Folge er starb.
- Der Betreffende zieht eine Bilanz, in der er das Ziel seines Lebens verfehlt sieht. Adolf Hitler, Joseph Goebbels und weitere Verbrecher, aber auch auf andere Weise gescheiterte Existenzen gehören hierher.
- Oft führen – wie bei van Gogh – psychische Erkrankungen zum Suizid. Zwar paßt das Wort von »Genie und Wahnsinn« auf den großen Maler, doch ist er, laut Rudas, »eher eine Ausnahme, denn Genies sind selten wahnsinnig und Wahnsinnige fast nie genial«.
- Auch momentane Ausweglosigkeit – wie eine unglückliche Liebe – kann ein Grund für den selbstgewählten Tod sein. »Das sind Situationen, die der Betreffende zehn Tage danach ganz anders sehen würde. Doch bis dahin ist es oft zu spät.«

- Schließlich bilden Drogen-, vor allem aber Alkoholsüchtige die größte Risikogruppe. Sowohl die Monroe als auch Hemingway waren schwere Alkoholiker.

Den Freitod wählten auch die Dichter Heinrich von Kleist, Georg Trakl und Klaus Mann. Und Stefan Zweig, der am 22. Februar 1942 mit seiner jungen Frau Lotte im brasilianischen Exil eine Überdosis *Veronal* einnahm – aus Verzweiflung, weil für ihn als Österreicher jüdischer Herkunft die Heimat verloren war. In seinem Abschiedsbrief beklagt er, daß »die Welt meiner eigenen Sprache für mich untergegangen ist und meine geistige Heimat Europa sich selbst vernichtet«.

Für einen Neuanfang mangelte es ihm, zermürbt durch die lange Zeit des Exils, an Energie: »Nach dem sechzigsten Jahr bedürfte es besonderer Kräfte, um noch einmal völlig neu zu beginnen. Und die meinen sind durch die Jahre heimatlosen Wanderns erschöpft. So halte ich es für besser, rechtzeitig und in aufrechter Haltung ein Leben abzuschließen, dem geistige Arbeit die lauterste Freude und persönliche Freiheit das höchste Gut dieser Erde gewesen. Ich grüße alle meine Freunde! Mögen sie die Morgenröte noch sehen nach der langen Nacht. Ich, allzu Ungeduldiger, gehe ihnen voraus! Stefan Zweig.«

Wie er wollte auch Kronprinz Rudolf nicht alleine sterben, weshalb der Sohn Kaiser Franz Josephs am 30. Jänner 1889 auf Schloß Mayerling seine Geliebte Mary Vetsera mit in den Tod nahm. Bei dem Thronfolger waren gleich mehrere Gründe ausschlaggebend, daß es zu der schrecklichen Tat kam: er war organisch und psychisch krank, glaubte an die Ausweglosigkeit seines Daseins, und er war sowohl Alkoholiker als auch Morphinist.

Drei Jahre vor Kronprinz Rudolf hatte sich sein Cousin, Europas »schönster und jüngster König«, Ludwig II. von

Bayern, in den Tiefen des Starnberger Sees ertränkt. »Die moderne Erbforschung hat zweifelsfrei festgestellt«, erklärt Professor Bankl, »daß bestimmte Familien* infolge einer genetischen Konstellation für Selbstmord ganz besonders anfällig sind.«

Suizide sind schon aus der Antike überliefert, der berühmteste betrifft Ägyptens schöne Königin Kleopatra, die sich durch einen Schlangenbiß den Tod gab, nachdem ihr Heer ruhmlos gescheitert war.

Zum Selbstmord gezwungen wurde schließlich der Spion Oberst Alfred Redl. Als der k. k. Generalstab ihm 1913 nachweisen konnte, daß er Österreichs Aufmarschpläne an Rußland verkauft hatte, legten ihm seine Vorgesetzten einen Revolver auf den Tisch.

Hochrangige Politiker, die in jüngerer Zeit »freiwillig« in den Tod gingen, waren Uwe Barschel, der ehemalige Ministerpräsident von Schleswig-Holstein, und der langjährige österreichische Verteidigungsminister Karl Lütgendorf, die – vermutlich beide – in dubiose Affären verwickelt waren.

So unverständlich es erscheinen mag, daß Prominente ihr Leben wegwerfen, obwohl es gerade ihnen so viel zu bieten hat, »kommt bei Menschen, die in der Öffentlichkeit stehen, hinzu, daß sie nicht nur mit ihren eigenen Gefühlen fertig werden müssen, sondern auch mit jenen, die von anderen auf sie projiziert werden«, meint der Psychiater Rudas. Dennoch seien Genies, Künstler und Reiche nicht mehr und nicht weniger gefährdet als der übrige Teil der Bevölkerung. »Prominente begehen, statistisch gesehen, genauso oft Selbstmord wie andere Menschen.

---

* Kronprinz Rudolfs Mutter, Kaiserin Elisabeth, entstammte dem bayerischen Geschlecht der Wittelsbacher.

Eines haben freilich alle, ob prominent oder nicht prominent, gemeinsam: Daß sie es verabsäumt haben, sich rechtzeitig helfen zu lassen.«
Das gilt wohl auch für einen der größten Komponisten aller Zeiten. Peter Iljitsch Tschaikowsky ging im Jahre 1893, aus Angst, daß seine homosexuellen Neigungen bekannt würden, von dieser Welt.
Tschaikowsky, Hemingway, van Gogh, Ferdinand Raimund, Stefan Zweig schufen Werke, die uns helfen, das Leben erträglich zu machen.
Ihr eigenes ertrugen sie nicht.

Der liebe Gott unter den Chirurgen

Theodor Billroth

Therese Heller war eine einfache Frau aus dem Volke. Und doch ist ihr Name in die Geschichte der Medizin eingegangen. Denn die 43jährige, an Krebs erkrankte Wienerin war es, der Theodor Billroth einen Teil des Magens entfernen und damit das Leben retten konnte. Es war die erste Operation dieser Art, und sie revolutionierte die Chirurgie. Theodor Billroth zählt seit dem Tag dieser Operation – man schrieb den 29. Jänner 1881 – zu den bedeutendsten Ärzten aller Zeiten.
Hätte diese eine Leistung genügt, Billroths Namen in alle Welt zu tragen, so müßten Bücher geschrieben werden, um sein kolossales Gesamtwerk festzuhalten. Die an Frau Heller erstmals angewandte Operationsmethode – nach Entfernung des vom Tumor befallenen Organteiles verband Billroth den Magenrest mit ihrem Zwölffingerdarm – ging als *Billroth I* in die Geschichte der Medizin ein.
Der große Arzt war 1829 als Sohn eines Pastors auf der Insel Rügen zur Welt gekommen, wo er eine schwere Kindheit erlebte: Als er fünf war, starb sein Vater an Tuberkulose, danach raffte dieselbe Krankheit seine vier Brüder hinweg. Als er sein Medizinstudium begann, verlor er auch seine Mutter.
Während in Österreich-Ungarn damals in einigen Fächern die später weltberühmte *Zweite Wiener Medizinische Schule* heranreifte, waren in der Chirurgie immer noch

Paris und London führend. Bis Billroth, 38jährig, nach Wien kam.
Schon als junger Arzt hatte er sich die Frage gestellt, warum so viele Patienten nach chirurgischen Eingriffen hohes Fieber bekamen und trotz »gelungener« Operation starben. Billroth war klar geworden, daß die Infektionen »an den Betten, an den Händen der Wärter und Ärzte haften« und daß man sich davor »nur durch übertriebene Reinlichkeit schützen« könne. Robert Koch, der schließlich die Ursachen der Infektionskrankheiten fand, wurde durch diese Studien Billroths beeinflußt.
Vier Jahre nach *Billroth I* entwickelte der Chirurg mit *Billroth II* eine weitere aufsehenerregende Operationsmethode. Diesmal stellte er nach Entfernung des vom Tumor befallenen Organteiles die Verbindung zwischen verbliebenem Magen und Dünndarm her. Bereits 1874 hatte er als erster Arzt einen krebsbefallenen Kehlkopf entfernt, er verbesserte auch die Operationstechniken an Leber, Milz, Harnblase, an den Eierstöcken und an der Gebärmutter.
Niemand vor ihm wagte sich an so komplizierte Operationen heran, Patienten, die von derartigen Leiden befallen waren, hatten bis dahin keine Überlebenschance. Billroths Operationsmethoden gehören aber auch heute noch weltweit zum Standardrepertoire jedes Chirurgen.
Alles andere als ein trockener Wissenschafter, war Theodor Billroth auch überaus gesellig und ein genialer Musiker. Johannes Brahms, einer seiner besten Freunde, widmete ihm sein *Streichquartett in a-Moll*, und der große Arzt komponierte auch selbst. Als man ihm einen Lehrstuhl in Berlin anbot, lehnte er ab, weil ihm »das künstlerische Leben in Wien viel zu lieb geworden« war.
Die heutige Chirurgie ist mit der in der Zeit vor Billroth nicht vergleichbar. Als er ein junger Arzt war, gab es noch

Er entwickelte mehrere aufsehenerregende Operationsmethoden, die zum Teil heute noch angewandt werden: der große Chirurg Theodor Billroth (1829 bis 1894) war aber auch ein bedeutender Musiker.

nicht einmal die Narkose, Patienten litten unter unvorstellbaren Schmerzen. »Ich habe ihn operiert und verbunden, Gott wird ihn heilen«, sagten viele Ärzte. Junge Doktoren mußten ein zölibatäres Leben wie Priester führen, da sie Tag und Nacht für ihre Patienten da zu sein hatten. Billroth war die Heiratserlaubnis ausnahmsweise erteilt worden, weil sein erster Chef in Berlin nicht seinen tüchtigsten Assistenten verlieren wollte.

Ausgebildete Krankenschwestern im heutigen Sinn gab es damals nicht. Als Billroth während des deutsch-französischen Krieges in Lazaretten mitansehen mußte, wie Soldaten nach Amputationen starben, weil sie von ungelernten Pflegerinnen falsch behandelt wurden, schloß er seinem – von ihm gegründeten – *Rudolfinerhaus* Österreichs erste Schwesternschule an, womit er praktisch einen neuen Berufsstand ins Leben gerufen hat. Das Krankenhaus befindet sich in der heutigen Billrothstraße.

Billroth war eine unglaublich populäre Erscheinung. Vor

seinem Sommerhaus am Wolfgangsee gab es eine Haltestelle *Billroth*, in der die Bahn nur für ihn hielt. Als er mit 58 Jahren an einer gefährlichen Lungenentzündung erkrankte, bangte ganz Wien um sein Leben. Wieder genesen, wurde ihm zu Ehren ein Fackelzug veranstaltet, an dem Tausende von Menschen teilnahmen. Billroth kommentierte den Aufmarsch mit den Worten: »Es war eine schöne Leich'«.
Der Arzt hatte Kontakt zu Kaiser Franz Joseph, der ihn ins Herrenhaus berief, und auch zu dessen Sohn. Der Kronprinz übernahm die Patronanz des – nach ihm benannten – *Rudolfinerhauses* und unterstützte viele seiner Forschungsprojekte.
Billroth starb am 6. Februar 1894 während einer Kur in Abbazia an Herzversagen. Als zufriedener Mann, denn sein Lebensmotto hatte gelautet: »Wer anderen hilft, verhilft sich selbst zum Glück.«

Sex gestern & heute

Vom Liebesleben im Wandel der Zeiten

Wie war das früher, als Großpapa sein Bett mit Großmama teilte? Noch ehe die sexuelle Revolution über uns hereinbrach.
In einem Punkt, das steht fest, hat sich im Lauf von Jahrtausenden nichts geändert: Die Sexualität des Menschen war, ist und bleibt Thema Nummer eins. Ob in der Steinzeit, im Mittelalter oder am Beginn unseres Jahrhunderts – es wurde nicht mehr und nicht weniger geliebt als heutzutage. Empfahl Martin Luther vor fast fünfhundert Jahren schon

In der Woche zwier,
Schadet weder dir noch mir,

so traf er damit exakt auch das Ergebnis heutiger Untersuchungen: Herr und Frau Österreicher lieben einander – statistisch gesehen – zweimal pro Woche.
Damals wie heute.
Der Unterschied liegt in der Qualität. Was sich bis vor einigen Jahrzehnten ausschließlich hinter verschlossenen Schlafzimmertüren ereignete, das ist mittlerweile in aller Munde.
»Bist Du von geschlechtlichen Vorstellungen erregt?« Diese Frage richteten die *Berliner Sittenblätter* im Jahre 1897 – nicht ganz ohne Vorwurf – an ihre jungen Leserinnen, die gerade ihre ersten sexuellen Gelüste verspürten.

Um dann fortzufahren: »Morgens stehst Du an der Waschschüssel, züchtig in Anstandsunterrock und Untertaille, hältst Hals und Arme rein, doch mußt Du beschämt die Augen senken vor dem Toben in Deinem Mieder, ja in Deinem Beinkleid. Neugierde, auf das, was Dir als Weib bestimmt ist, erhitzt Dich. Was ist und wie ist der Mann beschaffen...?«
Auf all die Fragen, einmal in den Raum gestellt, wußte das Blatt eine ganz einfache Antwort: »So höre denn, wenn es Dir mit Deiner Gesundheit und Sittlichkeit ernst ist: Gehe zu Deiner Mama und erbitte von ihr eine alte Salatschüssel aus der Küche. Fülle sie mit kaltem Wasser und setze Dich hinein. Es ist dies ein modernes Heilverfahren, welches nur deshalb so wenig Anwendung findet, weil das wohlanständige Bürgertum sich des Umstandes, aus welchem es angebracht ist, geniert.«
Die verlogene Prüderie, damals vielfach noch schlimmer als in den Jahrhunderten davor, führte dazu, daß Mädchen die »Fleischeslust« als unangenehm und ekelhaft empfanden.
»Die Bedürfnisse der Frau blieben in früheren Zeiten so gut wie unberücksichtigt«, erklärt Österreichs Sex-Expertin Gerti Senger, »der sexuelle Umgang miteinander war ausschließlich auf die Wünsche des Mannes beschränkt.«
Seit sich das – gerade in den letzten beiden Jahrzehnten – geändert hat, liebt die Frau bewußter, intensiver, länger: Während noch Ende der sechziger Jahre die Hälfte der Frauen unter Orgasmusstörungen litt, finden heute 82 Prozent im Geschlechtsverkehr ihre Befriedigung. Laut *Kinsey*-Report dauerte der durchschnittliche Liebesakt in den Nachkriegsjahren ein bis zwei Minuten, in den Neunzigern liebt sich's in Österreichs Betten (inklusive Vor- und Nachspiel) immerhin eine halbe Stunde lang. Die

Nur die Wünsche des Mannes: Bordell zur Jahrhundertwende.

sexuelle Revolution war also in erster Linie eine Revolution zugunsten der Frau.

Für den Mann hingegen brachte das plötzlich partnerschaftlich ausgerichtete Sexualleben Probleme. Denn während Frauen einst, ehe sie vom Herrn Gemahl erstmals beglückt wurden, im allgemeinen keinen anderen intim kannten, haben sie heute Vergleichsmöglichkeiten. Wenn einer im Bett also nicht »so toll« ist, muß er damit rechnen, an den körperlichen und sonstigen Qualitäten seiner Vorgänger gemessen zu werden.

Ein kurzer Blick noch in die Schlafzimmer unserer Großeltern: Opa hatte es gut, der durfte sein Liebesleben von frühester Jugend an genießen. Entweder im Bordell oder in den Armen einer Geliebten, die freilich aus den unteren Ständen zu kommen hatte, denn »höheren Töchtern« war jegliche Form des Beischlafs strengstens untersagt. Vorehelicher Verkehr galt für Frauen nicht nur als unmoralisch, sondern auch als gefährlich (was er tatsächlich war: Ein »lediges Kind« raubte einem Mädchen jede Aussicht auf eine bürgerliche Zukunft).

Niemand schildert die Scheinmoral des *Fin de siècle* so treffend wie Arthur Schnitzler in dem Zyklus *Reigen*. Auch wenn man dem Autor vorwerfen kann, sich in seinem Privatleben nicht wesentlich anders verhalten zu haben als die männlichen »Helden« seiner lose aneinandergereihten *Reigen*-Szenen, bleibt das Liebeskarussell der »süßen Mädeln« mit ihren Galans ein Sittenbild jener Tage.

Noch in der Monarchie verfaßt und von der kaiserlichen Zensur als »unzüchtig« abgelehnt, gelangte der Reigen aus Verführung, Sexualität und Ernüchterung 1921 an den Wiener Kammerspielen zur österreichischen Uraufführung. Und hatte einen der größten Theaterskandale

aller Zeiten zur Folge. Die Bühne wurde von nationalen Kampftrupps gestürmt und ein Zuschauer schwer verletzt. In einer Parlamentsdebatte gab es heftige Diskussionen – und sogar Fausthiebe unter den Abgeordneten. Das Stück wurde von der Polizei vorübergehend verboten, worauf es Schnitzler »für alle Zeiten« sperren ließ. Erst sein Sohn Heinrich erteilte Jahrzehnte danach die Zustimmung zur neuerlichen Aufführung des *Reigen.*
»Das Liebesleben des Weibes« sollte in jenen Tagen ausschließlich der Fortpflanzung dienen, zumal es »eine infame Unterstellung ist, anzunehmen, daß eine anständige Frau sexuelle Empfindungen hat«, wie der britische Moraltheoretiker Sir William Acton zur Jahrhundertwende verkündete. Und weiters: »Sie duldet die Umarmungen ihres Gatten nur, um ihn zu befriedigen, und ginge es nicht darum, Mutter zu werden, wäre sie sicher viel lieber völlig von ihrer Pflicht entbunden, seine Aufmerksamkeit zu ertragen.«
Frauen widersprachen solchen und ähnlichen Thesen nicht, weil sie in wirtschaftlicher Abhängigkeit zu ihrem Herrn und Gebieter standen.
Ehepartner hatten am Beginn unseres Jahrhunderts ohnehin kaum Gelegenheit, einander nackt zu sehen, begab man sich doch mit hochgeschlossenem Nachthemd und Zipfelmütze zu Bette, in dem man dann mehr oder weniger »blind« miteinander verkehrte. Schlimmer noch, Frauen sollten nicht einmal ihren eigenen Körper betrachten, erfuhr man von kompetenter Seite: »Wenn Du ein Bad nimmst«, steht in einem Mädchenkalender des Jahres 1886, »so streue Sägemehl auf das Badewasser, damit Dir der peinliche Anblick Deiner Scham erspart bleibe.«
Angesichts solcher Ratschläge und Erziehungsmaßnahmen war es natürlich kaum möglich, ein unverkrampftes

Verhältnis zum eigenen Körper, zu Sex und damit auch sein seelisches Gleichgewicht zu finden. Galt die »frigide Frau« damals als bürgerliches Ideal, so erkannte Sigmund Freud, daß die Unterdrückung der Lust zu schweren seelischen Störungen führen kann. Mit dieser Erkenntnis legte der *Vater der Psychoanalyse* den Grundstein zur sexuellen Revolution. Freuds Verdienst ist es, den Menschen ins Bewußtsein gerufen zu haben, daß die Beziehung zwischen Frau und Mann von Sexualität bestimmt ist und daß diese Anziehungskraft zu allen Zeiten eine der stärksten Triebfedern menschlichen Handelns war.

»Schnee« von gestern

Wie die High-Society »high« wurde

Man applaudiert, wenn sie auftreten, umjubelt und bewundert sie, stellt sich um Autogramme an – doch das ist nur der äußere Glanz. In ihrem Inneren sind Künstler oft verletzlich, sensibel und in vielen Fällen einsam. Um Bühnenängste, die oft von Depressionen und Neurosen begleitet werden, zu überspielen, sind sie für jede Art von Sucht weitaus anfälliger als Menschen, die in bürgerlichem Milieu leben. Und viele von ihnen glauben, in Alkohol, Medikamenten und Rauschgift Stärkung zu finden.

Ebenso lang wie prominent ist die Liste der Schriftsteller, die in die Drogenfalle tappten. Edgar Allan Poe und Charles Baudelaire rauchten Opium, weil dies angeblich ihre Phantasie beflügelte. Eugene O'Neill war Morphinist, und Truman Capote probierte überhaupt alles, wovon er glaubte, es könnte seinem Schaffen förderlich sein. Als Honoré de Balzac vorgerechnet wurde, daß er in dreißig Jahren 50 000 Tassen Kaffee zu sich genommen hatte, versuchte er durch Opium von der Koffeinsucht loszukommen. Was freilich dazu führte, daß er »doppelt süchtig« wurde und sich sein Gesundheitszustand noch mehr verschlechterte.

»Schriftsteller, Schauspieler, Sänger und Musiker sind in jeder Beziehung außergewöhnliche Persönlichkeiten, die in ihrem Beruf immer wieder extreme Erfahrungen

machen müssen«, erklärt der Drogenexperte Dr. Günter Pernhaupt. »Sie setzen sich über die Gesetzmäßigkeiten des bürgerlichen Lebens hinweg und sind daher zu allem, was außerhalb der Norm steht, verführbar. Wenn jemand auf der Bühne oder im Film ununterbrochen in verschiedene Rollen schlüpft, liegt für ihn die Versuchung nahe, einmal auch durch Drogen seinen Zustand verändern zu wollen.«
Womit er nicht rechnet, sind die verheerenden Folgen.
Während Picasso in seiner Jugend mehrmals Opium nahm, ohne davon süchtig zu werden, mußte Jean Cocteau schwer kämpfen, um von der Droge wieder loszukommen.
Die meisten Drogenopfer finden sich unter Sängern und Musikern. Der österreichische Popstar Hansi Dujmic ging ebenso am Rauschgift zugrunde wie die Rocklegenden Janis Joplin und Jimi Hendrix oder der Saxophonist Charlie Parker. Hollywoodstar Judy Garland starb mit 47 Jahren an einer Überdosis verschiedener Drogen – und ihre Tochter Liza Minnelli hat auch schon etliche Entziehungskuren hinter sich.
Musikgruppen trugen mit ihrer großen Popularität leider viel dazu bei, daß Rauschmittel unter Jugendlichen »fesch« wurden. Als etwa *Beatle* Paul McCartney am Flughafen von Tokio wegen Besitzes von 220 Gramm Marihuana verhaftet wurde, hatte dies für seine Fans keineswegs abschreckende Wirkung, sondern diente geradezu als »Werbung« für die Droge. Eine Schülerin, die man dazu interviewte, sagte: »Wenn Paul Marihuana gut findet, kann es so schlecht nicht sein.«
Manche Rockidole sprechen völlig ungeniert über ihren Drogenkonsum und ziehen damit auch immer mehr junge Menschen in den verhängnisvollen Strudel der Abhängig-

keit. John Lennon verkündete geradezu stolz, daß er und seine *Beatles*-Kollegen vor der Ernennung zum *Member of the British Empire* durch Königin Elizabeth so nervös waren, daß sie vorher »noch schnell zur Beruhigung« auf die Toilette des Buckingham Palace eilten, um dort Haschischzigaretten zu rauchen. Und ihre Songs wie *Lucy in the Sky* und *Strawberry Fields Forever* waren nichts anderes als eine Verherrlichung der todbringenden Drogen.

Wie kein anderes Rauschmittel wurde aber Kokain zur Droge der Reichen und damit auch vieler Künstler. Die ersten Blätter des Kokastrauches waren 1859 mit der Weltumsegelung der Fregatte *Novara* von Peru nach Österreich gelangt. Im Jahr darauf stellte der deutsche Apotheker Albert Niemann aus dem Extrakt der Pflanze einen Wirkstoff her, den er Kokain nannte. Der Apotheker war auch gleich sein erstes Opfer: er starb an den Folgen der chemischen Experimente mit dem hochgiftigen Konzentrat. Dennoch galt Niemanns Entdeckung als Wundermittel gegen viele Krankheiten und wurde zur Schmerzbetäubung, vor allem bei Kiefer- und Augenoperationen, eingesetzt.

Sigmund Freud forschte weiter und machte ebenfalls böse Erfahrungen: nachdem der *Vater der Psychoanalyse* an sich und seiner Frau Martha mit Kokain experimentiert hatte, injizierte er die Droge seinem Arztkollegen Ernst von Fleischl. Dieser war seit einer schmerzhaften Verletzung am Daumen Morphinist und sollte durch *Coca* von dieser Sucht befreit werden. Doch er wurde zusätzlich kokainsüchtig und starb auf schreckliche Weise an einer schweren Vergiftung, die zum Delirium führte.

Trotz Bekanntwerden solcher und ähnlicher Fälle war Kokain zur Jahrhundertwende *die* Modedroge und wurde

nicht nur in Pariser Nachtclubs geschnupft, geraucht, gespritzt und (in Alkohol aufgelöst) auch getrunken. Dem legendären Volksschauspieler Alexander Girardi – laut Gutachten des Psychiaters Julius Wagner-Jauregg »vom Cocainwahn befallen, irrsinnig und gemeingefährlich« – blieb die Einweisung in eine geschlossene Anstalt nur deshalb erspart, weil Kaiser Franz Joseph über Vermittlung der Katharina Schratt persönlich für ihn intervenierte.
Im Ersten Weltkrieg stopften sich deutsche und französische Jagdflieger das weiße Pulver (»Schnee«) in die Nasenlöcher, ehe sie zum Feindflug aufstiegen. Nicht zuletzt der berauschenden Wirkung des Kokains verdanken es die zwanziger Jahre, heute noch als »wild« bezeichnet zu werden. Europas und Amerikas Unterwelt, aber auch Künstler und Intellektuelle glaubten im Kokainrausch die Erfüllung ihrer Träume zu finden, hatten aber ein böses Erwachen.
Wenn es eins gab, denn viele gingen an ihrer Sucht elend zugrunde.
Ganz und gar unfreiwillig geriet der Komponist Richard Strauss 1928 an das Gift. Als man ihm vor einer Operation zwei mit Kokain getränkte Wattebäuschchen in die Nase schob, komponierte er – noch unter dem Einfluß der Droge stehend – zwei Arien der Oper *Arabella*. »Als ich sein Krankenzimmer betrat«, berichtete der Spitalsarzt Dr. Hans Leicher, »fand ich Boden und Bettdecke mit frischgeschriebenen Notenblättern bedeckt.« Das Kokain hätte ihn »ganz munter gemacht«, behauptete Richard Strauss später.
Das Rauschgift mag vorerst aufputschend wirken, führt aber auf lange Sicht zu Appetitlosigkeit, Depression, Impotenz, Wahnvorstellungen, Schlaflosigkeit und schweren Lähmungserscheinungen. Ärzte warnen vor dem Irr-

glauben, daß Kokain der schöpferischen Leistung auf Dauer förderlich sei. Viel mehr führt der wiederholte Gebrauch zum totalen Zusammenbruch der Kreativität und der Persönlichkeit.

Auch bei Sportlern ist Kokainmißbrauch bekanntgeworden: in den zwanziger Jahren wurde, bei der *Tour de France* und beim Berliner *Sechstagerennen,* »Schnee« als Dopingmittel entdeckt, und 1991 landete Argentiniens »Fußballgott« Diego Maradona wegen Kokainbesitzes hinter Gittern.

Der Kokastrauch wird in Mittel- und Südamerika schon seit fünftausend Jahren angebaut. Ausgebeutete Indios mußten die Blätter kauen, um länger und mit weniger Schlaf arbeiten zu können. Eine traurige Tradition, die fortlebt: allein in Peru sind heute drei Millionen Menschen süchtig. Der überwiegende Teil der angebauten Blätter wird aber von einer skrupellosen Drogenmafia zu hochkonzentriertem Kokain verarbeitet und dann in die USA und nach Europa geschmuggelt.

So rieselt der »Schnee« von gestern auch heute noch.

Kaiserlich & Königliches

Beruf: Mätresse

Pompadour und Dubarry

Zur ersten Begegnung kam es in einem Wald in der Nähe von Versailles. Sie, Jeanne-Antoinette Poisson, war eine schlichte, aber wunderschöne Frau aus dem Volke. Er war der König von Frankreich. Als Madame Pompadour sollte sie dann zwanzig Jahre an der Seite Ludwigs XV. verbringen und zur berühmtesten Mätresse aller Zeiten werden. Als Liebesdienerin, Gesellschaftsdame und politische Beraterin. Immer noch regen die Mätressen zu blühenden Phantasien an, und doch waren sie oft viel mehr als nur die Gespielinnen der Monarchen.
Eine Handleserin hatte der erst neunjährigen Jeanne im Jahre 1730 vorhergesagt, sie würde dereinst »mächtiger sein als die Königin«. Die Tochter eines kleinen Finanzbeamten setzte ihren ganzen Ehrgeiz daran, diese Prophezeiung wahrzumachen. Daß die spätere Pompadour es tatsächlich schaffte, war das Ergebnis jahrelanger Arbeit und strategischer Planung.
Dabei waren die Voraussetzungen gar nicht günstig. Ihr Vater, in dunkle Geschäfte verwickelt, floh ins Ausland, um seiner Verhaftung zu entgehen. Nun wurde ihre Mutter, eine ebenso attraktive wie lebenslustige und alles andere als prüde Frau, von zahlreichen Liebhabern derart großzügig unterstützt, daß sie in der Lage war, ihren beiden Kindern eine erstklassige Erziehung zukommen zu lassen. Jeanne kam zu den Ursulinen von Poissy, wo sie

eine umfassende Ausbildung genoß. Sie konnte sich, als sie die Klosterschule verließ, in ihrem Auftreten und Benehmen durchaus mit den jungen Aristokratinnen ihrer Zeit messen, war aber darüber hinaus auch klug, bildschön und überaus charmant. Und Monsieur de Tournehem, ein Verehrer ihrer Mutter, sollte ihr den Zugang zur vornehmen Gesellschaft von Paris eröffnen.

Zwar war sie bald Mittelpunkt in den Salons, doch infolge ihrer bürgerlichen Herkunft, der kriminellen Vergangenheit ihres Vaters und der bekannten Leichtlebigkeit ihrer Mutter fand sich kein Aristokrat, der Jeanne-Antoinette Poisson zum Traualtar geführt hätte. Dafür lernte sie durch Monsieur de Tournehem immerhin den wohlhabenden Bürger Charles-Guillaume Le Normant d'Etioles kennen, der die zwanzigjährige Schönheit vom Fleck weg heiratete. Monsieur liebte Jeanne über alles, doch für sie war die Ehe nur in einer Hinsicht von Bedeutung: Das Anwesen ihres Gemahls lag in unmittelbarer Nachbarschaft von Schloß Versailles. Dem Wohnsitz Seiner Majestät, des Königs von Frankreich. Wie's der Zufall wollte, ging die junge Frau regelmäßig just in dem kleinen Wäldchen spazieren, in dem Ludwig XV. fast täglich zur Jagd ausritt.

Es dauerte auch nicht lange, bis sie dem Bourbonen-König begegnen und ihm den Kopf verdrehen sollte. Der Monarch freilich mußte vorsichtig sein. Weniger wegen seiner Gattin Maria Leszczyńska – der Tochter des ehemaligen Königs von Polen –, die sich längst mit der Existenz zahlloser Nebenfrauen abgefunden hatte. Viel gefährlicher war Ludwigs eifersüchtige Favoritin, die Herzogin von Châteauroux. Sie war eine der Töchter des Marquis de Nesle, die der König ebenso beglückte – wie ihre beiden älteren Schwestern! Erst als die Herzogin an den Folgen einer Lungenentzündung jung starb, war der Weg frei für die Pompadour.

Vierundzwanzig Jahre alt, verließ Jeanne-Antoinette Poisson 1745 ihren völlig überraschten Ehemann, in dessen Obhut nun die gemeinsame Tochter Alexandrine verblieb, und zog in Versailles ein.

Man kann nicht sagen, daß sie vom Hofstaat mit offenen Armen aufgenommen worden wäre. Auch wenn der König sie bald zur Marquise de Pompadour und später sogar zur Herzogin erhob, galt das nichts an einem Hof, der den Adel erst akzeptierte, wenn er auf einen vierhundertjährigen Stammbaum zurückblicken konnte. Der Regent freilich war der intelligenten und – wie gemunkelt wurde – im Liebesspiel einzigartig begabten Mätresse verfallen und hielt über alle Anfeindungen hinweg zu ihr. Er schenkte ihr Paläste und verstieß Minister und Nebenfrauen, die es wagten, die Herkunft oder die sprichwörtliche Verschwendungssucht der Pompadour anzuprangern. Des Königs neue Favoritin richtete ein Appartement ein, in dem auch er sich wohl fühlen, Freunde zum Souper empfangen, sich relativ ungezwungen benehmen konnte und nicht so sehr auf die Etikette achten mußte wie in den übrigen Trakten von Versailles. Hier verkehrten Voltaire und andere große Denker der Zeit, mit denen die Pompadour vortrefflich zu parlieren verstand. Auf diese Weise gelangten die Gedanken der Aufklärung und damit auch die Ideen, die später zur Französischen Revolution führen sollten, an das Ohr des absolutistisch regierenden Königs. Die Geliebte schaffte es sogar, mit Ludwigs Gemahlin in eine Verbindung zu treten, die auf gegenseitigem Respekt aufgebaut war. »Wenn schon Mätresse«, soll die Königin einmal in Richtung Pompadour gesagt haben, »dann lieber diese als alle anderen.«

Sie war die intelligente und – wie gemunkelt wurde – im Liebesspiel einzigartig begabte Mätresse König Ludwig XV.: Jeanne-Antoinette Poisson (1721 bis 1764), bekannt geworden als Madame Pompadour.

Als sie im achten Jahr ihrer Liaison ernstlich erkrankte und ihrem liebestollen Galan nicht mehr zu bieten imstande war, was er verlangte, erkannte die Mätresse, daß sie nur dann bei ihm bleiben konnte, wenn sie neue Frauen an seiner Seite akzeptieren würde. Sie ließ das Lustschloß *Eremitage* errichten, in dem König Ludwig ganz junge Mädchen, oft noch halbe Kinder, als Gespielinnen zur Verfügung standen. Waren sie schwanger oder nicht mehr erwünscht, brachte die Pompadour »die Sache« in Ordnung, verheiratete die armen Geschöpfe und sorgte dann wieder für »Nachschub« in der Mädchen-Menagerie.
Je geringer ihre sexuelle Anziehung für den König, desto größer wurde ihre politische Macht. Sie hatte Einfluß auf die Bestellung der Kabinettsmitglieder, nahm an den Sitzungen des Ministerrats teil, beriet den Regenten in seinen Staatsgeschäften. Nicht immer zum Nutzen der Nation. Nach intensiven Geheimverhandlungen, die sie mit dem österreichischen Botschafter auf einem ihrer Landsitze außerhalb von Paris geführt hatte, konnte sie Ludwig überreden, ein Bünd-

nis mit Österreich zu schließen, das seit dem Erbfolgekrieg Frankreichs Erzfeind gewesen war. Die Allianz mit Maria Theresia trug Ludwig freilich den Siebenjährigen Krieg und damit eine Katastrophe ein: Frankreich verlor Kanada sowie seine Besitzungen in Indien und Afrika.

Hintergrund des diplomatischen Ehrgeizes der Pompadour war wohl ihr abgrundtiefer Haß gegen Preußens König Friedrich II., der sie einmal als Hure bezeichnet hatte. Die Mätresse pflegte im Zuge ihrer außenpolitischen Mission Kontakte auf allerhöchster Ebene, korrespondierte mit Österreichs Staatskanzler Kaunitz und mit Maria Theresia, die ihr für ihre Bemühungen ein wertvolles Schreibpult schenkte. Für den bis dahin vielgeliebten König bedeutete der verlorene Krieg aber auch das Ende seiner Popularität im französischen Volk.

Zu Weihnachten 1763 fanden sich der gerade achtjährige Wolfgang Amadeus Mozart mit Schwester Nannerl und Vater Leopold in Versailles ein, wo sich König und Königin sowie Madame Pompadour vom Orgelspiel des Wunderknaben ergriffen zeigten. Erstaunt berichtete Nannerl später über die Begegnung: »Als sich Wolfgang im Zuge der Begrüßung auch zur Pompadour hinüberneigte, um sie zu küssen, wehrte sie ihn ab.« Der geniale Knirps war's gewöhnt, mit Küssen überhäuft zu werden, selbst Kaiserin Maria Theresia hatte das getan. Über die Zurückweisung der Pompadour einigermaßen verwundert, zeigte Mozart auf die Mätresse und fragte seinen Vater: »Wer ist die da, die mich nicht küssen will?«

Es ist keineswegs anzunehmen, daß die Pompadour den kleinen Mozart brüskieren wollte, eher scheint es, daß sie das Kind vor der Gefahr einer Ansteckung schützen wollte: als die Mozarts in Versailles weilten, litt sie bereits an offener Tuberkulose.

Sie starb im darauffolgenden April im Alter von 42 Jahren. Ihre Handleserin hatte recht behalten: die kleine Jeanne-Antoinette Poisson war tatsächlich mächtiger geworden als die Königin von Frankreich.

Der König suchte nun eine Nachfolgerin. Sie sollte nicht nur – wie zuletzt die Pompadour – warmherzige, liebevolle Beraterin sein, sondern vor allem wieder Geliebte. Obwohl sich viele adelige Damen als Mätressen anboten, entschied Ludwig sich einmal mehr für ein Mädchen aus dem Volke. Es hieß Jeanne Bécu – und ging als Madame Dubarry in die Geschichte ein.

Als sie in Versailles einzog, saß der Schock noch tiefer als bei der Pompadour, da der Regent dem Hof mit der Dubarry eine stadtbekannte Prostituierte als Tischdame zumutete. Tatsächlich war Jeanne Bécu – die uneheliche Tochter einer Näherin und (wie man vermutete) eines Mönchs namens Frère Ange – wegen ihrer makellosen Schönheit und ihres Charmes in der höchsten Pariser Gesellschaft »herumgereicht« worden. Ihr Tätigkeitsfeld war der Salon des polizeibekannten Grafen Jean Dubarry. Der Graf war das schwarze Schaf einer angesehenen Familie und verdiente sein Geld als Vermittler zwischen Aristokratie und halbseidener Damenwelt. Zur ebenso zahlreichen wie zahlungskräftigen Kundschaft der schönen Jeanne zählte der Herzog von Richelieu, der einst einer der erbittertsten Gegner der Pompadour war.

Im Jahre 1768 sandte Graf Dubarry seine beste Kokotte ins Schloß von Versailles, in dem auch die Regierungsmitglieder saßen, aus deren Reihen die Damen immer wieder ihre »Aufträge« erhielten. Es war wohl kein Zufall, daß König Ludwig just in dem Augenblick das Zimmer eines Ministers betrat, als sich die 25jährige Schönheit gerade dort befand. Der Monarch beauftragte seinen Kammerdiener, augenblicklich Nachforschungen anzustellen, wer die junge Frau sei, und dieser meldete – nicht gerade zutreffend –, daß es sich um eine »verheiratete Frau von tadellosem Ruf« handelte. Nach dem ersten Rendezvous mit ihr vertraute der König dem (von ihren Vorzügen ohnehin einschlägig informierten) Herzog von Richelieu an: »Ich bin entzückt von Madame Dubarry, sie ist die einzige Frau in ganz Frankreich, die mich vergessen läßt, daß ich demnächst sechzig werde.«

Ludwig fühlte sich in ihrer Gesellschaft so jung, daß er sie bald zur Favoritin erwählte, obwohl er inzwischen natürlich von ihrer wahren Profession erfahren hatte. Um bei Hof überhaupt vorgelassen zu werden, benötigte sie freilich einen Ehemann – wenn möglich einen Aristokraten. Da Graf Jean Dubarry – der sonst für alle nur möglichen Geschäfte zur Verfügung stand – bereits verheiratet war, vermittelte er seinen Bruder Guillaume Dubarry als Gatten für die kleine Jeanne.

Jetzt hatte das Kind einen Namen, wenn auch – aufgrund der allseits bekannten Begleitumstände – keinen wirklich hoffähigen. Infolge ihres Vorlebens war die Dubarry in Versailles noch größeren Anfeindungen ausgesetzt als irgendeine andere Mätresse davor, wobei Marie Antoinette zu ihrer mächtigsten Gegnerin wurde. Die erst fünfzehnjährige Frau des Thronfolgers und späteren Königs Ludwig XVI. weigerte sich, die Geliebte ihres Schwiegergroßvaters auch nur anzusprechen, geschweige denn an der Hoftafel oder bei anderen offiziellen Anlässen mit ihr Konversation zu betreiben. »Wie schade«, schreibt sie im Sommer 1770 an ihre Mutter Maria Theresia nach Wien, »daß der König eine solche Schwäche für Mme du Barry zu haben scheint, die das dümmste und frechste Geschöpf ist, das man sich vorstellen kann.« Maria Theresia sandte

Als die ehemalige Prostituierte im königlichen Schloß Versailles einzog, saß der Schock in der Hofgesellschaft besonders tief: Jeanne Bécu, verehelichte Gräfin Dubarry (1743 bis 1793).

einen strengen Verweis, doch es sollte eineinhalb Jahre dauern, bis die Situation bereinigt war.
Endlich beim Neujahrsempfang 1772 blickte Marie Antoinette »ungefähr in die Richtung« der Dubarry und sprach die historisch gewordenen Worte: »Heute sind viele Leute in Versailles, Madame.« Damit war die Mätresse von der Thronfolgerin akzeptiert und der Etikette Genüge getan.
Die Dubarry führte ein noch aufwendigeres Leben als die Pompadour, erhielt vom König Schlösser und riesige Ländereien, wertvollen Schmuck und teure Kleider. Doch obwohl sich in der Bevölkerung zahlreiche Details ihrer Verschwendungssucht herumsprachen, verstand sie es besser als ihre Vorgängerin, die Herzen der Menschen zu gewinnen. Die Dubarry zeigte keine politischen Ambitionen, aber sie half, wo sie nur konnte, wurde zu einer Anlaufstelle für Arme und vom Schicksal Benachteiligte.

Als der König 1774 starb, wurde Madame Dubarry vom Hof gejagt, und sie mußte zwei Jahre als Gefangene hinter Klostermauern verbringen. Danach durfte sie sich auf eines ihrer Güter zurückziehen, und auch aus dieser Zeit ist noch die eine oder andere stürmische Liebesaffäre der ehemaligen Kurtisane überliefert.
Wie ihre schärfste Widersacherin Marie Antoinette endete auch die Dubarry, knapp fünfzig Jahre alt geworden, auf dem Schafott der Französischen Revolution.
Sowohl Pompadour als auch Dubarry waren wohl besser als ihr Ruf.

Amor in der Hofburg

Seitensprünge im Kaiserhaus

Frankreich war das Mekka des Mätressentums, doch hatten auch englische und polnische Regenten, ja sogar mehrere Päpste, ihre Kurtisanen. Nur jene Gespielinnen, zu denen die Herrscher in aller Öffentlichkeit standen, wurden »Mätressen« genannt, die Liebschaften der Habsburger werden im allgemeinen nicht so bezeichnet, da man sie meist geheimhielt.
Anders bei Katharina Schratt, deren Beziehung zu Kaiser Franz Joseph in allen Teilen der Monarchie bekannt war, die aber stets nur als »Seelenfreundin« bezeichnet wurde. Da sie auch als – überaus angesehene – Schauspielerin des Burgtheaters tätig war, täte man ihr wohl unrecht, sie Mätresse zu nennen.
Wie auch immer, Kaiserin Elisabeth war schon nach wenigen Ehejahren ständig auf Reisen, und so hatte Franz Joseph bald bei anderen Frauen Trost gesucht. Weniger bekannt als die Beziehung zur Schratt ist des Kaisers Verhältnis mit Anna Nahowski, der Gattin eines Beamten der k. u. k. Südbahngesellschaft. Der Monarch hatte die erst Fünfzehnjährige 1875 während eines Spaziergangs im öffentlich zugänglichen Kammergarten von Schönbrunn kennengelernt und ihr später eine Villa in der Maxingstraße geschenkt, in der er sie vierzehn Jahre lang regelmäßig besuchte. Der Liaison entstammen, wie wir den Tagebüchern der Anna Nahowski entnehmen können,

zwei illegitime Kinder: Helene, die später den Komponisten Alban Berg heiratete, und Franz Josef, ein begabter Maler, der aber infolge einer Nervenkrankheit mehrere Jahre in Heilanstalten verbringen mußte und schließlich Selbstmord beging.

Franz Joseph war nicht der einzige österreichische Monarch, dessen Seitensprünge bekannt wurden. Kaiser Josef I., der am Beginn des 18. Jahrhunderts regierte, hatte seine ersten Amouren gleich nach der Hochzeit. Die Witwe Catarina di Balbino gilt ebenso als seine Geliebte wie deren Tochter und auch eine Gräfin Marianne Pálffy. Französische Geheimagenten meldeten nach Paris, »daß der Kaiser während der Konferenzen bei Hof Liebesbriefe an seine Mätressen« verfaßte.

Nach Josefs Tod übernahm in Wien dessen Bruder Karl VI. die Herrschaft. Seine Favoritin war die Italienerin Mariana Pignatelli, die Michael Graf Althann, des Kaisers bester Freund, »aufheiraten« mußte, wie es damals hieß, um sie gesellschaftsfähig zu machen.

Auch Karls Tochter, Maria Theresia, hatte »Familienprobleme«. Ihrem Mann Franz Stephan, dem sie sechzehn Kinder schenkte, werden etliche Romanzen nachgesagt, wobei diese auch politische Konsequenzen hatten: Des Kaisers Liebesleben führte zur Gründung der »Keuschheitskommission«, mit deren Hilfe außereheliche Beziehungen verhindert werden sollten. Der Erfolg freilich hielt sich in Grenzen.

Kein Kind von Traurigkeit war auch Maria Theresias ältester Sohn, Kaiser Josef II. In Biografien wird darauf hingewiesen, daß der Kaufmann Josef Pargfrieder – auf dessen *Heldenberg* der siegreiche Feldmarschall Radetzky beigesetzt wurde – ein unehelicher Sohn des Kaisers gewesen sein sei.

Der lebenslustigste aller Habsburger war aber Josefs Bruder und Nachfolger, Kaiser Leopold II. Namentlich bekannt sind seine Geliebten Lady Anne Cowper, Comtesse Josepha von Erdödy und vor allem die schöne Tänzerin Livia Raimondi, die er noch in seiner Funktion als Großherzog von Toskana kennengelernt hatte: Studenten pfiffen sie während eines Ballettabends in Pisa aus, worüber sich die Künstlerin bei Leopold beschwerte. Nach der Audienz wurden zarte Bande geknüpft, denen ein Sohn namens Luigi entsprang. Im Jahr, in dem dieser zur Welt kam, gebar ihm auch seine Gemahlin Maria Luise ein Kind – das sechzehnte!
Als Leopold im Jahre 1790 Kaiser wurde, ließ er Livia samt Sohn nach Wien übersiedeln. Obwohl er hier mittlerweile in der Gräfin Prichovsky eine neue Geliebte gefunden hatte.
Soviel zur Situation im österreichischen Kaiserhaus, in dem Ehen selten echte Liebesbeziehungen waren, wurden sie doch sehr oft nur geschlossen, um – *Tu felix Austria nube* – Politik zu machen und »ebenbürtige Thronfolger« zu zeugen. Josef II. etwa hatte seine ihm von seiner Mutter aufgezwungene zweite Frau Maria Josepha in einem Brief als »kleine und dicke Gestalt ohne jugendlichen Reiz« beschrieben, »die Bläschen und rote Flecken im Gesicht und häßliche Zähne« hätte. Der Kaiser soll sie nie berührt haben.
Am Rande sei noch erwähnt, daß sich auch Kurt Schuschnigg, der letzte Regierungschef der Ersten Republik – wenn schon nicht direkt in der Hofburg, so im gegenüberliegenden Kanzleramt am Ballhausplatz (in dem schon Metternichs außereheliche Eskapaden für Aufsehen gesorgt hatten) – in einer prekären Situation befand. Bei Schuschnigg war es die Beziehung zu einer geschiedenen

Frau, die die Gemüter erregte: 1936, ein Jahr nachdem seine erste Frau Herma bei einem Autounfall tragisch ums Leben gekommen war, verliebte sich Schuschnigg in die 32jährige Gräfin Vera Fugger. Der streng katholische Kanzler dachte ernsthaft an einen Rückzug aus der Politik, faßte dann aber den Entschluß, Österreich angesichts der akuten Bedrohung durch Hitler-Deutschland nicht im Stich zu lassen. »Aus moralisch-politischen Gründen« verzichtete er auf eine Heirat, solange er in der Regierung saß. Veras erste Ehe mit dem Grafen Fugger wurde 1937 kirchlich annulliert, da sie angeblich »nicht vollzogen« worden war. Wenige Wochen nach seiner Verhaftung im März 1938 heiratete Schuschnigg die geliebte Frau in der Wiener Dominikanerkirche. Da er das Gestapo-Gefängnis nicht verlassen durfte, wurde er bei der Trauung durch seinen Bruder Artur »vertreten«.

Schön sein wie »Sisi«

Eine Kaiserin als Vorbild

Sie zählt zu den schönsten Frauen der Weltgeschichte. Doch ihr Liebreiz war teuer erkauft. Kaiserin Elisabeth turnte, kasteite und frisierte sich fast bis zur Selbstaufgabe. Sie hungerte für ihre Wespentaille und widmete allein der Haarpflege mindestens zwei Stunden pro Tag.
Bei einer Größe von 1,72 Metern, einer Taille von 50 und einem Hüftumfang von 65 Zentimetern wog die Kaiserin nur fünfzig Kilogramm. Ihre Maße waren auf glückliche Erbanlagen und eiserne Disziplin zurückzuführen: wie viele Wittelsbacher mit edlem Wuchs gesegnet, verbrachte Elisabeth täglich mehrere Stunden vor dem Spiegel. Sie unternahm lange Gewaltmärsche, um Muskeln und Gewebe vor Schlaffheit zu bewahren, ließ Lotionen, Haarwässer und Pomaden extra für sich anfertigen und hoffte auf diese Weise, dem natürlichen Alterungsproreß zu entgehen. In alten Hofapotheken finden sich freilich noch Rezepte, die »Sisi« und anderen Mitgliedern des Kaiserhauses zur Erhaltung ihrer Schönheit dienten.
Im Gegensatz zu Frisur und Kleidung trieb Elisabeth in der Kosmetik relativ wenig Aufwand. Sie blieb meist ungeschminkt, verzichtete auf Puder, Lippenstift und Lidstrich. Die Reinigungsmilch für Gesicht und Dekolleté war eine Mischung aus Gelatine, Glycerin, Rosenöl und destilliertem Wasser. Elisabeths Kleider – egal, ob Ballrobe oder Reitkostüm – sollten in erster Linie ihre schlanke

Ein Leben für die Schönheit: Kaiserin Elisabeth verbrachte sehr viel Zeit vor dem Spiegel. Allein die Haarpflege nahm täglich zwei Stunden in Anspruch. Das Bild zeigt die 1864 angefertigte Skizze zu dem berühmten Porträt des Hofmalers Franz Xaver Winterhalter. Die Kaiserin war damals 26 Jahre alt.

Figur betonen. »Sie verbrachte viele Stunden bei ihrem Schneider«, hinterließ ihre Nichte Marie Gräfin Larisch, die auch detaillierte Angaben über kaiserliche Dessous machte: »Elisabeth liebte kleine, anschmiegsame Hemdchen, ihre Beinkleider waren im Sommer aus Seidentrikot, im Winter aus Leder.« Die Korsette (deren Schnürung täglich eine gute Stunde dauerte) stammten aus Paris, die Strümpfe aus London.

Ihr Schönheitskult war ansteckend. Weit über Österreich-Ungarns Grenzen hinaus wollten die Frauen schön sein wie »Sisi«. Doch kaum jemand konnte dafür so viel Zeit aufwenden wie sie: ihr bodenlanges, äußerst kompliziert geflochtenes Haar war in Wirklichkeit etwas heller (aber nie ergraut) und mußte zweimal im Monat »mit Cognac,

verquirlt mit sechs rohen Eidottern«, gewaschen werden. Eine Prozedur, die jeweils einen ganzen Tag in Anspruch nahm.
Wie Elisabeth überhaupt den Großteil ihrer Zeit der Schönheit und der Fitneß widmete: Die Anprobe ihrer Kleider, ihre Ölbäder, die Übungen an der Sprossenwand, auf Matten, mit Ringen und Sprungseilen, die Wanderungen, Massagen und Ausritte füllten den Tag aus.
»Sisi« wollte nicht nur schön sein, sie zog es auch vor, sich mit Schönheit zu umgeben. Fast alle Hofdamen und auch die Herren des Hofstaates mußten ihren hohen Ansprüchen gerecht werden, eine Ausnahme bildete nur ihr buckliger Griechischlehrer Konstantin Christomanos.
So sehr sie um perfektes Aussehen bemüht war, so sehr haßte die Kaiserin paradoxerweise nichts mehr, als dafür bewundert zu werden. Ihre Scheu war mit ein Grund dafür, daß sie so oft auf Reisen ging; sie mied die Wiener Gesellschaft auch deshalb, weil man sie hier ständig begaffte.
»Sisi« liebte Schönheit, deren Mangel bereitete ihr geradezu Ärger. So bezeichnete sie Katharina Schratt als »dickes Butterfaß« und ihre Schwiegertochter, die Kronprinzessin Stephanie, nicht minder uncharmant als »Trampeltier«.
Dabei hatte auch Elisabeths Schönheit einen »wunden Punkt«: ihre Zähne waren schon in jungen Jahren gelblich verfärbt (weshalb sie von Schwiegermama Sophie immer wieder ermahnt wurde, sich öfter die Zähne zu putzen). Das Gebiß der Kaiserin mußte früh durch Teilprothesen ersetzt werden.
Neben durchaus sinnvoller Schönheitspflege, die sie ihr Leben lang anwandte, neigte Sisi auch hier zu krankhafter Übertreibung. Sie verwendete Mittelchen wie Pottasche, Gelatine, Quittenschleim und Gummi arabicum, die nach

modernen kosmetischen Erkenntnissen keinerlei Effekt hatten.

Gegen Ende ihres Lebens wog die großgewachsene Frau infolge der übertriebenen Hungerkuren nur noch 46 Kilogramm. Die einseitige Kost – oft nahm sie tagelang nur Orangen, dann wieder nur Schafmilch oder Suppen zu sich – führte zu Hungerödemen, zu Kopfschmerzen, Depressionen und zu hochgradiger Nervosität. Hofarzt Dr. Josef Kerzl verfluchte ihre Waage, »die eine vernünftige Ernährung fast nicht zuläßt«. Dabei hätte Elisabeth all die Diäten vermutlich gar nicht nötig gehabt, waren doch sowohl ihre Eltern als auch acht ihrer Geschwister ohne derartige Maßnahmen zeitlebens schlank geblieben.

»Sisis« Befürchtung, »nach und nach zur Mumie zu werden und nicht Abschied nehmen zu können vom Jungsein«, sollte aufgrund ihres tragischen Schicksals nicht eintreten: »Sobald ich mich altern fühle«, schrieb sie mit 53, »ziehe ich mich ganz von der Welt zurück. Wenn man dann als geschminkte Larve herumlaufen muß – pfui.«

In ihren letzten Jahren versteckte die Kaiserin ihr Gesicht in der Öffentlichkeit hinter Schirmen, Schleiern und Fächern. Sie war 61 Jahre alt, als sie am Ufer des Genfer Sees ermordet wurde.

Auf der Flucht

»Sisis« Schloß auf Korfu

Kaum etwas haßte sie mehr, als auf ihrer Trauminsel Korfu Besucher empfangen zu müssen. Selbst Griechenlands König Georg I. wurde zurückgewiesen, als er sich im Herbst 1888 bei der Frau des österreichischen Kaisers auf Korfu ansagte. Zuerst ließ ihm »Sisi« ausrichten, daß sie just »in den nächsten Tagen abwesend« sei. Da der Monarch nicht lockerließ und der Kaiserin erklärte, er würde in einigen Wochen noch einmal nach Korfu kommen, log sie ihm vor, daß sie auch dann »in der Ferne weilen« werde. Daraufhin hörte man nichts mehr von dem königlichen Besuch.
»Sisi« hatte Korfu unter anderem zu ihrem Domizil erwählt, weil sie die Einsamkeit suchte, auf gut deutsch: ihre Ruh' haben wollte. Sie war erstmals 1861, im Alter von 23 Jahren, hierher gereist und hatte sich auf Anhieb in die ionische Insel verliebt. Korfu, schwärmte sie, sei »ein idealer Aufenthalt; Klima, Spaziergänge im endlosen Olivenschatten, herrliche Meeresluft, prachtvoller Mondenschein«. Kaum wieder in Wien, kehrte sie – angeblich aus gesundheitlichen Gründen – sofort nach Korfu, dem »schönsten Punkt der Welt«, zurück. In ihrer ständigen Begleitung: 33 Diener und anderes Personal sowie eine aus Österreich mitgebrachte Ziege, die die Kaiserin mit frischer Milch zu versorgen hatte. »Sisi« blieb gleich ein halbes Jahr auf der Insel.

Und kam überhaupt nur deshalb wieder nach Wien, weil der Kaiser sie immer wieder dazu drängte. Elisabeth wurde Griechenland-Fan, studierte Alt- und Neugriechisch, las Homer, vertiefte sich in die griechische Mythologie.
Vorerst hatte sie sich in der Villa *Brailla* eingemietet, doch in ihren letzten Lebensjahren erfüllte sich ihr Wunschtraum: ein eigenes Schloß auf der Insel zu besitzen.
1885 beauftragte sie Alexander von Warsberg, den österreichischen Konsul in Korfu, mit der Planung eines Königspalastes nach antikem Vorbild. Er baute eine pompejanisch-klassizistische Villa mit Terrassen und Säulengängen aus weißem Marmor, viel Stuck und – damals sensationeller – elektrischer Beleuchtung. In dem märchenhaften, von Zypressen gesäumten Park wurden Statuen für die göttliche Venus, für Apoll, für ihren Lieblingsdichter Heinrich Heine und für Trojas großen Helden Achill – nach dem das Schloß auch benannt wurde – errichtet. »Ich liebe ihn«, schrieb sie und sah Achill in der Phantasie als ihren eigentlichen Gemahl. Der *echte* »eigentliche« Gemahl, Kaiser Franz Joseph, durfte den Palast indes aus seiner Privatschatulle bezahlen.
Die längst geplanten Bauarbeiten begannen knapp nach dem tragischen Tod des Kronprinzen Rudolf – der dann auch eine Statue erhielt – im Jahre 1889. Als Elisabeth einmal durch den Park – der einen herrlichen Blick zum Meer freigibt – schlenderte, sagte sie zu ihrer Tochter Marie Valerie, daß sie »an dieser Stelle begraben sein möchte«.
Ein Wunsch, der nicht in Erfüllung gehen sollte.
Doch kaum war das so sehnsüchtig herbeigesehnte, etwas kitschig ausgefallene *Achilleion* fertig, ließ sie, typisch für ihre Sprunghaftigkeit, ihren Griechischlehrer Christomanos wissen: »Eigentlich bereue ich es jetzt. Unsere Träu-

me sind immer schöner, wenn wir sie nicht verwirklichen.« Plötzlich empfand sie den Gedanken, einen Palast nur für sich zu besitzen, als Fessel, die sie zu sehr an einen Ort band. So schrieb sie an Franz Joseph, sie wollte den Besitz verkaufen und das Geld ihrer Tochter schenken. Der Kaiser riet ab, zumal Marie Valerie »auch ohne Erlös für Dein Haus nicht verhungern und die Sache überdies zu viel Staub aufwirbeln würde«. Elisabeth behielt das Schloß, doch die Aufenthalte wurden seltener, die Rastlose war mehr denn je, fast pausenlos, unterwegs.
1907, neun Jahre nach ihrer Ermordung in Genf, kaufte der deutsche Kaiser Wilhelm II. das *Achilleion*, in dem er bis 1914 seine Urlaube verbrachte, wobei er die meisten der von Elisabeth errichteten Statuen wieder entfernen ließ. Im Ersten Weltkrieg diente der Palast den französischen und den serbischen Truppen als Hauptquartier und als Lazarett. Dem Vertrag von Versailles folgend, ging das Schloß nach 1919 in den Besitz des griechischen Staates über, im Zweiten Weltkrieg diente es dann wieder als Lazarett – diesmal für Deutsche und Italiener. Heute beherbergt das einstige *Achilleion* der Kaiserin Elisabeth ein Museum und ein Spielcasino.

Der Erzherzog und das Ballettmädel

Die Tragödie des Johann Orth

So ergreifend die Geschehnisse einer Fernsehserie namens *Schloßhotel Orth* auch sein mögen, die Wahrheit um den echten – früheren – Besitzer des Schlosses ist um einiges aufregender. War doch Erzherzog Johann Salvator, der sich Johann Orth nannte, eine der außergewöhnlichsten Gestalten der österreichischen Geschichte. Der Erzherzog hatte als Neunzehnjähriger bei einem Besuch der Hofoper die Ballettänzerin Ludmilla »Milli« Stubel kennengelernt und aus Liebe zu ihr auf Titel und Vermögen verzichtet. Die Liaison führte zu einem Skandal von gigantischem Ausmaß: der aus der toskanischen Linie der Habsburger stammende Prinz wurde von seinem Onkel, Kaiser Franz Joseph, in entlegenste Garnisonen strafversetzt, nahm aber seine »Ballettratte«, wie Milli bei Hof verächtlich genannt wurde, selbst nach Lemberg, Temesvar und Krakau mit. Alle Anordnungen des Kaisers, sich von dem ganz und gar nicht »hoffähigen« Mädchen zu trennen, blieben erfolglos, der Erzherzog wollte von der Geliebten nicht lassen.

Abgesehen davon galt der überaus intelligente, belesene und schöngeistige Sohn des einstigen Großherzogs von Toskana auch als »politisch unzuverlässig«: Johann Salvator rebellierte – obwohl er es selbst bis zum Feldmarschalleutnant gebracht hatte – ständig gegen die Armee, forderte Reformen und veröffentlichte unter diversen

Pseudonymen (die aber alle enttarnt wurden) kritische Kommentare, die vor allem gegen den »sinnlosen Drill« beim Heer gerichtet waren.
Im Dezember 1889, wenige Monate nach der Tragödie von Mayerling, eskalierten die ständigen Auseinandersetzungen mit dem Kaiser: Nachdem er sich eigenmächtig als künftiger Regent Bulgariens ins Spiel gebracht und damit einen neuerlichen Skandal hervorgerufen hatte, setzte Johann Salvator einen Schritt, den in der jahrhundertelangen Geschichte der kaiserlichen Familie noch kein Angehöriger getan hatte. Der Erzherzog teilte dem Monarchen mit, daß er »darauf verzichte, weiterhin Mitglied des Hauses Habsburg zu sein, und fortan den bürgerlichen Namen Johann Orth tragen« wollte – abgeleitet von jenem Schloß in Gmunden, das er zwölf Jahre lang besessen und bewohnt hatte.
Die Entstehungsgeschichte der alten Wasserburg Orth ist übrigens sagenumwoben: Eine adelige Frau sei vor bald tausend Jahren im Traunsee in einen Sturm geraten und habe in höchster Lebensgefahr das Gelübde getan, als Dank für ihre Rettung an dieser Stelle eine Seeinsel samt Schloß zu bauen. Dieses, im Jahre 1100 erstmals erwähnt, stand lange im Besitz des Rittergeschlechts von Orth. 1634 fast völlig abgebrannt und danach wieder aufgebaut, diente die Festung im Lauf ihrer wechselvollen Geschichte als Adelspalast, Kerker und Forstschule (niemals jedoch als Hotel).
Zurück zu Johann Orth, dem prominentesten Schloßherrn. Geradezu erleichtert akzeptierte Franz Joseph dessen Wunsch, auf Titel und Ehren verzichten zu wollen, doch mußte sich dieser verpflichten, nie wieder österreichischen Boden zu betreten.
»Herr Orth«, wie er sich nun nannte, verließ die Monar-

Er war das erste Mitglied des Hauses Habsburg, das – aus Liebe zu einer bürgerlichen Frau – darauf verzichtete, der kaiserlichen Familie weiterhin anzugehören: Erzherzog Johann Salvator alias Johann Orth (1852 bis – vermutlich – 1890).

chie und heiratete in London seine Milli. Sein bisher so romantisches Leben fand jetzt aber einen tragischen Ausklang. Der Erzherzog, der auch auf seine jährliche Apanage in Höhe von 100 000 Gulden verzichtet hatte, mußte einen Beruf ergreifen, um sein Leben finanzieren zu können. Zweifellos hatte er sich alles einfacher vorgestellt, als es sein sollte, wurden doch dem »verstoßenen« Habsburger überall Prügel vor die Füße gelegt. Während er nun die österreichische Staatsbürgerschaft ablegen mußte, wurde die Erteilung der von ihm angestrebten schweizerischen abgelehnt. »Ich verfluche die Stunde, in der ich als Erzherzog geboren wurde«, sagte er, »und beneide jeden, der bürgerlicher Abstammung ist.«

Johann Orth wurde Spediteur und kaufte den Frachtdampfer *St. Margaretha*, mit dem er bei seiner ersten Ausfahrt Zement von Hamburg nach Chile transportieren wollte. Nach zweimonatiger Seereise erreichte das mit 24 Offizieren und Matrosen bemannte Schiff trotz schwerer

Stürme, tropischer Regengüsse und einem an Bord ausgebrochenen Feuer den argentinischen Hafen La Plata, wo Johann Orth wegen eines Streits mit der Mannschaft Kapitän und mehrere Offiziere entließ und selbst das Kommando übernahm. Hier stieg nun auch seine geliebte Milli zu, die ihm mit einem Passagierschiff gefolgt war. Obwohl man Johann Orth vor Unwettern, die gerade in der *Magellan-Straße* tobten, gewarnt hatte, wagte er die Weiterfahrt nach Valparaiso, dem chilenischen Zielhafen. Er wollte unter allen Umständen seine Verträge erfüllen und damit beweisen, daß er als bürgerlicher Kaufmann bestehen könnte.

Was jetzt passierte, kann nur rekonstruiert werden: die *St. Margaretha* wäre demnach in der Nacht zum 21. Juli 1890 bei Kap Hoorn in einen Orkan geraten und untergegangen. Alle Suchaktionen blieben erfolglos, vom 38jährigen Johann Orth, von seiner gleichaltrigen Frau und der Besatzung hat man nie wieder etwas gehört. Der einstige Erzherzog galt als verschollen und wurde erst 1911, mehr als zwanzig Jahre nach der Katastrophe, vom k. u. k. Hofmeisteramt für tot erklärt.

Seither sind zahllose Legenden in Umlauf, die darin gipfeln, daß Johann und Milli Orth überlebt und sich in Chile eine neue Existenz aufgebaut hätten. Das jedenfalls behaupteten immer wieder Südamerikaner europäischer Herkunft, die sich als »Johann Orths Nachfahren« ausgaben.

»Wie ein gewöhnlicher Matrose«

Erzherzog Ludwig Salvator

Wie Johann Orth zählt auch sein älterer Bruder zu den prominenten »Aussteigern« des Hauses Habsburg. Auf Mallorca wird Erzherzog Ludwig Salvator heute noch als »heimlicher König« der Insel gefeiert.
Gerade dort erlagen viele Mädchen dem legendären Charme des nicht nur in der Hofburg als »Weiberhelden« verschrienen Erzherzogs – darunter auch junge Frauen, die in seinen Diensten standen. Ludwig Salvator war aber auch ein bedeutender Forscher und schrieb etliche Bücher – darunter eine neunbändige Enzyklopädie über die Balearen. Ein weiteres Werk erschien unter dem Titel *Catalina Homar*, benannt nach einer bildschönen Tischlerstochter aus Mallorca, die sowohl seine Geliebte als auch die Verwalterin seines Gutes *Estaca* war. Während sich Ludwig Salvator mit der Veröffentlichung dieses Buches Kaiser Franz Josephs Zorn zugezogen hatte, waren die Sympathien seiner Cousine »Sisi« – die wie er das unkonventionelle Leben liebte – ganz bei ihm. So kam es, daß die Kaiserin den Jahreswechsel 1892/93 bei Ludwig Salvator in Mallorca verbrachte.
In dem Buch beschreibt er den Besuch Elisabeths auf *Estaca:* »Die hehre Gestalt der Kaiserin überraschte Catalina, die beiden Frauen sprachen miteinander, wie wenn sie sich seit jeher gekannt hätten, denn in beiden war das menschliche Gefühl gleich wach.« Die Aufregung am Wiener Hof

Wie sein Bruder Johann Orth zählte auch Erzherzog Ludwig Salvator (1847 bis 1915) zu den prominenten »Aussteigern« des Hauses Habsburg. Als er in einem Buch die Tochter eines Tischlers auf eine Stufe mit Kaiserin Elisabeth stellte, kaufte der Kaiser die ganze Auflage auf.

war gewaltig, hatte es der Erzherzog doch mit diesen Zeilen gewagt, die Tochter eines Tischlers auf eine Stufe mit der österreichischen Kaiserin zu stellen. Franz Joseph war so aufgebracht, daß er die gesamte Auflage des Buches kaufte, damit es nicht in den Handel gelangte.
Der 1847 in Florenz geborene Ludwig Salvator haßte die Privilegien des Adels und wollte auf seiner Luxusyacht *Nixe* »wie ein gewöhnlicher Matrose« behandelt werden. Und das, obwohl er als Sohn des Großherzogs Leopold II. von Toskana zu den reichsten Mitgliedern des Kaiserhauses zählte.
1872 ließ er sich, nachdem er die halbe Welt bereist hatte, auf Mallorca nieder, wo er im Lauf der folgenden Jahre acht riesige Ländereien erwerben sollte. Darunter die Schlösser *Son Marroig, Miramar* und das 200 000 Quadratmeter große Gut *Estaca*. Die im maurischen Stil, ganz in Weiß, mit sehr viel Marmor gebaute Villa steht auf einem steilen Felsen, von dem aus man über mehrere Ter-

rassen zum Meer gelangt. Der heutige Besitzer des Anwesens ist der Schauspieler Michael Douglas.
Wie aber kommt der Hollywoodstar zu den Latifundien eines österreichischen Erzherzogs? Nun, der lebensfrohe Habsburger war nie verheiratet und hinterließ, als er 1915 im Alter von 68 Jahren starb, seinen enormen Besitz seinem Sekretär Don Antonio Vives. Auf Mallorca hält sich bis heute das Gerücht, daß in Wahrheit Ludwig Salvator der Vater der drei Kinder des Sekretärs war – und dieser nur eine Scheinehe mit einer der Geliebten des Erzherzogs eingegangen sei. Andrerseits weiß man, daß Ludwig Salvator neben seinen Frauenaffären auch etliche Männerbeziehungen hatte.
Was auch immer der Grund dafür war, daß der Sekretär des Erzherzogs dessen Erbe antrat – im Lauf der Jahrzehnte sind die gewaltigen Ländereien auf Antonio Vives' Urenkel übergegangen, und die verkauften sie später dem Schauspieler Michael Douglas.
Die 600 000 Bewohner der spanischen Mittelmeerinsel wissen mehr als achtzig Jahre nach Ludwig Salvators Tod immer noch zu schätzen, welche Verdienste sich der Habsburger um Mallorca erworben hat. Nicht nur, daß seinem Beispiel viel Prominenz folgte und damit Mallorca zum Treffpunkt der großen Welt wurde, galt er auch als früher »Grüner«, der oft ein paar Bäume vor dem Abholzen rettete, weil er den ganzen Wald kaufte, in dem sie standen. Heute noch tragen in der Hauptstadt Palma und in anderen Orten der Insel etliche Straßen seinen Namen, zudem wurden auf Mallorca wachsende Pflanzen *(Rhamnus ludovici-salvatorius)* und Käfer *(Asida ludovici)* nach ihm benannt. Ein *Ludwig-Salvator-Museum* erinnert an ihn, und die Regierung der Balearen erklärte das Jahr 1994 zum *Erzherzog-Ludwig-Salvator-Jahr.*

Dem Schauspieler Michael Douglas böte sich eigentlich eine interessante Aufgabe an: die Verfilmung der Geschichte des lebenshungrigen Ludwig Salvator. Um am Originalschauplatz drehen zu können, müßte er nicht einmal Miete zahlen ...

Hier ist der Kunde Kaiser

Die k. u. k. Hoflieferanten

Kaiserin Elisabeth ließ sich ihr Veilchen-Sorbet vom k. k. Hof-Zuckerbäcker Demel bringen, Franz Joseph bezog seine allerhöchsten Hausschlapfen vom Hof-Schuhmacher Rudolf Scheer, und Kronprinz Rudolfs Gehrock wurde vom Kammerschneider C. M. Frank angefertigt. Das ist alles lange her, doch wer heute aufmerksam durch Wien, Prag, Budapest, Linz, Graz, Salzburg oder Innsbruck spaziert, wird die eleganten Geschäftsschilder der ehemaligen Hoflieferanten immer noch vorfinden. Von den 1306 Hof- und Kammerlieferanten, die es am Ende der Monarchie gab, bestehen immer noch rund hundert.

Ab der Mitte des vorigen Jahrhunderts wurde das Privileg auch ehrenhalber verliehen, also mußte ein k. u. k. Hoflieferant des Kaisers Hof nicht unbedingt beliefern. Ganz im Gegensatz zum Hof-Schuhmacher Rudolf Scheer, dessen Enkel zwei schmale Holzbügel, Schuhgröße 44, aufbewahrt: »Das sind die Schuhleisten Kaiser Franz Josephs. Wenn er oder der Thronfolger Schuhe bestellten, ist mein Großvater in die Hofburg gegangen.« Anders bei »gewöhnlichen« Erzherzögen, die sich persönlich in das Geschäft des Hof-Schuhmachers in der Wiener Bräunerstraße zu bemühen hatten.

Hoflieferant zu sein, war nicht nur eine Ehre, der Titel förderte auch den Geschäftsgang. Also waren die Vorschriften, um in den Kreis der erlauchten Kaufleute aufgenommen zu werden, äußerst streng. »Die Auszeichnung«, erklärt Otto von Habsburg, der Sohn des letzten Kaisers, »wurde nur jenen verliehen, die sich über viele Jahre eines untadeligen Rufes erfreuten und eine Liste besonderer Kriterien wie Lieferbedingungen, Qualität und Preisstabilität nachweisen konnten.« Die solcherart Geehrten mußten auch »unbescholten, schuldenfrei sowie politisch und charakterlich zuverlässig« sein. Hoflieferanten, die sich im Revolutionsjahr 1848 »nicht patriotisch« verhielten, wurde der Titel aberkannt. Ebenso erging es dem Hofbäcker August Fritz, weil er im Ersten Weltkrieg entgegen den Rationierungsbestimmungen mehr feines Weizenmehl ins Gebäck seiner betuchten Privatkundschaft geschwindelt hatte, als erlaubt war. Der Hof-Zuckerbäcker Demel kam hingegen mit dreitausend Kronen Strafe davon, als er im Jahre 1917 die gesetzlich vorgeschriebenen Backzeiten nicht einhielt und an fleischlosen Tagen faschierte Laberl verkaufte.

Nach dem altösterreichischen Prinzip »Ohne Geld ka Musi« mußte man, um dem erlauchten Club der Hoflieferanten anzugehören, tief ins Portemonnaie greifen. Im Jahre 1900 waren zur Erlangung des Titels zweitausend Gulden* zu entrichten, wobei die Behörde für diese Abgabe das schöne Wort »Hoftiteltaxe« schuf, die wiederum dem k. k. Generalhoftaxamt gebührte.

Die Titelvergabe durch den Obersthofmeister des Kaisers entwickelte sich zum einträglichen Geschäft für den Staat. Denn das G'riß, sich k. u. k. Hof- bzw. (als Steigerungsstufe) Kammerlieferant nennen zu dürfen, war enorm: Zur Mitte des 19. Jahrhunderts gab es nur 144, aber 1918

---
* Nach heutigem Geldwert rund 170 000 Schilling.

bereits fast zehnmal so viele, deren Geschäftsportal der Doppeladler schmückte. Darunter so renommierte Unternehmer wie der Klaviermacher Bösendorfer, der Schneider Kniže und der Hotelier Sacher (in dessen Separées ja wirklich so mancher Erzherzog verkehrte).
Waren die Hoflieferanten ab dem Ende des 18. Jahrhunderts selbständige Kaufleute, die auch »normale« Kundschaft versorgen durften, so hatten sich die bis dahin tätigen kaiserlichen Handwerker ausschließlich um das Wohl des jeweiligen Regenten zu bemühen: Die einstigen »Hofbefreiten« (sie waren tatsächlich von jeglicher Steuerlast befreit) waren als Hof-Bäcker, -Fleischer, -Ärzte, -Apotheker, -Barbiere, -Perückenmacher, -Vergolder usw. persönliche Angestellte des Monarchen.
Der bekannt sparsame Kaiser Josef II. entließ alle diese Hof-Handwerker und ließ sich fortan von freien Gewerbetreibenden bedienen. Sein Hof-Uhrmacher etwa mußte einmal in der Woche durch Schönbrunn und Schloß Hetzendorf gehen und kontrollieren, ob auch alle Chronometer richtig gestellt waren.
Weil der von Josef II. geschaffene Titel Hoflieferant so begehrt war, wurde damit auch viel Schindluder getrieben. Betrüger versprachen Geschäftsleuten, beim Erwerb der Auszeichnung »behilflich« zu sein, und als sich der Wachshändler Angeli unerlaubt »k. k. Hof-Lieferant« nannte, nur weil er ab 1839 den Hof mit Kerzen beliefert hatte, mußte er die noble Aufschrift wieder von der Fassade nehmen. Freilich sind wir in Österreich, weshalb ihm der Titel gegen Entrichtung der entsprechenden Hoftiteltaxe nachträglich doch noch verliehen wurde.
Nach dem Zusammenbruch der Monarchie nahmen die meisten Hoflieferanten aus Angst vor Repressalien ihre Schilder ab. Kaufleute, die Kaiser Karl nach seiner Abdan-

kung weiterhin die Treue hielten, waren nur noch bei Nacht bereit, den in Schloß Eckartsau residierenden entthronten Monarchen mit Lebensmitteln zu versorgen. Doch auch diese Transporte wurden häufig geplündert oder beschlagnahmt.

Inzwischen haben viele der ehemaligen Hoflieferanten ihre eleganten Geschäftstafeln wieder montiert oder erneuert.

Kriminalgeschichten

»Ein gemütlicher Spezi«

Aus dem Leben des k. k. Scharfrichters Josef Lang

Wien ist selbst unterm Galgen anders. Während die Angehörigen des finsteren Henkergewerbes im Normalfall alles daran setzen, nur ja nicht erkannt zu werden, war Österreichs letzter Scharfrichter ein hochgeachteter, ja geradezu populärer Mann. An seiner Wohnungstür prangte ein Messingschild mit der Aufschrift »Josef Lang, k. k. Scharfrichter«, und weil er schon so stolz auf seinen Beruf war, hat er auch seine Erinnerungen veröffentlicht, aus denen wir bei genauerer Durchsicht Details seines blutigen Gewerbes erfahren können.
Josef Lang war ein, äußerlich jedenfalls, gemütlicher Wiener, der seit den achtziger Jahren des vorigen Jahrhunderts im damals noch dörflichen Vorort Simmering ein Kaffeehaus betrieb. Zu seinen Stammgästen zählte der damalige Scharfrichter Karl Selinger, der den kräftigen Kaffeesieder eines Tages fragte, ob er ihm nicht bei den Hinrichtungen im k. k. Landesgericht als Gehilfe zur Seite stehen wollte. Lang überlegte nicht lange und sagte zu. Vorerst hielt er seine neue Profession geheim und erzählte seiner Frau, wann immer er frühmorgens den Dienst am Henker antrat, er fahre aufs Land, um für seine Kundschaft Wein einzukaufen.
Der in Wien »Onkel Karl« genannte Scharfrichter Selinger war mit Langs Hilfstätigkeit sehr zufrieden, da dieser sich als zuverlässig erwies, während frühere, weniger

robuste Gehilfen den Exekutionen unentschuldigt fernblieben oder während der »Arbeit« das Bewußtsein verloren. Lang aber behielt bei sämtlichen Hinrichtungen die Nerven.

Als Scharfrichter Karl Selinger im Jahre 1899 starb, fand sich vorerst kein Nachfolger. Zwar gab es achtzehn Bewerber für den begehrten Staatsposten mit Pensionsberechtigung, doch erwies sich nach genauerer Prüfung durch die Behörde der bisherige Gehilfe des Prager Scharfrichters Wohlschläger als einzig ernstzunehmender Kandidat. Er wurde aber vom Präsidium des k. k. Landesgerichts abgelehnt, da er an der kurz zuvor durchgeführten, stümperhaften Hinrichtung der Kindesmörderin Juliane Hummel beteiligt gewesen war, die eine dreiviertel Stunde unter schrecklichen Schmerzen litt, ehe sie sterben konnte. Laut Gesetz mußte der Tod am Galgen innerhalb einer Minute eintreten.

Man wußte zwar, daß Selingers Assistent Josef Lang hieß, doch – wir befinden uns in Wien – seine Daten lagen bei Gericht nicht auf. Als man herausgefunden hatte, daß in *Lehmanns Wiener Adreßbuch* rund zweihundert Leute mit Namen Lang, Josef verzeichnet waren, wurde ein Polizeirat beauftragt, den Richtigen zu suchen. »Lang«, sagte er, als er ihn nach längeren Recherchen endlich gefunden hatte, »wir brauchen einen tüchtigen Menschen, der das Herz auf dem rechten Fleck hat.«

Und Josef Lang, so wird berichtet, hatte.

Er mußte jetzt, das verlangte die hohe Gerichtsbarkeit, sein Kaffeehaus verkaufen und legte am Morgen des 27. Februar 1900 den Diensteid ab. Zu Mittag ging er nach Hause und erzählte seiner völlig fassungslosen Frau die berufliche Veränderung vom Gastronomen zum Henker. Eine Woche später waltete er in Krain zum ersten Mal sei-

nes Amtes. Lang war für die gesamte Monarchie zuständig, mit Ausnahme einiger Kronländer, die über eigene Scharfrichter verfügten.
Als die Vollstreckung seines ersten in Krain verurteilten Mörders innerhalb von 45 Sekunden gelungen war, klopfte der aus Wien mitgereiste Gerichtsarzt Professor Haberda dem neuen Scharfrichter anerkennend auf die Schulter und rief ihm »Bravo Lang!« zu.
Sein erster »Wiener Fall« war dann die Hinrichtung des zum Tod verurteilten Stefan Wanyek, der im Jänner 1901 eine Frau und zwei Männer erschoß, die ihn bei einem Einbruchsdiebstahl ertappt hatten.
Die Nacht vor ihrer Exekution verbrachten alle zum Tod Verurteilten in der »Armensünderzelle« des Wiener Landesgerichts, in der am letzten Abend die sogenannte »Henkersmahlzeit« serviert wurde. Die Delinquenten durften rauchen und Alkohol zu sich nehmen – nicht genehmigt wurde aber der oft geäußerte letzte Wunsch, in der Zelle eine Prostituierte zu empfangen.
Am nächsten Morgen wurde der Verurteilte punkt sieben Uhr von vier Wachebeamten, dem Kerkermeister und einem Priester in den Galgenhof des Landesgerichts geführt, wo ihn der Scharfrichter bereits erwartete. Josef Lang trug »im Dienst« stets einen schwarzen Salonanzug, Zylinder oder Melone und schwarze Glacéhandschuhe.
Nun verlas der Richter das Urteil, das mit den Worten endete: »Scharfrichter, walten Sie Ihres Amtes!«
Während der Delinquent von den beiden Gehilfen auf den Galgen gehoben wurde, stand Lang auf einer Treppe hinter dem Richtpflock, legte dem Todeskandidaten eine Schnur um den Hals, die am oberen Ende des Galgens befestigt wurde, und befahl seinen Helfern, den Verurteilten an den Füßen zu ziehen.

»Bravo Lang!« rief der Gerichtsarzt, als der k. k. Scharfrichter im Jahre 1900 innerhalb von 45 Sekunden sein erstes Opfer hingerichtet hatte. Josef Lang war in den letzten Jahren der Monarchie ein überaus populärer Mann.

Ein jäher, plötzlicher Ruck – und dem Gesetz war Genüge getan.
In den ersten Jahren seiner Tätigkeit war Lang relativ wenig beschäftigt, da Kaiser Franz Joseph sehr viele Gnadengesuche unterschrieb. Doch während des Ersten Weltkriegs kamen zu den Straftätern etliche wegen Spionage und Hochverrats verurteilte Täter hinzu. Unter anderen richtete Österreich-Ungarns letzter Scharfrichter 1916 in Trient den Reichsratsabgeordneten Dr. Cesare Battisti, der für den Anschluß Italiens an die Entente eingetreten war.
Nach Abschaffung der Todesstrafe im Jahre 1921 ging Josef Lang in Pension. Er starb 1925 im siebzigsten Lebensjahr.
»Josef Langs einziges Streben war darauf gerichtet, in seinem Berufe vollkommen zu sein, um der vom Gesetz anbefohlenen Grausamkeit der Todesstrafe mit einem Minimum von Qual für den Verurteilten Geltung zu verschaffen«, meinte Dr. Oskar Schalk, der die Erinnerungen des letzten k. k. Scharfrichters im Jahre 1920 niederschrieb.

Da der Scharfrichter auch Hauptmann der Freiwilligen Feuerwehr in Simmering war, errechnete sein Biograf, daß er »vielleicht ebenso vielen Leuten das Leben gerettet hat, als er es in Ausübung seines verrufenen Amtes nehmen mußte«.

Schalk schildert Josef Lang als »gemütlichen und trinkfesten Wiener Spezi, den seine Freunde nicht missen wollen. Wenn er kommt und singt und pascht und seine Hallodri treibt, geht ein frischer Zug durch die Gesellschaft und der fesche Alte versteht es gar wohl, im Trinken und im Erfinden heiterkeitserweckender Späße seinen Mann zu stellen.«

Am Morgen nach derlei lustigen Stammtischrunden ging der fesche Scharfrichter dann ins »Landl«, um seine »Kundschaft« ins Jenseits zu befördern.

»Um ein freies Leben führen zu können«

Wenn Frauen töten

95 Prozent aller Mörder sind Männer. Wenn Frauen morden, ist das Aufsehen in der Öffentlichkeit umso größer. Als »prominenteste« Mörderin der österreichischen Kriminalgeschichte gilt die Wienerin Martha Marek. Dabei war sie ursprünglich durch einen ganz anderen Kriminalfall bekannt geworden.

Der 24jährige Kaufmann und Ingenieur Emil Marek aus Mödling bei Wien mußte im Frühjahr 1927 wegen des Verdachts, sich selbst das linke Bein abgehackt zu haben, vor Gericht. Das Motiv: Versicherungsbetrug. Er und seine schöne Frau Martha wollten von der *Anglo-Danubian-Lloyd* wegen eines »Arbeitsunfalls« 400 000 Schilling kassieren. Nicht nur, daß die Polizze erst einen Tag vor dem Unfall in Kraft getreten war, ergab die gerichtsmedizinische Untersuchung des Stumpfs, daß das Bein durch vier Axthiebe abgetrennt worden war. Laut Anklage handelte es sich um Selbstverstümmelung Emil Mareks unter Beihilfe seiner Frau Martha.

Dennoch wurde das Paar mangels an Beweisen freigesprochen. Mit der Versicherung einigte man sich auf Auszahlung von 180 000 Schilling.

Der spektakuläre Prozeß war freilich nur das Vorspiel der eigentlichen kriminellen »Karriere« Martha Mareks. Ihr Mann, der nach der Amputation seines Beines kränklich war, starb fünf Jahre später. Bald folgte ihm die einjährige

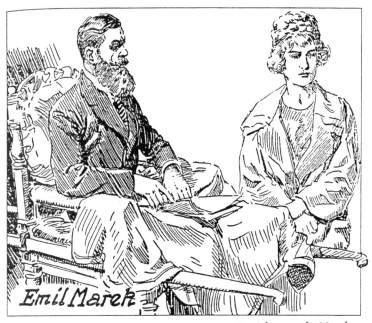

Vorerst mit ihrem Mann wegen Betrugs vor Gericht, wurde Martha Marek später als vierfache Mörderin verurteilt

Tochter Ingeborg ins Grab. Wie Martha Marek später gestand, hatte sie Mann und Kind getötet, »um ein freies Leben führen zu können«.

Diese »Freiheit« nützte sie zu weiteren Giftmorden. Das nächste Opfer war ihre Tante Susanne Löwenstein. Kurz nachdem diese ihr Testament »zugunsten der bedauernswerten Witwe Martha Marek« verändert hatte, starb Frau Löwenstein unter mysteriösen Umständen.

Martha Marek, die zu diesem Zeitpunkt in ärmlichen Verhältnissen lebte, zumal die einst kassierte Versicherungssumme längst aufgebraucht war, bezog nun wieder eine große Wohnung und pflegte einen aufwendigen Lebensstil.

Als dann auch das von der Tante geerbte Vermögen weg war, nahm Frau Marek eine Untermieterin auf. Sie hieß Theresia Kittenberger und fand sich kurz nach der Übersiedlung in Mareks Wohnung bereit, eine Lebensversicherung in Höhe von fünftausend Schilling zugunsten ihrer Vermieterin abzuschließen.
Damit hatte auch sie ihr Todesurteil unterschrieben. Theresia Kittenberger starb kurze Zeit später.
Frau Kittenbergers Sohn schien der plötzliche Tod seiner gerade noch vor Gesundheit strotzenden Mutter aufklärungsbedürftig. Und er meldete seinen Verdacht der Polizei. Bei der nun folgenden Untersuchung kam Schreckliches zutage: Die Marek hatte sowohl ihren Mann als auch ihre Tochter, ihre Tante und die Untermieterin ermordet. In allen vier Fällen führte das Rattengift *Zelio-Paste* zum Tod.
Hier weitere Frauen, die – einmal abgesehen von den in jüngerer Zeit verurteilten *Lainzer Mordschwestern* und der *Schwarzen Witwe* Elfriede B. – durch spektakuläre Fälle ein Stück österreichischer Kriminalgeschichte schrieben:
Am 20. November 1867 tötete Julie von Ebergenyi die Gräfin Mathilde Chorinsky, mit deren Ehemann sie ein inniges Verhältnis hatte. Die Wienerin verabredete sich mit ihrer Nebenbuhlerin zum Tee, in den die schöne Julie zuvor ein halbes Fläschchen Zyankali geleert hatte. Die Täterin und der gräfliche Gemahl der Toten wurden zu je zwanzig Jahren schweren Kerkers verurteilt.
Als *Giftmischerin von Döbling* machte zehn Jahre später Theresia Simmere Schlagzeilen. Sie hatte in Wien mehrere Einbruchsdiebstähle verübt – und eventuelle Zeugen durch *Atropin* ausgeschaltet. Ihre Opfer starben jedoch nicht, sondern wurden durch den in der Tollkirsche ent-

haltenen Giftstoff in den Wahnsinn getrieben. Dadurch unzurechnungsfähig, konnten sie als Zeugen gegen Theresia Simmere nicht aussagen. Die Giftmischerin mußte für fünfzehn Jahre in den Kerker.

Eine ganze Reihe schwerer Verbrechen konnte auch der *Würgerin von der Weihburggasse* nachgewiesen werden: Die Wienerin Leopoldine Kasparek wurde 1917 als Raubmörderin, Brandstifterin, Diebin und Betrügerin in insgesamt vierzehn Fällen zum Tod verurteilt (und später zu lebenslanger Haft begnadigt).

Besonders aufsehenerregend war auch der Fall der wegen mehrfacher Giftmordversuche verurteilten Fürstin Milica Vulko-Bronko. Die in Korneuburg geborene Aristokratin serbischer Herkunft versuchte in den Jahren 1917 und 1922 zwei Ehefrauen und mehrere Kinder ihrer Liebhaber zu vergiften, doch beide Familien überlebten. Die zwanzigjährige Frau wurde wegen Mordversuchs angeklagt und mußte ins Gefängnis. Nach dem Zweiten Weltkrieg war sie – unter einem anderen Namen – in Wien als Journalistin tätig.

Wenn Frauen töten, sagen Kriminalexperten, ist das Motiv – viel mehr noch als bei Männern – in der Gefühlswelt zu finden. Das kann Liebe, Spielsucht oder – wie etwa im Fall Martha Marek – eine krankhafte Form von Lebenslust sein, um die zu befriedigen sie zu Mörderinnen wurden.

Martha Marek wurde zu Beginn des Jahres 1938 wegen vierfachen Mordes zum Tod verurteilt. Da in Österreich seit 1900 keine Frau mehr hingerichtet worden war, konnte sie aber mit der Umwandlung in eine lebenslange Freiheitsstrafe rechnen.

Doch nur wenige Wochen nach ihrer Verurteilung marschierten die deutschen Truppen in Wien ein, und so mußte Martha Marek ihr Gnadengesuch statt an den öster-

reichischen Bundespräsidenten an den »Führer« Adolf Hitler richten.
Ohne Erfolg. Im September 1938 wurde aus der Strafanstalt Berlin-Tegel das *Gerät F.* nach Wien gebracht. *F* stand für Fallbeil. Es wurde am 6. Dezember 1938 zum ersten Mal in Österreich angewendet. Martha Marek wurde an diesem Tag enthauptet.

Massaker auf der Teufelsinsel

*Die Ermordung österreichischer
Expeditionsteilnehmer*

Es war eine friedliche Expedition, die zur Jahrhundertwende von Österreich auszog, um auf den Salomoneninseln im Nordosten Australiens pflanzen- und tierkundliche Studien anzustellen. Doch das Forschungsprojekt endete mit einem Massaker: die Österreicher wurden von Kannibalen überfallen, es kam zu erbitterten Kämpfen, denen zwanzig Eingeborene und fünf Österreicher zum Opfer fielen.
Der Wiener Geologe Heinrich Freiherr von Foullon-Norbeeck war zur Jahreswende 1895/96 in Begleitung von 113 Expeditionsteilnehmern zu den Salomonen gereist. Die Inselgruppe, 1568 von Seefahrern im Auftrag des Habsburgers Philipp II. erobert, stand Ende des vorigen Jahrhunderts teils unter deutscher, teils unter britischer Hoheit. Offiziell diente Foullons Reise an Bord des von der k. u. k. Kriegsmarine zur Verfügung gestellten Kanonenbootes *Albatros* rein wissenschaftlichen Zwecken, vermutlich wollten die Forscher aber auch nach den Bodenschätzen der Insel – vor allem nach Nickelerzen – Ausschau halten. Wie auch immer, die Erkundungsfahrt sollte vollkommen friedlich verlaufen.
Anfang August 1896 landeten die Österreicher nach monatelanger Seefahrt auf der Hauptinsel Guadalcanal. Neun Mann machten sich nun auf den Weg zum Berg

Tatuba im Landesinneren. Was sie wohl nicht wußten: der Berg gilt als heilig und darf nach dem strengen Glauben der Inselbewohner von niemandem betreten werden.
Als die kleine Gruppe am 10. August den Aufstieg zu einem Nebengipfel des 2400 Meter hohen Berges antrat, wurde sie von melanesischen Eingeborenen – einer den benachbarten Papuas verwandten Volksgruppe – in verdächtiger Weise »beobachtet« und »begleitet«.
Plötzlich deutete ein älterer Insulaner dem österreichischen Fähnrich Franz Budik, er möge ihm seine Waffe zeigen. »In dem Augenblick, da er sich über den Revolver Budiks neigt«, gaben Augenzeugen später zu Protokoll, »bricht aus dem Gebüsch ein Schwarm kriegerisch bunt geschmückter Eingeborener mit Streitäxten und Keulen hervor und stürzt sich unter wildem Geschrei auf die Europäer. Ein kurzer, furchtbarer Kampf, Mann gegen Mann, setzt ein. Budik kann drei seiner Angreifer niederschießen, die Matrosen erwehren sich mit Schüssen der Gegner. Zwanzig der Angreifer bleiben tot am Platze, die anderen verschwinden im Gebüsch.«
Die österreichischen Matrosen Gustav Chalaupka, Jakob Dokovic und der Seekadett Armand de Beaufort sind sofort tot, Foullon lehnt blutüberströmt an einer Steinwand und wird von Kameraden versorgt. Aber auch der Expeditionsleiter stirbt – drei Stunden nach dem Überfall; der schwer verletzte Matrose Peter Maras etwas später.
Die Leichen der Österreicher können nicht einmal ordentlich bestattet werden, da die Eingeborenen – nach Angaben der englischen Behörden waren an dem Überfall hundert Mann beteiligt – weiter angreifen. Einige Opfer wurden angeblich sogar von Kannibalen gefressen.
Die überlebenden Österreicher retten sich, zum Teil

schwer verletzt, fluchtartig auf die *Albatros,* mit der sie am 15. August auslaufen.

Fünf Jahre danach reisen mutige Offiziere der k. u. k. Kriegsmarine nach Guadalcanal, um ihren so tragisch verstorbenen Landsleuten ein Mahnmal zu setzen. In das zwei Meter hohe Steinkreuz wird neben den Namen der Toten in goldenen Lettern die Inschrift gemeißelt: »Dem Andenken der im Dienste der Wissenschaft beim Kampf am Fuße des Berges Tatuba heldenmuthig gefallenen Mitglieder der Expedition Seiner Majestät Schiffes Albatros.« Da die Inschrift auf dem Steinkreuz nach hundert Jahren kaum noch lesbar war, wurde sie auf private Initiative des Wiener Arztes Karl Holubar und seines Sohnes, des Historikers Karl Holubar jun., mit frischer Goldfarbe wiederhergestellt. Das Kreuz selbst ist aber nach wie vor in ziemlich schlechtem Zustand.

Auch die jüngere Geschichte der Insel verlief blutig. Im Zweiten Weltkrieg fanden hier Zehntausende Amerikaner, Japaner, Engländer, Australier, Neuseeländer und Melanesier bei schweren Kämpfen den Tod.

Ihrer gedenkt man auf der seit 1978 unabhängigen Insel durch mächtige Kriegerdenkmäler. Sollte man nicht auch das bescheidene Kreuz, das an fünf tote Österreicher erinnert, in einen würdigen Zustand bringen?

Der berühmteste Gangster aller Zeiten

Al Capone

Joe Howard war nur ein kleiner Ganove. Als er es aber am 8. Mai 1924 wagte, dem mächtigen Al Capone in einer kleinen Bar in der New Yorker Wabash Avenue in die Quere zu kommen, zog dieser seine Pistole und schoß ihn nieder. Vier Personen, stand in den Zeitungen, hätten Capone als Täter erkannt. Doch bei der Polizei konnte sich dann keiner mehr daran erinnern.

Einer von zahllosen Kriminalfällen, in die Al Capone verwickelt war, aber ein typischer: die Zeugen wußten, daß es nur zwei Möglichkeiten gab. Zu schweigen – oder selbst getötet zu werden.

Al Capones Eltern waren brave Leute, die 1894, fünf Jahre vor seiner Geburt, wie Zehntausende Italiener in die USA eingewandert waren. Der Vater, gebürtiger Neapolitaner, hatte in New York einen kleinen Friseurladen, die Mutter half als Näherin mit, die neun Kinder der Familie zu ernähren.

Dennoch fand Al(phonse) bald Zugang zu organisierter Kriminalität, lag doch in der Nachbarschaft der Capones an den Docks von Brooklyn die Zentrale eines Verbrechersyndikats, das Bordelle und Casinos kontrollierte. Ehe der Gangsterboß John Torrio den vierzehnjährigen Italo-Amerikaner freilich in die Reihen seiner Mitarbeiter aufnahm, mußte Al eine »Aufnahmsprüfung« bestehen: Wie alle, die bei ihm anheuerten, ließ der Syndikatschef den jungen Capone mehrere Minuten in seinem Büro – auf dessen Schreibtisch ein paar Dollarnoten lagen – allein. Während die meisten Kandidaten das Geld einsteckten und davonliefen, wartete Al geduldig, bis Torrio zurückkehrte. Capone wurde als ehrlich eingestuft – und durfte der Verbrecherorganisation angehören.

Al Capone brach nun – nachdem er sich mit seiner Lehrerin geprügelt hatte – die Schule ab und übernahm es, für seinen neuen Chef »Schutzgelder« einzutreiben, wobei die meisten seiner Opfer Geschäftsleute, Barbesitzer und Prostituierte waren. Mit achtzehn, als bärenstarker Rausschmeißer im *Harvard-Inn*-Tanzclub des Gangsters Frankie Yale beschäftigt, zog Al sich jene Wunden zu, die ihm seinen Beinamen *Scarface* – Narbengesicht – eintrugen.

Das Malheur begann, als er sich an ein Mädchen heranmachte, worauf deren Bruder ein Messer zog und dem »Galan« mit der Klinge schwere Verletzungen zufügte. Capones linke Wange war für den Rest seines Lebens entstellt, und wann immer ihm Fotografen begegneten, wandte er ihnen die andere Gesichtshälfte zu.

Im *Harvard Inn* verübt Al auch eine erste Bluttat. Er soll von einem Spieler namens Tony Perotta 1500 Dollar einfordern, die dieser seinem Chef Frankie Yale schuldet. Als er sich zu zahlen weigert, schießt Capone ihn nieder.

Al hatte nun die Gesellenprüfung für die Unterwelt bestanden. Frankie Yale freilich konnte nicht ahnen, daß er eines Tages selbst Al Capones Opfer werden sollte.

1921 übersiedelt Capone, bereits Ehemann und Familienvater, von New York nach Chicago, wo gerade ein blutiger Machtkampf um die Nachfolge des eben ermordeten Mafiakönigs »Big Jim« Colosimo tobt. Al setzt sich gegen seine viel älteren Rivalen durch, übernimmt Bordelle, Spielhöllen und hat in kürzester Zeit die mächtigste Gang in der Hauptstadt des amerikanischen Verbrechens aufgebaut. Capones Stärke war es, seine Unternehmungen wie seriöse Industriebetriebe zu führen – samt Geschäftsführer, Buchhalter und sonstigen Angestellten. Mit dem kleinen »Schönheitsfehler« allerdings, daß all die Unternehmungen kriminell waren und daß jeder, der nicht bei Capone kaufte, eine äußerst geringe Lebenserwartung hatte.

Die *Prohibition* brachte den illegalen Handel mit Alkohol zum Erblühen. Al Capone betrieb Tausende Brennereien und »Flüsterkneipen« (so genannt, weil man die verbotenen Getränke halblaut bestellte). Vor allem aber kassierte er »Schutzgelder«, die seine Kunden vor den Anschlägen diverser Banden »schützen« sollten. Insgesamt setzte er in seiner Blütezeit pro Jahr weit mehr als hundert Millionen Dollar um.

Al hatte aber auch gewaltige Ausgaben. Er beschäftigte bis zu tausend Ganoven. Und die Bestechungsgelder flossen zu Gericht, zur Polizei, ins Rathaus von Chicago, zum Gouverneur des Bundesstaates Illinois und sogar ins Weiße Haus. In seinen besten Jahren war Capone so mächtig, daß man ihn den heimlichen Bürgermeister von Chicago nannte. Sein Einfluß erstreckte sich aber über den ganzen Kontinent, praktisch kontrollierte er die gesamte Mafia Amerikas.

In seinem Privatleben war der Gangster nicht wiederzuerkennen. Er gab sich als Familienmensch, kümmerte sich in rührender Weise um seinen behinderten Sohn, seine verwitwete Mutter und seine Geschwister, half Armen und unterstützte Jazzmusiker. Capone war stets elegant gekleidet, ging nur mit Hut und Nadelstreif. Viele bewunderten ihn, da er sein Hauptgeschäft, den Alkoholschmuggel, einem Prohibitionsgesetz zu danken hatte, das die meisten Amerikaner für lächerlich hielten.

1924 kommt es zu ersten Straßenschlachten: Al zeigt politische Ambitionen und unterstützt in einem Vorort von Chicago den republikanischen Bürgermeisterkandidaten (der seine Geschäfte fördert). Wahllokale werden von Schlägern überfallen, Bürger mit vorgehaltener Pistole gezwungen, »die richtige Partei« zu wählen. Capones älterer Bruder Frank fällt dabei im Schußwechsel mit der Polizei.

In tiefer Trauer verliert der Gangsterboß seine letzten Skrupel: In seinem Leben, schätzen Kriminalexperten des FBI, hat Capone mindestens fünftausendmal gegen Gesetze verstoßen – wie viele Menschen dabei starben, bleibt unbekannt.

Der 14. Februar 1929 geht als *Tag des St. Valentins-Massakers* in die Kriminalgeschichte Amerikas ein: weil ihm sein Rivale »Bugs« Moran die Herrschaft über die Unterwelt von Chicago streitig machen will, werden sieben seiner Leute von Capones Killern auf offener Straße hingerichtet.

Drei Monate später gelingt dem legendären FBI-Agenten Eliot Ness und seinen *Untouchables* – den Unbestechlichen – die Verhaftung Al Capones. Da man Amerikas »Staatsfeind Nr. 1« nach wie vor keinen Mord nachweisen kann, wird er nur wegen Steuerhinterziehung verurteilt.

Auch während der sieben Jahre, die Capone als Häftling Nr. 85 hinter Gittern verbringt, kontrolliert er die Unterwelt. Der Gefängnisarzt der Strafanstalt *Alcatraz* diagnostiziert eine schwere Syphilis, die Al sich – sein Leben lang als »Beschützer« unzähliger Prostituierter tätig – schon in der Jugend zugezogen haben dürfte.

Er stirbt, 48 Jahre alt, am 25. Jänner 1947. Nicht im Kugelhagel einander rivalisierender Gangsterbanden, wie es eines Capone »würdig« gewesen wäre. Sondern gewaltlos. Als Spätfolge der Syphilis geistig umnachtet, schlief Al in seiner Villa in Miami friedlich ein.
Sein Mythos als Gangsterboß lebt weiter.

KÜNSTLERISCHES

Der Kampf mit den Windmühlen

War Cervantes der Mann von La Mancha?

Sein Kampf gegen die Windmühlen zählt wohl zu den berühmtesten Parabeln aller Zeiten: Wie klein, wie schwach ist der Mensch, vergleicht man ihn mit den Gewalten des Universums. Der große spanische Dichter Miguel de Cervantes hat Don Quixote zum tragikomischen Helden gemacht – vermutlich ohne ihn erfunden zu haben. Denn es gab ihn möglicherweise wirklich, den »Ritter von der traurigen Gestalt«. Er mußte ihn nicht erfinden, da sich Cervantes selbst darin sah, vermuten Forscher. Demnach hätte der Dichter sein eigenes Leben, das einem einzigen Leidensweg gleichkam, niedergeschrieben.
War er es, der mit seinem Diener Sancho Pansa und seinem Ackergaul Rosinante in die Welt zog, um gegen Windmühlen – die das Unrecht symbolisieren – zu reiten?
Das schwere Leben des Miguel de Cervantes läßt die Vermutung zu. Er wurde 1547 – wie auch sein späterer Romanheld – als Sproß eines verarmten Adelsgeschlechts in Spanien geboren. Mit 24 kam es zur ersten Katastrophe, als in der Seeschlacht von Lepanto seine linke Hand verstümmelt wurde. Für den Rest seines Lebens verkrüppelt, blieb Cervantes dennoch in der Armee und nahm zwei Jahre nach seiner schweren Verwundung am tunesischen Feldzug teil. Auf der Rückreise aus Nordafrika wurde er von Piraten gefangengenommen, die ihn verschleppten

Sein eigenes Schicksal, vermuten Cervantes-Forscher, könnte die Vorlage für die tragische Figur des Don Quixote de La Mancha gewesen sein: Spaniens großer Dichter Miguel de Cervantes (1547 bis 1616).

und in Algerien als Sklaven hielten. Nach dem Mißlingen unzähliger Fluchtversuche brachten Trinitarier-Mönche das Lösegeld für seine Freilassung auf.

In fünf schrecklichen Jahren der Sklaverei verbittert, hoffte Cervantes nun endlich in ein bürgerliches Leben zu finden. Wurde Getreidekommissar in Andalusien, später Steuereintreiber in Granada. Verliebte sich, heiratete, bekam eine Tochter.

Doch das Schicksal schlug noch mehrere Male unbarmherzig zu: Als eine Bank in Sevilla, bei der er öffentliche Gelder deponiert hatte, zusammenbrach, bezichtigte man Cervantes zu Unrecht der Unterschlagung und sperrte ihn neuerlich ein. Und als 1605 ein Edelmann in der Nähe seines Hauses bei einem Streit von einem Unbekannten schwer verletzt wurde, nahm der gütige Cervantes den Verwundeten in seiner Wohnung auf. Die Polizei vermutete den Täter im Hause Cervantes und sperrte die ganze Familie ein.

Seit Jugendtagen als – eher erfolgloser – Dichter tätig, schrieb er sich erst im Alter in die Unsterblichkeit. Mit fast sechzig begann er im Schuldgefängnis von Sevilla an seinem Meisterwerk, dem *Don Quixote de La Mancha*, zu schreiben, doch auch dieses brachte ihm kein Glück: Obwohl der Roman bald reißenden Absatz fand, blieb sein Schöpfer arm, da er einem Verleger die Rechte für ein paar Pesos abgetreten hatte. Die letzten Jahre seines Lebens verbrachte er im Kloster jener Trinitarier-Mönche, die ihn einst aus der Sklaverei befreit hatten. Dort starb er mit 68 Jahren.

Erst nach seinem Tod wurde seine wahre Größe erkannt: Was Shakespeare für England, Dante für Italien und Goethe für Deutschland, das ist Cervantes für Spanien: der bedeutendste Dichter eines Kulturkreises. Sein Don Quixote, der wie keine andere Gestalt der Weltliteratur Lachen und Weinen in sich vereinigt, erreichte – nach der Bibel – die höchste Auflage aller gedruckten Bücher.

Hat Cervantes das eigene Schicksal zur großen Literatur erhoben? Die Experten streiten seit Jahrhunderten darüber, gelangen aber am ehesten zu dem Schluß, daß er die damals populären Ritterromane parodieren wollte und die bitteren Erfahrungen seiner Gefangenschaft in den Don Quixote einfließen ließ – ohne sich deshalb hundertprozentig mit dem Helden identifiziert zu haben.

Josef Meinrad

Das letzte Interview

Auch als Musical setzte sich der Erfolg des Cervantes-Stücks fort. Am Broadway in New York, in London, Paris und in Wien. Hier mit dem unvergleichlichen Josef Meinrad als *Der Mann von La Mancha*.
18. Oktober 1995. Besuch bei dem schon zu Lebzeiten legendären Schauspieler in Großgmain bei Salzburg.
Schmal ist er geworden, sehr schmal. Schmal und zerbrechlich. Einmal noch gibt Josef Meinrad, obwohl er seit Jahren schon zurückgezogen lebt, ein Interview.
Es sollte sein letztes sein.
Germaine, die treue Begleiterin in all den Jahren, ist an seiner Seite. Sie öffnet die Tür des großen Hauses, das einmal eine Scheune mit anschließendem Schweinestall gewesen ist. Als die Meinrads das Anwesen vor fast dreißig Jahren zum ersten Mal gesehen hatten, verliebten sie sich in den für Wohnzwecke völlig ungeeigneten, mit Heu angefüllten Schober. Und ließen daraus ein elegantes Landhaus entstehen.
Das ist lange her. Der Träger des Ifflandrings ist schwerkrank.
»Pepi« – wie die Nation ihn nannte – Meinrad, das sind die großen Nestroy- und Raimund-Rollen am Wiener Burgtheater, das ist ein unvergeßlicher *Liliom* und ein ebenso unvergeßlicher Theodor in Hofmannsthals *Der Unbestechliche*. Josef Meinrad, das ist aber auch Don

Quixote, Professor Higgins, das sind unzählige Film- und Fernsehauftritte.
Vor sich, auf dem Tisch seines großen Salons, hat der 82jährige Schauspieler ein altes, abgegriffenes Heftchen liegen, das er seit Kindertagen akribisch genau führt und das zur Grundlage seiner Erinnerungen wurde. »Meine Vorstellungen« ist vorne auf den Umschlag gekritzelt, und der Schauspieler hat darin jeden Auftritt seines Lebens notiert. 7228mal stand er auf der Bühne, erstmals mit zehn Jahren, am 1. Oktober 1923, in einer *Wilhelm-Tell*-Aufführung seiner Volksschule. Am 16. Februar 1988 das letzte Mal.
Er leidet an der Parkinsonkrankheit. Durch Medikamente, die er einnehmen muß, hat er siebzehn Kilogramm verloren. Berühmt für seine Bescheidenheit, sagt er: »Ich bin zufrieden, habe keine Schmerzen. Mit dem Zittern in den Händen kann ich leben. Ich hab' in meinem Leben so viel gearbeitet, daß ich's mir leisten kann, nicht mehr spielen zu müssen.«
Er spricht nicht viel, geht langsam und bedächtig durch Haus und Garten, genießt alles sehr.
Josef Meinrad hat unter dem Titel *Da streiten sich die Leut herum* gerade seine Memoiren veröffentlicht. Bezeichnend fast, daß sie von einem Arzt geschrieben wurden. Dr. Gerd Holler, einem langjährigen Freund, vertraute er seine Erinnerungen an. Erinnerungen an ein Leben ohne Eskapaden, in dem einzig und allein seine Auftritte Höhepunkte waren. Private Skandale hat es nie gegeben.
Josef Moučka, wie er eigentlich hieß, kam 1913 als Sohn eines Straßenbahners und einer Milchfrau in Wien-Hernals zur Welt. Auf Wunsch der Mutter besuchte er die Klosterschule. Der Internatsfreiplatz war mit der Verpflichtung verbunden, nach der Matura Theologie zu studieren.

Doch als sich »Pepi« mit vierzehn zum ersten Mal verliebte, wußte er, daß er für das Priesteramt nicht geschaffen ist. »Die Mutter war sehr deprimiert, aber sie akzeptierte es.« Josef wurde Lehrling in einer Lackfabrik und besuchte nebenbei die Schauspielschule.
Der Alkohol war in Arbeiterkreisen ein großes Problem, also entschloß sich der junge Mann, Mitglied eines Abstinenzvereins zu werden. Tatsächlich hat er in seinem ganzen Leben nie einen Tropfen Alkohol angerührt.
Bis auf einmal, erzählt er, und angesichts der sich anbahnenden Pointe leuchten plötzlich die Augen des Mimen kurz auf. »Denn die Wahl eines neuen Vorsitzenden des *Hernalser Abstinenzvereins* wurde mit großen Mengen Weins gefeiert.« Ausgerechnet! »Alle Abstinenzler waren blau.«
Mitte der dreißiger Jahre trat Meinrad an Kleinkunstbühnen auf. 35 Groschen erhielt er pro Abend, »etwas mehr, als ein Tramwayfahrschein kostete«. Die Gage war es aber auch nicht, die ihn lockte, sondern »daß die Leute ruhig sein müssen, wenn man spricht«. Man glaubt es kaum, daß der große Schauspieler anfangs mit Sprachschwierigkeiten zu kämpfen hatte. Lange noch drang sein »Hernalserisch« durch.
Mit 24 war Josef Meinrad immer noch so arm, daß er – als er die Weltausstellung besuchen wollte – zu Fuß von Wien nach Paris ging! Frankreich wurde dann überhaupt sein Schicksal: ein Mädchen namens Jacqueline verliebte sich während des Krieges in den Helden des deutschen Fronttheaters in Metz und lauerte ihm nach jeder Vorstellung auf. Meinrad ging die Schwärmerei ziemlich auf die Nerven – bis Jacqueline einmal ihre Freundin Germaine mitnahm. Und mit der war er dann 45 Jahre lang verheiratet.

1947 rief das Burgtheater. Legendär sein Weinberl in *Einen Jux will er sich machen*, sein Schnoferl im *Mädl aus der Vorstadt*, sein Valentin im *Verschwender*. Einer, der ihm dort besondere Beachtung schenkte, war Werner Krauß. Doch Meinrad hat nie etwas davon bemerkt, die beiden haben kaum je ein Wort miteinander gewechselt.
Als Krauß 1959 starb, fiel Meinrad aus allen Wolken. Krauß hat ihm den Ifflandring, die höchste Auszeichnung, die einem deutschsprachigen Schauspieler widerfahren kann, vermacht. Der Ring kam Meinrad teuer, wie er sagte, denn er nahm von nun an keine seichten Filmrollen mehr an. »Ich wußte, daß mich das Publikum jetzt noch genauer beobachten würde.«
Er blieb dem Burgtheater treu, unternahm Ausflüge ins Musical, *Der Mann von La Mancha, My Fair Lady*. Pfarrer ist er nicht geworden, aber er spielte viele Geistliche, in einem Film von Otto Preminger gar den Kardinal Innitzer – »so weit hätte ich es in der kirchlichen Hierarchie nie gebracht, wenn ich wirklich Priester geworden wäre«, lacht er noch einmal kurz auf. Ein Pfarrer teilte ihm einmal mit, daß ihm seine Predigt als Kapuziner in *Wallenstein* Vorbild für eigene Predigten war. Doch als sich ein Mönch den Kammerschauspieler Josef Meinrad als Ordensbruder wünschte, sagte der – im Verhandeln von Gagen überaus erfahrene – Chef der Bundestheater: »Ich fürchte, Sie würden sich ihn nicht leisten können.«
Ins Wohnhaus der Meinrads gelangt man durch ein riesiges Tor, durch das früher einmal die hochbeladenen Heuwagen gefahren sind. Die Einfahrt wurde zu einer riesigen Diele umgebaut. Und inmitten dieses Wohnzimmers steht – als würde hier ein Film gedreht – der legendäre *Silver Shadow* des Schauspielers. Den seine Kollegin Adrienne

Gessner einst zum Anlaß genommen hat, ihr berühmtes Lästermaul einzusetzen: »Seit der Pepi den *Rolls Royce* hat, ist er *noch* bescheidener geworden.«
»Es soll neue Medikamente für Parkinsonkranke geben«, flüsterte mir Frau Meinrad beim Abschied zu, »aber hier auf dem Land bekommt man die ja nicht.«
In Wien angekommen, erkundigte ich mich nach dem ersten Experten für diese Krankheit und rief ihn an. Er fuhr nach Großgmain und untersuchte den großen Mimen.
Er konnte ihm nicht mehr helfen, denn Josef Meinrad starb am 18. Februar 1996, vier Monate nach meinem Besuch in Großgmain, im Alter von 83 Jahren.
Natürlich habe ich bei meinem Besuch auch die unvermeidliche Frage nach dem Ifflandring gestellt. Er befindet sich, erzählte Meinrad, nicht in seinem Hause, sondern im Banksafe. Daß er den Namen seines Nachfolgers laut Statuten nicht nennen dürfte, hat jahrzehntelang für Spannung gesorgt. Wer immer Meinrad getroffen oder nicht getroffen hat, wer ihn auf der Bühne oder im Film gesehen oder nicht gesehen hat, beteiligte sich an dem beliebten »Wer ist der nächste Ifflandringträger?«-Spiel.
Man hatte Josef Meinrad, für den Fall, daß er das Geheimnis lüften würde, Millionen geboten, doch er schwieg und das fast vierzig Jahre lang, beharrlich. Auch bei meinem letzten Besuch lächelt er nur milde, als das Wort Ifflandring ausgesprochen wird. Ob er vielleicht eine Frau als Nachfolgerin eingesetzt hätte, fragte ich. Und erhielt als Antwort: »Nein, das wäre wohl nicht im Sinne des Stifters August Wilhelm Iffland gewesen.« Auch der nächste Träger des Rings sei ein Mann.
Auf den Tag genau vier Monate später, als Josef Meinrads

Tod gemeldet wurde, setzte wirklich das große Rätselraten um den Ifflandring in der Öffentlichkeit ein. Als von Meinrad möglicherweise nominierte Nachfolger wurden u. a. genannt: die Schauspieler Helmuth Lohner, Klaus Maria Brandauer, Gert Voss, Michael Heltau, Will Quadflieg, Otto Schenk, Fritz Muliar, Karlheinz Hackl, Romuald Pekny, Erwin Steinhauer, Heinz Petters und Robert Meyer. Es hieß auch, Meinrad hätte den Ring ursprünglich Oskar Werner und Attila Hörbiger vermacht, und als diese starben, mußte er seinen letzten Willen zweimal ändern.

Ganz Österreich beteiligte sich in diesen Tagen an den Iffnandring-Spekulationen. An deren Höhepunkt verlautet wurde: Meinrads schriftlicher Entscheid sei verlorengegangen. Tatsächlich setzte in den Räumen des Bundestheaterverbandes eine hektische Suchaktion ein. Frau Meinrad erklärte, sie »stünde vor einem Dilemma«. Zwar wüßte sie, wen ihr Mann nominiert hätte, doch wäre sie nicht bereit, den Namen zu nennen, da man ihr den Namen des Nachfolgers vielleicht nicht glauben würde. Georg Springer, der Chef der Bundestheater, überlegte, »ein Gremium von Künstlern einzusetzen, das darüber befinden soll, wer den Iffnandring erhält«. Er ging aber »immer noch davon aus, daß das Kuvert mit dem Namen auftauchen wird«.

Es tauchte auf – im Archiv der österreichischen Bundestheaterverwaltung, unter der Aktenzahl »615/79/vertraulich«.

Am 28. Februar 1996 wurde dann bekanntgegeben, welchen Namen Josef Meinrad in dem Kuvert hinterlassen hatte. Die Überraschung war groß, er hatte den Iffnandring Bruno Ganz vermacht.

Und damit dem einzigen unter all den Großen, der in den

Nachfolge-Spekulationen der letzten Tage *nicht* genannt worden war.

Josef Meinrad folgte mit seiner für viele überraschenden Entscheidung einer Tradition. Auch nach Werner Krauß' Tod hatte man auf alle nur möglichen Burgschauspieler getippt – mit Ausnahme des Josef Meinrad.

Caruso & Co.

Große Tenöre

Sicher, auch Baß und Bariton haben ihre Verehrer – der Tenor aber wird angebetet, bewundert, geliebt.

»Caruso ist und bleibt der Größte«, sagt Luciano Pavarotti, einer seiner legitimen Nachfolger. »Er war der Wahrhaftigste von allen, er wäre auch heute noch modern, es hat nie einen Besseren gegeben.« Pavarotti weiß das so genau, weil er mit ihm aufgewachsen ist: »Mein Vater hat mir alle seine Platten vorgespielt, und wir haben im Radio immer nur Carusos Stimme gesucht. Er war mein Leitstern auf dem Weg zur Bühne.«

Enrico Carusos Karriere war aber auch wirklich einzigartig: am 25. Februar 1873 als achtzehntes Kind einer armen Arbeiterfamilie in Neapel zur Welt gekommen, bettelte er sich als Straßensänger durchs Leben, um die ersten Gesangsstunden finanzieren zu können. Doch niemand wollte an ihn glauben. »Deine Stimme klingt wie der Wind, der durchs Fenster pfeift«, meinte sein Lehrer.

Tatsächlich überschlug sich das später so berühmte Organ fortwährend, und vom legendären *Hohen C* konnte noch lange keine Rede sein. Mit 21 debütierte er bei einer Wandertruppe in seiner Heimatstadt, in den folgenden Jahren trat er ohne besonderen Erfolg an verschiedenen Provinzbühnen auf, ehe er 1898 im Mailänder Teatro Lirico in Umberto Giordanos Oper *Fedora* den Durchbruch schaffte. Dennoch lehnte ihn Puccini noch zwei Jahre später für die Uraufführung seiner *Tosca* in Rom ab. Gegen alle Widerstände kämpfte Caruso mit ungeheurer Disziplin weiter, bis London, Mailand, Berlin und New York riefen. 1902, als Herzog von Mantua in Verdis *Rigoletto* an der Covent Garden Opera, wurden erstmals das Außergewöhnliche seiner Stimme, seine darstellerische Kraft und seine bahnbrechende Persönlichkeit gewürdigt. Als er zwischen 1906 und 1913 – insgesamt nur vierzehnmal – an der Wiener Hofoper auftrat, lag ihm die Stadt zu Füßen. Keinem anderen war je ein derartiger Empfang bereitet worden. Der Wiener Schriftsteller Robert Weil drückte die Stimmung in einem unter dem Pseudonym *Homunkulus* verfaßten Gedicht mit dem Titel *Caruso in Wien* aus:

Was rennt das Volk, was wälzt sich dort
Die langen Gassen brausend fort?
Steht etwa gar der Ring in Flammen?
Es läuft die halbe Stadt zusammen,
Fahrzeuge schießen her und hin,
In hellem Taumel steht ganz Wien,
Nie vor der Oper ging's noch zu so:
H e u t s i n g t C a r u s o !
Die Presse kündete es laut:
»Das ist das Wunder, kommt und schaut,
Das jede Konkurrenz bezwungen,
Das sich die höchste Gage ersungen,
Dem in der Welt, der neuen, alten,
Kein Sänger den Tarif kann halten;
So ein Tenor wie sein Tenor,
Kommt niemals nimmer nie nicht vor.
Dafür sind doch genug Beweise,
Vierfach erhöhte Eintrittspreise« ...
Jetzt hebt der Vorhang sich hinauf;

Ein Schauder bebt: Denn e r tritt auf,
Der Einzige! Der Auserkorne!
Der eigens für das C Geborne,
Zu viel nicht sagten die Tiraden:
Herrgott, was hat der Mann für Waden!
Herrgott, wie ist die Brust so rund!
Doch still, jetzt öffnet er den Mund!
Er räuspert sich! Achtung! Er zuckt!
Achtung! Er gluckt! Er schluckt! Er spuckt!
Und jetzt: Er singt! Schon singt er A,
Schon singt er B! Schon singt er Ha!
Und jetzt – jetzt kommt's: Hurra, das C!
Das ganze Haus schnellt in die Höh'
Es ist, als zündete der Blitz,
Die Frauen halten sich am Sitz,
Die Mägdlein alle faßt 'ne Rage,
Es wölbt sich hoch die Decolletage,
Mit Ohren, Lippen, Wangen, Augen,
Sucht man das Wunder einzusaugen,
Und die Prinzessin haucht ganz fahl:
»So einer wär' mein Ideal!« …

»In der Tat war Caruso ein dreifaches Phänomen«, weiß Marcel Prawy: »Erstens war er wirklich der größte Tenor aller Zeiten. Zweitens war er der erste, für den die amerikanische Reklamemaschine voll einsetzte, und drittens war er der erste Plattenstar.«

Und was für einer. Die Platte hat nicht nur Carusos weltweite Popularität begründet, er war es auch, der den Siegeszug des noch jungen Mediums ermöglichte, schafften sich doch Millionen Menschen auf allen Kontinenten ihre Grammophone nur an, um das »Wunder Caruso« mit eigenen Ohren erleben zu können. Der britische Platten-

Wer ist populärer? Girardi (links) begrüßt Caruso in Wien.

produzent Fred Gaisberg – der mit ihm in der Rekordzeit von zwei Stunden zehn populäre Opernarien aufnahm – brachte es auf den Punkt, als er über Caruso sagte: »He made the gramophone!« Trotz mangelhafter Aufnahmetechnik – anfangs noch mit dem *Edison-Zylinder* – läßt sich seine überragende Gesangsqualität heute noch erahnen.

Caruso, der auch ein talentierter Zeichner war, hatte in seinem Repertoire 500 Lieder und 67 Opernpartien, die er ohne Vorbereitung jederzeit beherrschte. Er selbst definierte seinen Erfolg so: »Eine große Brust, ein großer Mund, neunzig Prozent Gedächtnis, zehn Prozent Intelligenz, eine Menge harter Arbeit und ein kleines Etwas im Herzen.«

Die Tenöre nach Caruso – der 1921 mit nur 48 Jahren starb – hatten es verdammt schwer, in seine Fußstapfen zu treten. Ihre Karrieren verliefen sehr unterschiedlich: Benjamino Gigli sang neben der Oper auch im Film. Richard Tauber hat alles gleichzeitig gemacht: In der Früh komponiert, mittags ins Filmatelier, abends dirigiert, am nächsten Tag Auftritt in der Oper. Jan Kiepura war der Populärste, weil er seine Karriere *vor allem* im Film gemacht hatte. Zur ersten Garnitur unter den Tenören unseres Jahrhunderts gehören weiters Leo Slezak, Giuseppe di Stefano (der bei Pavarotti »gleich hinter Caruso« rangiert), Mario del Monaco, Franco Corelli und Alfredo Kraus.

Wenig geändert hat sich in all den Jahrzehnten der Starrummel. Wenn *Aida, Rigoletto* oder *Othello* um zehn Uhr aus sind, kann mit der Ankunft des Bühnenhelden bei der anschließenden Premierenfeier erst um ein Uhr früh gerechnet werden. Denn nach eineinhalb Stunden Applaus – der bei Größen wie Pavarotti, Carreras, Domingo immer in *standing ovations* ausartet – muß der

Tenor am Bühnentürl weitere eineinhalb Stunden Autogramme geben.
Nicht ganz so umjubelt waren die Vorgänger der Tenöre – die Kastraten. Für sie waren viele große Tenorpartien ursprünglich komponiert worden. Erst als die »Entmannung« in vielen Ländern untersagt wurde, suchte man Ersatz und »erfand« den Tenor. »Die Oper geht zugrunde«, sagte Gioacchino Rossini zu Richard Wagner, »weil es keine Kastraten mehr gibt.«
Geld ist – neben ihren Liebschaften natürlich – Thema Nummer eins, wenn Tenöre in die Schlagzeilen geraten. Wobei die heutigen Stars »arme Schlucker« sind, vergleicht man ihre Gagen mit denen ihrer Vorgänger: Pavarotti bekommt für einen Opernauftritt in Wien 200 000 Schilling, Caruso aber erhielt 1907 für eine Vorstellung an der Hofoper 12 000 Kronen[*].
Legendär sind die Rivalitäten unter den Opernstars. Gelten sie nach außen oft als gute Freunde, wird hinter den Kulissen gerne und heftig intrigiert. Jan Kiepuras Karriere begann, weil Wiens *Primadonna assoluta* Maria Jeritza den damaligen Startenor Alfred Piccaver nicht leiden konnte. Sie intervenierte so lange, bis er durch Kiepura ersetzt wurde. Kiepuras *Turandot*-Debüt in Wien war dann der Auftakt zu seiner Weltkarriere. Carreras und Domingo sollen hingegen echte, ehrliche Freunde sein.
Oft wird die Frage gestellt, wer der größte der *Großen Drei* sei. »Wie soll man das messen?« meint Marcel Prawy, der sonst alles weiß. Domingo ist für ihn »die interessanteste Persönlichkeit, Carreras hat die schönste Stimme. Und Pavarotti ist die beste Mischung aus allem.«

---

[*] Entspricht lt. Statistischem Zentralamt Wien im Jahre 1997 rund 620 000 Schilling.

Zwischen Bühnenruhm und privatem Glück können freilich Welten liegen, mußte Enrico Caruso leidvoll erfahren: seine langjährige Lebenspartnerin Ada, als Opernsängerin eher mittelmäßig, ging – nachdem sie ihm vier Kinder geschenkt hatte – mit seinem Chauffeur durch. Der Startenor, einer der größten Frauenhelden aller Zeiten, hat diese Schmähung nie verkraftet.

»Ich hab' mich so an dich gewöhnt«

Auch der Kaiser ging ins Kino

Eigentlich wurde es dreimal erfunden, das Kino. 1891 ließ sich Thomas Edison ein *Kinetoskop* patentieren, etwas später belichtete der Schausteller Max Kladanovsky die ersten bewegten Filmstreifen. Und 1895 entwickelten die französischen Brüder und Glühlampenfabrikanten Lumière einen *Cinématographen*, den sie ein Jahr später in Wien öffentlich vorstellten.

Eine kleine Episode läßt erkennen, was der Film anfangs auszulösen imstande war: Als die Brüder Lumière einen Dokumentarfilm mit dem noch etwas sperrigen Titel *Ankunft eines Eisenbahnzuges im Bahnhof* zeigten, liefen zahlreiche Zuschauer in Panik vor der heranbrausenden Lokomotive aus dem Kinosaal.

Zwischen der Flucht aus der Filmvorführung und dem Selbstverständnis, mit dem wir heute meist im »Patschenkino« einen Film betrachten, liegt die Entwicklung einer gigantischen Industrie. Die äußerst rasant vor sich ging. Das erste Wiener Kino wurde am 27. März 1896 Ecke Kärntner Straße/Kruger Straße eröffnet. Täglich konnte man nun von 10 bis 20 Uhr – gegen fünfzig Kronen Eintritt – nonstop die Ergebnisse der »lebenden Photographie« bewundern.

Mit dem, was wir heute unter Kino verstehen, hatte das noch herzlich wenig zu tun. Am Eröffnungstag standen Dokumentarszenen wie *Der Concorde-Platz in Paris*,

Bubis Frühstück, *Schiffspromenade* und *Das Meer* auf dem Programm. Spielfilme kamen etwas später.

Nach etwa drei Wochen stellte sich in Wiens erstem Kino allerhöchster Besuch ein. Am 17. April 1896 wohnte, wie der Tagespresse zu entnehmen ist, »Seine Majestät der Kaiser einer Vorführung des Cinematographen bei, die dem Publicum im Mezzanin des Hauses Krugerstraße 2 seit einiger Zeit dargeboten werden. Der Kaiser wurde in den Productionssaal geleitet, der gleich verfinstert wurde, worauf die Bilder auf eine weiße Fläche projiziert wurden. Der Kaiser zeigte sein lebhaftes Interesse für den sinnhaften Apparat.«

Die neue Kunstform – besser gesagt: das neue Geschäft – wuchs ebenso schnell wie die Zahl der Kinos. Gab es 1903 in Wien erst drei Lichtspieltheater, so waren es 1907 bereits zehn und 1918 schon 155, in ländlichen Regionen eröffneten die ersten Wanderkinos.

Der Vorführapparat wurde meist per Handkurbel bedient, der Strom fürs Licht von einer Dampfmaschine erzeugt. Anfangs gab es auch noch keine Zwischentitel, weshalb eigene »Erklärer« engagiert wurden, die das stumme Geschehen auf der Leinwand in blumenreicher Sprache kommentierten. Die Filmleute hatten bald erkannt, daß das Sehen allein ermüdend war. Allzu viele Kinobesucher schliefen während der Vorstellungen ein, also hatten die meisten Kinos Musikkapellen. »Die ersten Klavierspieler und Geiger dienten eigentlich dazu, die Zuschauer wach zu halten«, erinnerte sich der Regisseur Géza von Cziffra an die Tage des Stummfilms. Erst später gingen die Musiker dazu über, auch Stimmung zu erzeugen: Bei dramatischer Handlung drohende Klavierakkorde, bei Liebesszenen schluchzende Geigen. Aus einem Kinoprogramm von 1908: »Zum Drama in 12 Bildern spielt das Hausorchester

schaurige *Tannhäuser*-Klänge, dann zum Märchenzauber, ganz in grünes Licht getaucht, Mendelssohnsche Musik.«
Die Kinomusiker waren nur selten große Virtuosen. Als einmal der Stummfilmstar Asta Nielsen, wie so oft, am Ende eines Films ins Wasser ging, rief ein Zuschauer im Kinosaal: »Asta, nimm den Geiger mit!«
Die Betreiber der Lichtspieltheater beklagten sich, daß sie, wie alle Schausteller, dem Vagabundengesetz unterstellt waren und somit von der Behörde als Menschen zweiter Klasse behandelt wurden.
Während in fast allen Großstädten Europas bald schon Studios errichtet wurden, gab es in Österreich-Ungarn erst ab 1908 eigene Filmproduktionen.
Schauspieler freilich, die in diesen Filmen mitspielten, wurden noch verachtet. Der große Werner Krauß klebte sich in seinem ersten Film einen Bart auf, um sowohl von den Theaterkollegen als auch von seinem Publikum nicht erkannt zu werden. Noch in den achtziger Jahren sagte die berühmte Hofschauspielerin Rosa Albach-Retty über ihre noch berühmtere Enkelin Romy Schneider: »Sie ist ja leider keine Schauspielerin geworden – nur Filmschauspielerin!«
Doch schließlich siegte der Film. Denn die Gagen waren wesentlich höher als die am Theater. Der erste wirkliche Kinostar hieß Henny Porten. Sie hatte erkannt, daß man sich vor der Kamera anders bewegt als auf der Bühne. Je blutrünstiger ihre Filme, desto größer der Erfolg: In dem Stummfilm *Hintertreppe* spielte sie 1921 ein Dienstmädchen, dessen Liebe zu seinem Verlobten durch die Eifersucht eines Briefträgers hintertrieben wird. Als der Verlobte bemerkt, daß seine Liebesbriefe nicht zugestellt werden, geraten die beiden Männer aneinander. Das schreckliche Ende: der Verlobte wird vom Briefträger erschlagen, das Dienstmädchen begeht Selbstmord.

Neben derlei Krimikost wurden in den Pioniertagen des Kintopp vor allem Horror-, Grusel- und monumentale Kostümschinken gedreht.
Allein in Österreich waren's über tausend Stummfilme, produziert meist von der *Sascha* des legendären Grafen Alexander Kolowrat, der 1913 mit *Der Millionenonkel* Alexander Girardi fürs Kino entdeckte und 1927 mit den Film *Café Electric* die noch unbekannte Marlene Dietrich. Ernst Lubitsch *(Der Reigen),* F. W. Murnau *(Nosferatu)* und Fritz Lang *(Dr. Mabuse)* waren weitere Wegbereiter des Films.
1925 brachte der Wiener G. W. Pabst für *Die freudlose Gasse* die »göttliche« Greta Garbo zum Film, womit das Zeitalter der schönen Frauen auf der Leinwand eingeleitet war.
Zwei Jahre später gab's den Kinoton. Vorerst nur in den USA, wo *Der Jazzsänger* als erster Tonfilm produziert wurde. Europa hinkte ein paar Jahre hinterher, weil die Filmindustrie immer noch stumm drehen wollte. Kein Wunder, Stars wie Asta Nielsen und Harry Liedtke ließen sich ohne Ton weltweit vermarkten, mit Ton jedoch nur in einem Sprachraum, da die Synchronisation noch nicht erfunden war.
Viele wollten nicht glauben, daß der Tonfilm – von seinen Gegnern »Krachfilm« genannt – Zukunft hätte. Luis Trenker etwa, schon im Stummfilm ein Star, prophezeite: »Viele Kinobesucher werden nicht mehr kommen, wenn der Lärm die Leinwandruhe stört, und sie haben recht: Aus dem Krachfilm wird bald ein Filmkrach werden.« Schließlich setzte er sich natürlich durch.
Doch für viele Stummfilmstars, die keinerlei Sprechausbildung hatten, war der Tonfilm eine Katastrophe. Denn, um im Stummfilm beschäftigt zu werden, genügte es, gut

auszusehen, jetzt aber mußte man auch sprechen können. Manche Schauspieler, die nun keine Aufträge mehr bekamen, wurden so bis in den Selbstmord getrieben.

Die Nazis erkannten, wie man das Volk mittels Film beeinflussen kann. Aber sie produzierten nicht nur hetzerische Propaganda, sondern auch Unterhaltung, um so von den Greueln der Zeit abzulenken. »Die gute Laune muß erhalten bleiben«, sagte Propagandaminister Joseph Goebbels im Februar 1942, als bereits Millionen Tote zu beklagen waren. Und die *Ufa* drehte *Die Drei von der Tankstelle, Der Kongreß tanzt, Münchhausen,* die Wien-Film *Der liebe Augustin, Schrammeln, Unsterblicher Walzer* ...

Nun war der Starrummel am Höhepunkt: Hollywood zelebrierte die Ehedramen seiner Hauptdarsteller, und auch die Deutschen bauten eine Glitzerwelt auf, in der das Image des Schauspielers mit seiner Rolle verschmolzen wurde. Da waren Stars wie Paula Wessely, Marika Rökk, Hans Albers und die »drei Willys« Birgel, Fritsch und Forst. Deren Lovestorys faszinierten: Hatte das Liebespaar von der Leinwand nicht auch privat »etwas« miteinander, konnte es passieren, daß das Publikum den Film gar nicht sehen wollte.

Nach dem Krieg hielt sich das Kino mit Hildegard Knef, Curd Jürgens, Romy Schneider und Peter Alexander über Wasser, und Franz Antel holte noch einmal Legenden wie Hans Moser und Paul Hörbiger vor die Kamera. In den Sechzigern begann – schuld war das Fernsehen – der Untergang des deutschsprachigen Films.

Schade. Wie heißt der alte Filmschlager? *Ich hab' mich so an dich gewöhnt ...*

Der alte Mann und die Affär'

Hemingways Doppelleben im Montafon

Als Ernest Hemingway in den zwanziger Jahren im schönen Montafon Urlaub machte, vermerkte er, daß er hier, in Vorarlberg, »glücklich wie ein König« gewesen sei. Führte man das königliche Gefühl des Dichters ursprünglich auf Berge, Sonne und sportliche Betätigung zurück, so weiß man heute, daß es einen ganz anderen Grund fürs Glücklichsein gab.
Hemingway war mit zwei Frauen angereist.
Mit der einen nächtigte er im Gasthof *Zur Taube* in Schruns. Ganz offiziell, denn sie war sein Eheweib. Die andere jedoch beglückte er heimlich – im *Posthotel Rössle* im benachbarten Gaschurn.
Daß die Affär' nach vielen Jahrzehnten überhaupt bekannt wurde, ist auf die Gründlichkeit der österreichischen Hotellerie zurückzuführen. Würde es doch hierzulande niemand wagen, in einem Etablissement zu nächtigen, ohne sich vorher mit komplettem Namen, Hauptwohnsitz und sonstigen Daten ins Gästebuch einzutragen. Also tat es auch Hemingway in der Nacht vom 12. zum 13. März 1926, obwohl von seinem Treffen mit der schönen Amerikanerin Pauline Pfeiffer niemand wissen durfte.
Am allerwenigsten seine gleichzeitig im zwölf Kilometer entfernten Schruns mit Söhnchen John wohnende Ehefrau Hadley.

Wie – so fragt sich der durchschnittliche Ehemann – schafft man es, den Urlaub mit zwei Frauen zu verbringen, ohne zumindest die eine von der Existenz der anderen zu informieren?

Nun, der Phantasie eines genialen Autors sind offenbar keine Grenzen gesetzt: In der *Taube* wohnten neben dem Ehepaar Hemingway auch Ernests trinkfester Schriftstellerkollege John Dos Passos sowie der Maler Gerald Murphy. Mit ihnen ging der Dichter von Schruns aus regelmäßig auf Skitour. Was in den zwanziger Jahren ungleich aufwendiger war als heute, und so mußte Hemingway, begleitet von den beiden Freunden, für jeden der zahlreichen Aufstiege zum *Madlenerhaus* mehrtägige Ausflüge einplanen.

Während also Frau und Kind brav in der *Taube* zurückblieben, legte »Hem« auf dem Weg zur 2000 Meter hohen *Bielerhöhe* im Silvrettamassiv den einen oder anderen Zwischenstopp im *Rössle* ein. In dem die schöne Pauline auf ihn wartete.

»Wir schliefen eng beisammen in dem großen Bett bei offenem Fenster, und die Sterne waren nah und sehr hell«, beschreibt Hemingway seinen Aufenthalt in »einem Gasthaus im Montafon«. Jahrzehntelang blieb unbekannt, wo das war und wer »wir« gewesen sein könnten.

Erst als im Juni 1988 über hundert Mitglieder der *Ernest Hemingway Society* in Schruns tagten, kam man dem »Doppelleben« des Schriftstellers auf die Spur. Der amerikanische Hemingway-Forscher und Literaturprofessor Gilbert Geis hatte beim Stöbern in Pauline Pfeiffers Korrespondenz entdeckt, daß sie just zu der Zeit im *Rössle* wohnte, als Ernest mit Frau und Kind die nahe *Taube* beehrte.

Von dem Experten auf die Pikanterie aufmerksam

gemacht, blätterte nun *Rössle*-Chef Arnold Keßler im Gästebuch seines Hauses. Und wurde fündig. Da stand schwarz auf weiß, was bis dahin keiner beachtet hatte: Auch Hemingway hat um die Jahreswende 1925/26 tageweise im *Rössle* logiert.

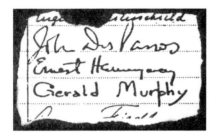

Die Eintragung Ernest Hemingways vom 12. März 1926 im Gästebuch des »Posthotel Rössle« in Gaschurn wurde erst 1988 entdeckt. Mit dem Dichter auf Tour waren seine Freunde John Dos Passos und Gerald Murphy.

Josef Nels, der Chef der *Taube* in Schruns, weiß aus den Erzählungen seiner Eltern, daß »Hemingway auf Zimmer Nummer 22 wohnte und seine Frau auf Nummer 21. Er saß oft am Stammtisch, trank Unmengen von Kirschwasser und andere Alkoholika und gewann viel beim Kartenspielen«. Ein Brief, den Hemingway von hier am Heiligen Abend 1925 an seinen Freund F. Scott Fitzgerald sandte, bestätigt beides: »Gestern nacht habe ich Poker gespielt und zuviel Bier getrunken. Sieben Flaschen. 158 000 Kronen gewonnen. Macht etwa 2,35 Dollar.«
Im Hotel *Rössle* hingegen zeigt man sich von der einstigen Anwesenheit des berühmten Gastes, vor allem aber von seiner Affär' eher überrascht. »Meine Großmutter führte zu dieser Zeit das Hotel«, berichtet Juniorchefin Gaby Keßler. »Aber sie hat uns nie etwas von Hemingway erzählt, sie wußte gar nichts von ihm, er war ja damals noch als unbekannter Tourist ins Haus gekommen.«
Aus der Vorarlberg-Episode wurde mehr als Liebelei. Hemingway ließ sich nach dem Ende des dreimonatigen

Skiurlaubs (!) von seiner in Schruns logierenden Frau scheiden, um etwas später die in Gaschurn untergebrachte Pauline zu heiraten.
Dennoch reichte das »Montafoner Glück« nicht fürs ganze, bekanntermaßen wilde Leben des Dichters. Nach Pauline heiratete er zwei weitere Male.
Auch beruflich waren die Ferien für den späteren Nobelpreisträger schicksalhaft. Hemingway erhielt während seines Österreich-Aufenthalts einen Brief seines Verlegers, in dem dieser ihm mitteilte, daß er seinen Roman *Fiesta* veröffentlichen wollte. Und just mit diesem Buch gelang dem Dichter der Durchbruch. Zwischen den beiden Frauen in Schruns und Gaschurn hin- und herpendelnd, überarbeitete er das Manuskript komplett, das seinen Weltruhm begründen sollte.
Während Schruns seinen prominenten Hotelgast längst mit einer Tafel ehrte und allerlei Erinnerungsstücke in der Fremdenverkehrswerbung einsetzt, konnte die Hemingway-Vermarktung in Gaschurn erst viel später beginnen. Im Heimatmuseum sind neuerdings Fotos und eine uralte Schreibmaschine ausgestellt, auf der der Dichter möglicherweise seinen Roman *Fiesta* korrigiert hat.
Heute kann wohl nur noch amüsieren, was dereinst ein Skandal gewesen ist: Pauline, die Geliebte, hatte im *Posthotel Rössle*, oh Gott! ihr Nachthemd vergessen.
Es wurde an »Mrs. Hemingway« nach Paris gesandt. Man hatte sie irrtümlich für seine Gemahlin gehalten.
Das muß wohl auch der Anfang vom Ende der Hemingway-Ehe Nummer eins gewesen sein ...

»Man hört mich zwischen Scheibbs und Palermo«

Die ersten Radioübertragungen

Die Modefrisur Anno 1924 hieß Bubikopf, die neue Währung Schilling, und im September desselben Jahres wurden in Österreich die ersten »Radioversuchs-Sendungen« ausgestrahlt. Allerdings wußte kaum jemand, was das bedeutet, es gab nicht einmal Hinweise, wie man das neue Ding nennen sollte. Als Telephoniehören und Drahtrundspruch wurde die seltsame Erfindung angepriesen, ehe am 1. Oktober mit dem Lied *Sieh, mein Herz erschließet sich* – vorgetragen von Rosette Anday – die Ausstrahlung des ersten offiziellen Programms erfolgte. »Technisch war's eine Katastrophe«, erinnerte sich die Kammersängerin, »ich mußte mich bei jedem hohen Ton umdrehen, sonst hätte das Mikrophon gescheppert.« Dieses wurde auch so heiß, daß alle paar Minuten eine Sendepause erfolgen mußte. Und die Hörer zu Hause hatten die Fenster weit geöffnet, weil damals die irrige Meinung herrschte, daß nur so »die Radiowellen ins Innere der Wohnungen dringen« würden.

Elftausend Österreicher »hingen« im ersten Jahr an den Kopfhörern der meist selbst gebastelten Detektorgeräte und lauschten gegen Gebühr von zwei Schilling pro Monat den Sendungen der RAVAG *(Radio-Verkehrs AG)*, die aus einem fünf mal sechs Meter großen Zimmer im Heeresministerium am Stubenring übertragen wurden.

»Mein Trost ist, daß mir – falls es schiefgeht – niemand was an den Kopf werfen kann«: Leo Slezaks erster Auftritt im ebenso neuen wie sensationellen Medium Radio.

»Radio hatte einen ungeheuren Stellenwert«, sagt Marcel Prawy, Hörer der allerersten Stunde und tatsächlich Ohrenzeuge von Rosette Andays Eröffnungskonzert. Er kann sich natürlich noch an alles erinnern: »Täglich 1–2 Uhr Opernkonzert, abends ernste Musik, nachts das Unterhaltungsquartett Bert Silving, Sonntag 11 Uhr: Orchester Ludwig Kaiser.« Das neue Medium formte eine Generation, Prawy selbst fand »durch das Radio den Zugang zur Musik, und mit Hilfe der populären Sprachsendungen lernte ich Englisch, Französisch und Italienisch«.

»Der Gedanke, daß man mich in Scheibbs und Palermo gleichzeitig hört, macht mich erbeben«, sagte Startenor Leo Slezak seinen ersten Radioauftritt an. »Mein Trost ist, daß mir – falls es schiefgeht – niemand was an den Kopf werfen kann.«

Von Anfang an versuchte das Radio mit Hilfe großer Namen populär zu werden. Doch die Stars hatten vorerst – ähnlich wie beim Film – gar keine Lust dazu, dabeizusein, empfanden sie doch »das Mikrophonsprechen« als würdelos. Bis sie die Reklamewirkung des Radios erkannten: In der Volksoper liefen 24 Vorstellungen der Operette *Der gütige Antonius*, fast ohne Publikum. Die 25. wurde von der RAVAG übertragen, und von da an war das Haus fünfhundertmal ausverkauft!

In den ersten Jahren wurde der Rundfunk als Wunder angesehen, was mitunter zu kuriosen Situationen führen konnte. Einmal auch in einer sehr ernsten Stunde der Ersten Republik, erzählte später der langjährige RAVAG-Chef Rudolf Henz. Ein Reporterteam des jungen Rundfunks war am 15. Juli 1927 zum brennenden Justizpalast geeilt, da man in der Nachrichtenredaktion erfahren hatte, daß das Gebäude von sozialdemokratischen Arbeitern gestürmt worden war, die mit diesem Schritt gegen die Freisprüche beim *Schattendorfer Prozeß* protestieren wollten. Als bei der Belagerung des Ministeriums Akten angezündet und Möbelstücke aus den Fenstern geworfen wurden, schritt die Exekutive ein. 89 Menschen starben, es gab 660 Schwer- und mehr als tausend Leichtverletzte.

Vor den Toren des brennenden Justizpalasts lagen bereits die ersten Opfer, als die Rundfunkleute am Schmerlingplatz eintrafen. Ein Polizeikordon war damit befaßt, die Schaulustigen davon abzuhalten, sich dem Gebäude zu nähern.

Als sich nun der Rundfunkreporter einem Beamten mit den Worten »Ich bin von der RAVAG!« vorstellte – was damals einer Sensation gleichkam –, packte der Polizist den Journalisten am Kragen, beutelte ihn tüchtig durch und sprach, während rundum die Flammen loderten: »Endlich hab i an von der RAVAG. Des wollt' i euch immer scho sagen: Warum spielt's ihr immer so viel von die depperten Opern. Und kane Fußballmatch?«

Sprach's und ließ den Reporter zum grausigen Ort des Geschehens vordringen.

Im darauffolgenden Jahr wird der Polizeibeamte gejubelt haben, denn 1928 wurde dann tatsächlich das erste Fußballmatch übertragen. Populärster Sportreporter war bald Willy Schmieger, im Zivilberuf Lateinprofessor und Redakteur der *Kronen Zeitung*. Ganz Österreich war entzückt, wenn er »Schall zu Vogl, Vogl zu Schall, Schuß Toooor!« in den Äther rief und so die Kunststückl'n der *Wunderteam*-Spieler kommentierte.

Fast zeitgleich dazu gab es auch den ersten Radioskandal, als nämlich der Sprecher nach dem üblichen »Gute Nacht«-Gruß die Hörer mit den Worten »Und jetzt könnt's mi alle...« überraschte. Der Techniker hatte das Mikrophon abzuschalten vergessen, wodurch das keineswegs zur Ausstrahlung gedachte Götz-Zitat auf Sendung ging. Der Sprecher wurde gefeuert, wogegen Tausende Hörer protestierten. Er wurde wieder eingestellt.

Der frühe Radioliebling Karl Farkas erinnerte sich: »Vor jeder Sendung flehten wir das Publikum an: Bitte, nicht lachen, das könnte stören. Es dauerte Jahre, bis wir darauf kamen, wie gut es einer Sendung tut, wenn das Publikum im Saal lacht und damit die Leute zu Hause animiert.«

Neben Reportagen wie die vom Brand des Justizpalasts trugen auch die Berichte vom Atlantikflug des Charles Lindbergh viel zur immer größer werdenden Popularität des Radios bei.

Am 11. März 1938 schrieb Bundeskanzler Kurt Schuschnigg Hörfunkgeschichte, als er sich von seinen Landsleuten mit den Worten »Gott schütze Österreich!« verabschiedete. Die anderntags einmarschierenden Nationalsozialisten mißbrauchten den Rundfunk dann für ihre Propaganda und für Durchhalteparolen.

In den Nachkriegsjahren schenkte man uns neue Radiolieblinge. Heinz Conrads brachte es mit der Sendereihe *Was gibt es Neues?* – die anfangs *Was machen wir am Sonntag, wenn es schön ist?* hieß – zum Radioweltmeister, denn er moderierte sie vierzig Jahre lang. *Die große Chance* war der Durchbruch für Maxi Böhm, der sich selbst als »radioaktivster Österreicher« bezeichnete. Statt Geld erhielten seine Quiz-Kandidaten Kohle, Senf und Waschpulver. Legendär sind auch die Sportreporter Heribert Meisel und Edi Finger sowie Heinz Fischer-Karwin *(Aus Burg und Oper)*, Rosemarie Isopp und Walter Niesner *(Autofahrer unterwegs)*.

Mehr als 70 Jahre ist das Radio jetzt schon alt, und kein bißchen leise.

Der andere Leonardo

Die Erfindungen des Malers

Er erfand Flugzeug, Auto, Fahrrad und das Kugellager. Er konstruierte Raketen, Fallschirme, Brücken und ein Maschinengewehr. Und das alles vor fünfhundert Jahren. Ach ja, daß ich's nicht vergesse, »nebenbei« schuf er mit dem Bildnis der Mona Lisa auch noch eines der bedeutendsten Kunstwerke aller Zeiten. Tatsächlich »nebenbei«, denn Leonardo da Vinci sah sich in erster Linie als Forscher und Ingenieur. Er hat der Welt nur dreißig Gemälde, dafür aber Tausende Skizzen und Beschreibungen seiner Erfindungen hinterlassen.
Leonardo kam am 15. April 1452 in dem italienischen Dorf Vinci als unehelicher Sohn einer Magd zur Welt. Sein Vater, der reiche Notar Ser Piero, war viermal verheiratet und hatte zwölf Kinder; als sein letztes geboren wurde, war er fünfundsiebzig Jahre alt. Das Universalgenie wuchs weder bei seiner Mutter noch bei seinem Vater auf. Sondern ausgerechnet bei einer der geschiedenen Frauen des Vaters. Mit fünfzehn ging Leonardo als Lehrling in das Atelier des Malers Andrea Verrocchio nach Florenz, wo er seine technische Begabung ausleben konnte, zumal er dort auch Bildhauen, Gießen, Goldschmieden, Kostümschneidern und das Ausrichten großer Renaissancefeste erlernte. Als sein Meister die ersten Bilder Leonardos sah, hörte dieser zu malen auf, weil er erkannte, daß er fortan nur noch im Schatten seines Schülers stehen würde.

Er hat der Welt nur dreißig Gemälde, dafür aber Tausende Skizzen und Beschreibungen seiner Erfindungen hinterlassen: Selbstporträt des Leonardo da Vinci (1452 bis 1519).

1480 entwickelte Leonardo die erste seiner wahrhaft revolutionären Erfindungen: eine Maschine, die Feilen zur Holz- und Metallbearbeitung herstellt – derartige Werkzeuge wurden damals noch manuell mit Hammer und Meißel gefertigt. Wie jede seiner Erfindungen hatte er auch diese feinsäuberlich zu Papier gebracht; die Modelle wurden später anhand seiner Skizzen von italienischen Ingenieuren nachgebaut und in Leonardos Geburtshaus und in anderen Museen aufgestellt. Und die meisten sind funktionsfähig.

In der Folge konstruierte Leonardo völlig neuartige Hebel- und Kurbelvorrichtungen. Dem Textilhandwerk schenkte er Maschinen zum Zwirnen des Garns und zum Aufspulen des Fadens. Er verstärkte das Licht der Öllampe, indem er sie mit einer wassergefüllten Glaskugel umgab, womit er die Wirkung optischer Geräte vorwegnahm. Er entwickelte Zahnräder, Uhrwerke, Ventile, Mühlen, Bewässerungsanlagen und Druckerpressen. Dem Baugewerbe lieferte er Pläne für Kräne, Pumpen, Winden, Bagger sowie Anweisungen für den Bau von Flaschenzügen mit raffinierten Übersetzungen, aber auch Bohr- und Hobelmaschinen, wie man sie in ähnlicher Form heute noch in modernen Betrieben findet.

Die allergrößten Visionen hatte Leonardo, als er Fortbewegungsmittel erdachte, die erst im 19. und im 20. Jahrhundert verwirklicht wurden. Sein Fahrrad (mit Lenkstange, Pedalen und Kettenübertragung) unterscheidet sich kaum von einem heutigen Drahtesel. Sein »Auto« hat auf den ersten Blick zwar wenig mit einem *Mercedes* zu tun, ist aber dennoch eine prophetische Konstruktion: der Wagen wurde durch riesige Federn – wie sie in Uhren verwendet werden – angetrieben. So wie wir heute volltanken, dachte Leonardo daran, daß sein Auto nach einiger Zeit vom Fahrer »aufgezogen« würde.

Ganz besonders hatte es ihm die Kunst des Fliegens angetan: Nach dem Vorbild der Natur experimentierte er fünf-

Von Leonardo entworfenes und selbst gezeichnetes Fahrrad

undzwanzig Jahre an Raketen, Hubschraubern und vogelähnlichen »Flugapparaten« (die sich freilich als unbrauchbar erweisen sollten). Mit seiner »Tauchglocke« entwickelte er ein frühes U-Boot, dem er gleich Sauerstoff-Flaschen zum Tauchen beifügte.

Die meisten Herrscher, an deren Höfen Leonardo da Vinci beschäftigt war, zeigten nur wenig Interesse für seine Bilder – sie engagierten ihn vielmehr als Militärexperten. Und so entwickelte er für Könige und Fürsten neuartige Waffen: seine in einer Reihe montierten Kanonen könnte man als Vorläufer des Maschinengewehrs bezeichnen, er konstruierte ein Panzerfahrzeug, das Soldaten und Pferde vor gegnerischen Angriffen schützte. Und er erhöhte die Treffsicherheit von Kanonenkugeln, indem er den Luftwiderstand berechnete. Mit seinen mathematischen und physikalischen Formeln nahm er viel von dem vorweg, was Isaac Newton, Albert Einstein und Wernher von Braun erst nach Jahrhunderten wissenschaftlich untermauern konnten.

Leonardo hatte sein Genie zwar in den Dienst des Krieges gestellt, ihn jedoch als »bestialische Tollheit« erkannt.

Wegen seiner homosexuellen Neigungen ein Leben lang verfolgt, starb Leonardo da Vinci am 2. Mai 1519 im Alter von 67 Jahren an den Folgen eines Schlaganfalls. Nur die wenigsten seiner genialen Erfindungen waren, solange er lebte, realisiert worden. Er war seiner Zeit, dem zu Ende gehenden Mittelalter, um Jahrhunderte voraus. Sigmund Freud veranlaßte das, ihn trefflich als einen Mann zu charakterisieren, »der in der Finsternis zu früh erwachte«.

Oh, Du mein Österreich

Unser »Steffl«

Der Dom und seine Geschichte

Wien war eine mittelalterliche Stadt mit nur zehntausend Einwohnern, die damals von den Babenbergern beherrscht wurde. Handel und Gewerbe blühten in dieser Zeit, an die noch viele der heutigen Straßennamen erinnern: Am Fleischmarkt und in der Bäckerstraße, auf der Tuchlauben und auf der Wollzeile boten die Kaufleute die entsprechenden Waren an. Man schrieb das Jahr 1147, als in der Markgrafschaft Österreich ein wichtiger Termin verkündet wurde: die Weihe einer neuen Kirche zu St. Stephan.
850 Jahre später ist unser *Steffl* sowohl religiöses Zentrum als auch weltliches Symbol der Metropole und damit des ganzen Landes. Kulturhistorisch einmalig ist der Dom schon wegen seiner Bauzeit von fast vierhundert Jahren.
Sie begann 1137, als die Babenberger Wien gerade erst zu ihrer Residenz erhoben hatten. Heute absoluter Mittelpunkt der Stadt, lag der Platz, an dem die romanische Pfarrkirche entstand, damals außerhalb der Stadtmauern. Seine gewaltige Dimension kündete das Gotteshaus sofort an. Es war mit einer Länge von 83 Metern und einem Fassungsraum für fünftausend Menschen nicht viel kleiner als der heutige Dom.
Architektonisch ebenso bedeutend wie die Kathedralen von Chartres, Notre-Dame, Köln und Straßburg, ist das Besondere am *Steffl*, daß in ihm all die Jahrhunderte zu

Symbol Österreichs: der Stephansdom. Westansicht, 1792.

einer Einheit verschmolzen sind. Trotz der vielen Umbauten bleibt er ein mittelalterliches Bauwerk.
Nach der Abtragung der ersten Kirche – von der nur noch die Grundmauern künden – erhielt der *Steffl* im 13. Jahrhundert sein heutiges Gesicht: Westwerk und Riesentor stammen aus dieser Zeit, doch damit war der Dom noch lange nicht fertig. In der Bauphase von 1304 bis 1340 entstand die frühgotische Hallenkirche mit dem *Albertinischen Chor*. In der letzten, hochgotischen Phase im 15. Jahrhundert wurde dann mit dem Langhaus der Kern der Kirche geschaffen. Damals gab es auch einen Friedhof, der rund um das Gotteshaus angelegt war.
Im Jahre 1433 wurde der *Steffl* mit der Fertigstellung seiner 137 Meter hohen Spitze auch von weither sichtbar. Wir verdanken die schwindelnde Höhe Rudolf dem Stifter, der den Grundstein für den alles überragenden Südturm gelegt hatte. Der zweite, für die Geschichte des *Steffl* wichtige Regent war Kaiser Friedrich III., der 1469 bei Papst Pius II. erreichte, daß Wien Bischofssitz wurde, wodurch die Kirche ihren Status als Dom erlangte. Kein Wunder, daß dies dem Kaiser gelang, genoß er doch spezielle Protektion beim Papst. Pius II. hieß mit bürgerlichem Namen Silvio de Piccolomini und war einst Ratgeber und persönlicher Sekretär Friedrichs gewesen.
Im Verlauf seiner Geschichte wurde der *Steffl* von mancher Katastrophe heimgesucht. Der erste Großbrand am 7. August 1258 zerstörte die unfertige Kirche, worauf sie noch einmal aufgebaut werden mußte. Ein Erdbeben im 16. Jahrhundert brachte den *Steffl* ein weiteres Mal in große Gefahr.
Der schlimmste Schaden aber entstand im April 1945, als der Dom drei Tage lang brannte, nachdem Plünderer benachbarte Geschäftslokale angezündet hatten. Die Fun-

ken sprangen über, zerstörten Dachstuhl, südliches Seitenschiff und Teile des Mittelschiffs. Da im Chaos der letzten Kriegstage die Feuerwehr nicht zur Stelle war, bemühte sich ein Kaplan rührend darum, den Dom mit Kübeln zu löschen, doch sein Kampf gegen die Übermacht des Feuers blieb vergebens.
Hans Moser interpretierte nach dem Zweiten Weltkrieg das von Hans Lang komponierte Wienerlied *Wenn der Steffl wieder wird so wie er war, so übers Jahr ...* und ganz Wien sang mit und hoffte, daß die Wiedererrichtung des zerstörten Wahrzeichens der Stadt tatsächlich so schnell – »so übers Jahr« – vor sich gehen würde. Doch das mittelalterliche Bauwerk stand erst zwanzig Jahre nach Kriegsende wieder in seiner ganzen Pracht da.
Äußerlich unverändert, sieht es in seinem Innenleben heute doch ganz anders aus als vor der Katastrophe: Der fünfhundert Jahre alte hölzerne Dachstuhl wurde durch eine Stahlkonstruktion ersetzt, die nur noch halb so schwer ist wie der alte – aber immer noch sechshundert Tonnen wiegt. Und die infolge des Großbrands in die Tiefe gestürzte *Pummerin* mußte (aus den alten Bruchstücken) neu gegossen werden.
Auch der gewaltige Südturm ist nicht mehr das, was er einmal war. Die letzten vierzig Meter der Spitze wurden freilich schon im vorigen Jahrhundert aus Sicherheitsgründen abgetragen und erneuert. Zweimal sogar, denn kaum stand der aus Stein und Stahl konstruierte neue Turm, entschloß man sich, ihn noch einmal zu demontieren und ein weiteres Mal – diesmal wieder aus Stein – aufbauen zu lassen.
Während man bis vor wenigen Jahren annahm, daß von der mittelalterlichen Kirche nur noch die Hälfte vorhanden sei, hält Dombaumeister Wolfgang Zehetner den Anteil der vorwiegend gotischen Originale trotz all der

Katastrophen für größer als bisher vermutet: »Viele Details, vor allem auch in der Einrichtung, mußten im Lauf der Jahrhunderte erneuert werden, aber in seiner Substanz ist der alte Dom erhalten.«

Über all die Jahrhunderte unbeschädigt blieben der von Meister Pilgram entworfene Orgelfuß sowie dessen als *Fenstergucker* berühmt gewordenes Selbstporträt am Fuß der Kanzel. Anton Pilgram ist bis heute der populärste aller Dombaumeister, obwohl von ihm eigentlich nur einige – wenn auch künstlerisch überaus wertvolle – Details stammen.

Kaum ein Gebäude der Welt steht im Mittelpunkt so vieler Legenden wie der *Steffl*. Die berühmteste wohl wird vom Dombaumeister Hans Puchsbaum erzählt, der geschworen haben soll, den Namen seiner Braut so lange nicht auszusprechen, bis der Nordturm fertiggestellt sei. Als der Baumeister eines Abends in schwindelnder Höhe auf dem Kirchengerüst stand, ging die Schöne über den Stephansplatz; er vergaß seinen Schwur, rief ihr »Maria« nach und stürzte im selben Augenblick in den Tod.

Der Nordturm aber ist – wenn auch aus ganz anderem Grund – bis heute unvollendet: Als Wien am Beginn des 16. Jahrhunderts wegen der drohenden Türkeninvasion das Geld ausging, wurden die Bauarbeiten am Stephansdom abgebrochen, der Turm ist nur halb so hoch, wie ihn Meister Puchsbaum geplant hatte.

So bleibt es dem Südturm allein vorbehalten, die ganze Stadt zu überragen.

Der »Fenstergucker« erinnert sich

Ein Exklusivinterview mit Meister Pilgram

Als ich letztens durch das gewaltige Mittelschiff des Stephansdoms wandelte, sah mich plötzlich – aus einem Fensterrahmen am Fuße der Kanzel – ein Herr an, der mir auf seltsame Weise bekannt vorkam. »Wer sind Sie?« fragte ich ihn, »ich hab' Sie doch schon irgendwo gesehen.«
»Wahrscheinlich in der Fernsehserie *Der Fenstergucker*«, antwortete der Fremde, »mein Name ist Meister Pilgram.«
»Richtig, Sie sind ja fast so berühmt wie der Architekt Hollein, der das gegenüberliegende *Haas-Haus* baute.«
»Haas-Haus? Kenne ich nicht.«
»Das sollten Sie sich anschauen«, empfahl ich, während ich mich dem Meister vorstellte und erklärte dann: »Fortschrittliche Kritiker sind sogar der Ansicht, daß das *Haas-Haus* noch besser zur Geltung käme, wenn ihm der Dom nicht im Wege stünde.«
»Tja, an unserem *Steffl* hat wohl schon der Zahn der Zeit genagt«, argwöhnte Pilgram, »wie alt ist er denn jetzt?«
»Seinen 850. Geburtstag hat er schon hinter sich.«
»Kinder, wie die Zeit vergeht. Mir scheint, als wär's gestern erst gewesen, da war er noch keine vierhundert Jahre jung. Ich kann mich gut erinnern, wie wir 1511 den Ausbau des Doms abbrachen und damit den Weiterbau des Nordturms beendeten.«
»Warum« – nützte ich die einmalige Gelegenheit des

Exklusivinterviews, um die ewige Kernfrage zu stellen – »warum haben Sie den Nordturm nicht fertig gebaut?«
»Schauen Sie«, sprach der Meister, »die Gotik wurde gerade von der Renaissance abgelöst, Kirche und Religion waren in einer Krise. Und infolge der zunehmenden Angst vor den Türken gab's auch eine Art Sparpaket der Regierung.«
»Das kennen wir«, warf ich ein, und da Herr Pilgram, bei diesem Punkt angelangt, sehr ernst wurde, versuchte ich ihn auf andere Gedanken zu bringen: »Erzählen Sie mir doch ein wenig aus Ihrem Leben, Meister«, forderte ich ihn auf.
»Mein Gott«, sagte er, »ich wurde um 1450 geboren, wahrscheinlich in Brünn – so genau kann ich mich nicht mehr erinnern …«
»Im Alter von fünfhundert Jahren darf man schon die eine oder andere Gedächtnislücke haben«, tröstete ich ihn und fragte jetzt, wie er denn überhaupt nach Wien gekommen sei.
»Gelernter Steinmetz und Baumeister, der ich war, bewarb ich mich 1510 darum, für St. Stephan einen Orgelfuß zu bauen.«
Des Meisters rechte Hand langte nun aus dem Fensterrahmen, und er zog mich an meinem Rockzipfel ganz nahe an sich heran, um mir zuzuflüstern: »Sagen Sie, Herr Markus, gibt es in Ihrer Zeit auch so etwas wie Neid und Intrige?«
»Ist mir nicht bekannt«, log ich.
»Glückliches Österreich«, meinte er, »als ich nämlich den Auftrag in St. Stephan bekam, trat Dombaumeister Jörg Öchsel unter Protest zurück, weil ursprünglich *er* den Orgelfuß hätte bauen sollen. Da ich ihn angeblich von seinem Posten verdrängt hatte, wurde ich jahrelang von den Wiener Steinmetzen boykottiert.«

»Wir wissen bis heute nicht genau, Herr Pilgram, wie groß Ihr Anteil an den Renovierungsarbeiten des Doms am Beginn des 16. Jahrhunderts tatsächlich gewesen ist.«
»Ach, wer interessiert sich denn heute noch für das alte Gemäuer?« versuchte er abzulenken.
»Meister, jetzt stellen Sie aber Ihr Licht unter den *Steffl*. Wenn Sie hier so aus Ihrem Fensterrahmen schauen – und das tun Sie ja den ganzen Tag –, müssen Sie doch bemerken, daß Jahr für Jahr zwei Millionen Besucher an Ihnen vorüberströmen.«
»Zwei Millionen?« strahlte er. »Schön, daß so viele Menschen in meinen Dom kommen.«
»In *Ihren* Dom? Das ist wohl etwas übertrieben, Herr Pilgram. Sie sind zwar der populärste aller Dombaumeister, aber *gebaut* haben Sie ihn nicht. Nachweisbar ist nur, daß von Ihnen der Orgelfuß stammt.«
»Na, und die mir zugeschriebene steinerne Kanzel …«
»… entstand neuesten Forschungen zufolge schon 1490, als Sie noch gar nicht in Wien waren.«
»Warum, glauben Sie, bin ich dann eine solche Berühmtheit?« fragte er verschmitzt.
»Weil Sie ein PR-Genie waren, ein Baumeister Lugner des zu Ende gehenden Mittelalters sozusagen. Mit Ihren Selbstporträts im Dom haben Sie sich zwei phantastische Denkmäler gesetzt. Das ist schön für Sie, hat aber die wahren Baumeister der Kirche ein wenig in den Hintergrund gedrängt. Wir wissen nicht einmal, wer das Riesentor baute, und auch die Namen der wirklich bedeutenden Dom-Architekten Wenzel Parler und Hans von Prachatitz kennt man kaum noch. Selbst Baumeister Puchsbaum, der das Gewölbe des Langhauses schuf, ist heute eher aus romantischen Sagen denn als Architekt bekannt.«
»Immer dieser Puchsbaum«, gab Pilgram sich verärgert.

»Lassen wir die kleinen Eifersüchteleien, freuen wir uns doch lieber gemeinsam an unserem *Steffl*«, entgegnete ich. »Es ist ja ein Wunder, daß er heute noch so stolz dasteht, nach allem, was er mitmachte, an Erdbeben, Kriegen und Feuerkatastrophen. Er wurde mehrmals zerstört und neu aufgebaut.«
»Ja natürlich, jetzt fällt mir der Krach wieder ein, der mich vor kurzem erst aus jahrhundertelangem Schlaf weckte.«
»Das muß in den letzten Kriegstagen 1945 gewesen sein«, überlegte ich laut, »damals, als der Dom lichterloh brannte.«
»Wollen Sie damit sagen«, staunte Pilgram, »daß es in Ihrem Jahrhundert immer noch Kriege gibt?«
»Ja, leider, Meister!«
»Das verstehe ich nicht, wo doch Kaiser Maximilian – der letzte Ritter – zu meiner Zeit in Worms ›ewigen Frieden‹ versprach.«
»Nur Gott ist ewig ...«, sagte ich zum Abschied.
»... und *mein* Steffl«, fügte Meister Pilgram an.
Seine fünfzehnjährige Tätigkeit als Fernsehstar ist eben nicht spurlos an ihm vorübergegangen.

»Es wird a Wein sein...«

Der Wiener Heurige

Irgendwie ist die ganze Sache doch sehr österreichisch. Ein Jahr, bevor Österreich 1000 Jahre alt wurde, beging man den 1200. Geburtstag des Wiener Heurigen. Somit stellt sich die Frage, wie es sein kann, daß das Paradies der Weinseligkeit um zweihundert Jahre älter ist als das Land, in dem es erfunden wurde.
Nun, es liegt daran, daß die Winzer in dieser Region schon aufgefordert wurden, ihren selbstangebauten Wein auszuschenken, ehe es noch den Namen »Ostarrichi« gab. Das erste Mal im Jahre 795.
Und das war auch die Geburtsstunde des Wiener Heurigen, an dessen Grundprinzipien sich bis heute nicht viel geändert hat: Ein am Eingang eines Winzerhauses befestigter »Buschen« aus grünen Föhrenzweigen zeigt Freunden edler Tropfen an, daß es hier Wein »der letzten Fechslung« gibt.
Zwar zählt Österreich zu den führenden Weinländern Europas, doch wurde hier in früheren Zeiten bis zu zehnmal mehr angebaut als heute. Hauptgrund für den dramatischen Rückgang war ein katastrophales Weingartensterben im vorigen Jahrhundert, in dem weite Teile des Landes von der Reblaus befallen wurden.
Dieses mit den Worten *I muaß im früher'n Leben a Reblaus g'wesen sein* oft besungene, aber keineswegs liebenswerte Tier war 1872 durch kalifornische Reben einge-

schleppt worden und verbreitete sich so rasant, daß der Rebenhandel in der Monarchie zeitweise zum Erliegen kam. Ganze Weinberge mußten gerodet werden, Winzer verarmten und doch konnte man der Reblaus jahrzehntelang nicht Herr werden. Durch ihre vernichtende Wirkung gibt es in den Bundesländern Kärnten, Oberösterreich, Salzburg, Tirol und Vorarlberg bis heute praktisch keinen Weinanbau.

Hans Moser, der berühmteste Interpret der *Reblaus*, haßte das Lied. »Eine Reblaus«, sagte er einmal, »ist doch ein grausliches Viech, ein Schmarotzer, etwas Ekelhaftes, das den Wein zerstört. Warum soll ich dann in meinem früheren Leben eine Reblaus gewesen sein und wenn i stirb, wieder eine Reblaus werden wollen?« Er selbst liebte den Wein auch viel zu sehr, um ihn zerstören zu wollen, und er saß auch privat gern beim Heurigen. Ältere Wirte erinnern sich, daß der Volksschauspieler in Anwesenheit seiner Frau Blanca pro Abend nur ein Viertel zu sich nehmen durfte. Da er aber alles andere als ein Kostverächter war, gehörte es zu den ungeschriebenen Gesetzen geeichter Lokalbesitzer, immer ein volles Glas auf die *Budel* zu stellen, wenn der Moser vorbeiging. Seine Blanca hat nie erfahren, daß ihr Mann vor allem aus diesem Grund beim Heurigen so oft »hinausmußte«.

Künstler haben die anregende Atmosphäre der Buschenschanken immer besonders zu schätzen gewußt. Allen voran Franz Schubert, der sich 1821 im Wiener Vorort Salmannsdorf im ersten Stock eines Winzerhauses einmietete und diese Nachbarschaft mit seinen Zechkumpanen ausgiebig zu nutzen wußte. Nachdem er bei einem Grinzinger Heurigen eingekehrt war, notierte sein Freund Franz von Hartmann: »Wir alle waren rauschig, mehr oder weniger, besonders aber Schubert. Um 12 Uhr nach

»Verkauft's mei G'wand«: die Wiener und der Heurige.

Hause.« Derartige Trinkgelage – an denen auch die Maler Moritz von Schwind und Leopold Kupelwieser sowie der Dichter Eduard von Bauernfeld teilnahmen – sprachen sich in Wien schnell herum und wurden allgemein *Schubertiaden* genannt. Oft gesehen in Buschenschanken wurden auch Ludwig van Beethoven – dessen fünfunddreißig Wiener Wohnungen fast alle in Heurigengegenden lagen –, Anton Bruckner, Franz Grillparzer und Ferdinand Raimund. Erwähnenswert in diesem Zusammenhang, daß die Leber des Volksdichters – wie seinem Obduktionsbefund zu entnehmen ist – »widernatürlich groß« gewesen sei. Apropos: So fesch kann die Hetz gar nicht sein, daß beim Heurigen der Tod nicht ständig präsent wäre. Vor allem dann, wenn »aufg'spielt« wird. Kaum ein Heurigenlied, in dem das Sterben nicht besungen wird: *Erst wenn's aus wird sein mit aner Musi und an Wein ..., Kinder, weg'n mir braucht's ka Trauerg'wand ...* oder *Verkauft's mei G'wand, i fahr in Himmel ...* In seinen *Geschichten aus dem Wiener Wald* drückt Ödön von Horváth die im Österreicher schlummernde Nähe von Frohsinn und Melancholie so aus: »Immer, wenn ich traurig bin, möcht' ich singen.«

Kaiser Josef II. war es, dem wir die gesetzliche Grundlage für den Heurigen zu danken haben. Er gab am 17. August 1784 jedem »die Freyheit, die von ihm selbst erzeugten Lebensmittel, Wein und Obstmost zu allen Zeiten des Jahrs, wie, wann und in welchem Preise er will, zu verkaufen oder auszuschenken.« Damit begann die Blütezeit des Heurigen, die erst ihr Ende fand, als Wiens Vorstädte eingemeindet und auf diese Weise riesige Weingebiete in Bauland umgewidmet wurden.

Viel älter als der Heurige ist natürlich der Wein selbst, den gibt es schon seit rund sechstausend Jahren. Vor zwei Jahrtausenden passierte dann Schreckliches, als nämlich Rom den Weinanbau in all seinen Provinzen untersagte. Womit auch in und um Vindobona, der weinseligsten Stadt des Reiches, das Pflanzen der Reben verboten war. Der Grund: Die bekanntermaßen dem Alkoholgenuß zugeneigten Römer fürchteten – nicht ganz zu Unrecht wohl –, daß unser Tropfen ihrem eigenen eine zu starke Konkurrenz sein könnte.

Erst der römische Kaiser Probus hob das Verbot wieder auf, was wir ihm nie vergessen werden: Im Wiener Heurigenviertel Heiligenstadt erinnert heute noch eine Gasse an ihn, und das populäre Heurigenlied *Es steht ein alter Nußbaum* besingt ihn mit dem schönen Reim:

Ja, der Kaiser Probus,
Kennt den ganzen Globus ...

Wienern, die den Globus ebenso kennen wie besagter Kaiser, wird nachgesagt, daß ihre liebste Reise die Heimreise sei. Wohl auch, weil's nirgendwo sonst eine Institution gibt, die auch nur annähernd dem Heurigen entsprechen würde.

Alles Walzer!

Wien und seine Bälle

Mode: Mailand. Karneval: Rio. Nebel: London. Liebe: Paris. Für jede Metropole findet sich – ob sie das will oder nicht – ein Begriff, mit dem man sie weltweit identifizieren kann. Ja, und Wien hat den Walzer. Und den Ball. Ob Polizei- oder Gärtner-, ob Jäger-, Techniker-, Philharmoniker- oder Opernball, jede Berufs- oder sonstige Gruppe, die hierzulande auf sich hält, hat ihren eigenen. Allein in Wien gibt's pro Saison mehr als zweihundert. Und das seit . . . also seit wann gibt's denn diese angeblich urösterreichische Institution?
In Frankreich seit dem im 17. Jahrhundert regierenden *Sonnenkönig* Ludwig XIV. Bei uns erlebten die *bal parés* ab 1814 beim *Wiener Kongreß*, der ja bekanntlich in erster Linie »tanzte«, ihre erste Blüte. Aber in den Vorstädten waren Bälle damals noch nicht so beliebt. Das konnten sie erst werden, als der Walzer seinen Siegeszug antrat. Denn die Quadrillen und Françaisen des Biedermeier wurden von der Jugend eher strafverschärfend denn als Vergnügen empfunden. Und ein Ball sollte ja nichts anderes sein als pure Lust und Freude.
Ich wage zu behaupten: Ohne das Genie Johann Strauß wären Bälle in Österreich nie das geworden, was sie heute sind. Dem Dreivierteltakt des *Walzerkönigs* konnte keiner widerstehen, seine Delirien-, Dorfschwalben- und blauen Donauklänge waren ja auch wirklich für die Tanzbeine der

Erst der Walzer verhalf den Bällen sowohl in Adelspalästen als auch in den Vorstadtgasthäusern zu breiter Popularität.

in der Ringstraßenzeit immer beliebter werdenden Kränzchen komponiert worden. Kein Wunder, daß sowohl der »Schani« als auch sein jüngerer Bruder Eduard zu *k. k. Hofballmusikdirektoren* ernannt wurden.

Mit dem Walzer wurde nun endlich auch dem Ballvergnügen der »kleinen Leut'« Tür und Tor geöffnet. Sie tanzten in den Gasthaussälen der Vorstadt, beim Wäschermädel- und Fiakerball, während man das Bürgertum beim Ärzte-, Juristen- und Concordiaball traf. Aber oft »mischte« sich das Publikum, wie etwa beim Lumpenball und bei den vielen Gschnasfesten, deren Tradition sich von den italienischen Maskenbällen ableitet: geschätzt vom Inkognito einer Larve, konnten die Dekolletés der Damen um eine Spur tiefer und die Flirts um jede Spur heftiger sein. Der Maskenball bot die Gelegenheit, jene Freiheit auszukosten, die die strenge Etikette der Zeit normalerweise verboten hätte.

Keineswegs so offenherzig ging's bei den Bällen zu, die die Majestäten gaben. Einmal im Jahr lud Kaiser Franz Joseph zum *Hofball* in den Redoutensaal. Der *Hofball* war die kleinere Ausgabe imperialen Pomps, hierher wurden alle Offiziere, vom Leutnant aufwärts, gebeten. »Der Mann von der Straße« genoß das Fest freilich erst, nachdem die letzten Gäste den Saal verlassen hatten: da das Servier- und Küchenpersonal des Kaisers die Reste des üppigen Buffets »zur Deckung des Eigenbedarfs« mitnehmen durfte, konnte man am nächsten Morgen in der hofburgnahen Delikatessenhandlung *Zur Schmauswaberl* Köstlichkeiten wie Gänseleberpasteten, Hummer in Mayonnaise und Rehrücken günstig erwerben.

Noch exklusiver ging's am *Ball bei Hof* zu: Im Zeremoniensaal der Hofburg durfte das Tanzbein nur schwingen, wer »hoffähig« war, also jene Mitglieder des Hochadels, die 16 adelige Urgroßmütter – acht auf jeder Seite – aufzuweisen hatten. Ferner waren Minister, Diplomaten und Generäle zugelassen. Kaiserin Elisabeth aber, die Festlichkeiten jeder Art haßte, pflegte just im Fasching zu verreisen.

Dennoch ist uns eine – geradezu unglaublich anmutende – Ball-Episode der Kaiserin durch ihren Biografen Egon Caesar Conte Corti überliefert. Am Faschingsdienstag des Jahres 1874 ist Elisabeth ausnahmsweise in Wien, da befällt sie plötzlich die Lust, einen Maskenball zu besuchen. Inkognito.

Nur ihre Vorleserin Ida von Ferenczy, die ständige Friseurin Fanny Feifalik und die Kammerfrau Gabriele Schmidl werden in das Geheimnis eingeweiht. Sie müssen schwören, nichts zu verraten. Elisabeth wartet an diesem Abend, bis alle in der Hofburg schlafen, wirft sich in ein aus Brokat verfertigtes leuchtend gelbes Dominokostüm und zieht eine große, rotblonde Perücke über ihr prachtvolles Haar. Dann aber das wichtigste, eine Maske mit langen schwarzen Spitzen, die ihr Gesicht verdeckt, denn selbstverständlich darf die Kaiserin von Österreich nicht »privat« auf einen Ball gehen.

Im Fiaker fährt sie, nur begleitet von Ida von Ferenczy, die ein rotes Dominokostüm trägt, in den Musikvereinssaal, in dem die vornehme *Faschingsdienstag-Redoute* stattfindet. Die Kaiserin wünscht, von Ida unter dem Decknamen »Gabriele« angesprochen zu werden – dem Vornamen der Kammerfrau Schmidl, deren hohe, schlanke Figur tatsächlich der der Kaiserin ähnelt. Ida und »Gabriele« nehmen auf der Galerie Platz und beobachten eine Zeitlang das ausgelassene Treiben im Ballsaal. Als Frau von Ferenczy gegen elf Uhr bemerkt, daß sich die Kaiserin langweilt, schlägt sie ihr vor: »Gabriele, bitte, suche irgend jemanden im Saale aus, der dir gefällt und der nicht der Hofgesellschaft angehört. Ich werde ihn dann zu dir heraufbringen. Man muß auf einer Redoute die Leute ansprechen und intrigieren.«

»Ja, meinst du«, erwidert der gelbe Domino und blickt suchend hinab in den Saal. Schließlich fällt die Entscheidung zugunsten eines gutaussehenden jungen Mannes, der am Rande der Tanzfläche auf und ab geht. Elisabeth zeigt auf ihn, Ida läuft die Stiegen hinunter und spricht den Fremden – unter dem Schutz ihrer Maske sogar per du – mit den Worten an: »Willst du mir einen Gefallen tun?«

»Ja, gerne«, sagt er.

»Ich habe eine schöne Freundin hier, die ganz einsam oben auf der Galerie sitzt und sich furchtbar langweilt. Möchtest du sie nicht einen Augenblick unterhalten?«

»Aber natürlich«, und schon führt der rote Domino seinen Schützling hinauf zum gelben. Der junge Mann stellt sich vor, er heißt Fritz Pacher von Theinburg und ist Ministerialbeamter. Wie er Conte Corti viele Jahre später wissen ließ, dachte er zuallererst, daß es sich bei der unbekannten Schönen, die ihm nun auf der Galerie des Musikvereinssaales gegenüberstand, um die Kaiserin handelte, doch verwarf er den Gedanken sofort wieder, da er ihm zu absurd erschien.

»Weißt du, ich bin hier ganz fremd«, eröffnet die Kaiserin das Gespräch. »Du mußt mich ein bißchen orientieren. Fangen wir gleich oben an. Was spricht man so im Volk vom Kaiser? Ist man mit seiner Regierung zufrieden? Sind die Folgen der Kriege schon ganz vernarbt?«

Fritz Pacher antwortet vorsichtig, wohlwollend und freundlich.

»Kennst du auch die Kaiserin?« fragt der gelbe Domino weiter, »wie gefällt sie dir und was spricht man von ihr?«

»Ich kenne sie nur vom Sehen, wenn sie in den Prater fährt, um dort zu reiten«, sagt der junge Mann. »Ich kann nur sagen, sie ist eine wunderbare, herrlich schöne Frau. In der Öffentlichkeit bemängelt man, daß sie sich so ungern sehen läßt und allzuviel mit ihren Pferden und Hunden beschäftigt.«

Elisabeth unterhält die Kritik, sie hängt sich in Fritz Pachers Arm und geht an seiner Seite hinunter in den Ballsaal. Das ungleiche Paar spricht nun über Gott und die Welt, die Kaiserin will von ihrem Begleiter Name, Herkunft, Beruf und vieles mehr wissen, sie diskutieren über Elisabeths Lieblingsdichter Heinrich Heine, den auch der junge Mann verehrt. Und damit hat er die Unbekannte vollends für sich gewonnen.

»Du bist sympathisch, klug und vernünftig«, sagt die Kaiserin, »sonst sind die Menschen immer nur Schmeichler, du aber scheinst ganz anders zu sein.«

Als sie sich nach gut zwei Stunden von ihrem Galan verabschiedet, bittet dieser die damals 36jährige, strahlend schöne Erscheinung, ihren Handschuh auszuziehen und ihn doch wenigstens ihre Hand sehen zu lassen. Doch Elisabeth lehnt ab: »Du wirst mich schon noch kennenlernen, aber nicht heute; wir sehen uns wieder. Würdest du etwa nach München oder Stuttgart kommen, wenn ich dir dort ein Rendezvous gäbe? Du mußt nämlich wissen, daß ich keine Heimat habe und fortwährend auf Reisen bin.«

»Ich komme natürlich überallhin, wohin du befiehlst!«

Die Kaiserin läßt sich seine Adresse geben und verspricht, bald zu schreiben. Pacher begleitet sie aus dem Ballsaal, führt sie zu ihrem Fiaker, und Elisabeth fährt ab. Nicht ohne dem Kutscher Anweisung zu geben, er möge sie über Umwege in die Hofburg bringen: der Fremde sollte ihr nicht folgen können.

Die Episode um die Ballbekanntschaft der Kaiserin ist damit noch nicht vorbei. Den jungen Beamten plagen Gefühle und Gedanken, er weiß nicht, wem er begegnet ist, denkt aber, die so edle Frau müsse Fürstin oder Prinzessin sein.

Eine Woche später erhält er einen Brief. »Lieber Freund«, schreibt »Gabriele«, »Sie werden erstaunt sein, meine ersten Zeilen aus München zu erhalten. Ich bin seit wenigen Stunden hier auf der Durchreise und benütze die kurzen Augenblicke meines Aufenthalts, Ihnen das versprochene Lebenszeichen zu geben. Und wie sehnsüchtig haben Sie es erwartet. Leugnen Sie es nicht, ich fordere keine Erklärungen, ich weiß ja so gut wie Sie, was seit jener Nacht in Ihnen vorgeht. Mit tausend Frauen und Mädchen haben Sie schon gesprochen, sich auch gut zu unterhalten geglaubt, aber Ihr Geist traf nie auf die verwandte Seele. Endlich haben Sie im bunten Traum das gefunden, was Sie jahrelang suchten, um es ewig vielleicht wieder zu verlieren.«

Pacher antwortet augenblicklich, stellt »Gabriele« tausend Fragen, mit wem sie den ganzen Tag zusammen sei, ob er eifersüchtig sein müsse usw. Er bringt den Brief zur Hauptpost, wo er, wie vereinbart, *poste restante* hinterlegt wird. Nach zwei Tagen schon fragt er an. Ja, der Brief ist abgeholt worden.

Während der junge Mann das Abenteuer ziemlich ernst nimmt, ist es für Elisabeth, wie sie Ida Ferenczy anvertraut, eine Mischung aus Flirt, Spiel und Neugierde. Im März desselben Jahres schickt sie ihrem Verehrer einen zweiten Brief. »Lieber Freund … träumst du in diesem Moment von mir oder sendest du sehnsuchtsvolle Lieder in die stille Nacht hinaus? Im Interesse Deiner Nachbarschaft wünsche ich das erste. Meine Kusine ist zu ihren

Eltern zurück, sende daher Deine Briefe künftig unter dieser Adresse: Mr. Leonard Wieland, General-Postoffice, London. Mit herzlichen Grüßen Gabriele.«
Nun schreitet Ida Ferenczy, eine der wenigen in das kleine Abenteuer der Kaiserin eingeweihten Vertrauten, ein: Elisabeth möge die Korrespondenz augenblicklich einstellen, die Fortführung derselben sei zu gefährlich. Zwar werden noch einige Briefe ausgetauscht, doch bald wird der Galan zu neugierig. »Weißt Du, daß Du sehr indiskret bist«, schreibt sie einmal, »nichts weniger verlangst Du von mir als meine Biographie – langweilen würde sie Dich freilich nicht, aber dazu muß ich Dich erst besser kennen...« Die Sache geht so lange gut, bis Fritz Pacher Elisabeth in einem Brief auf den Kopf zusagt, daß sie die Kaiserin von Österreich sei.
»Die Strafe ist der völlige Abbruch der Korrespondenz«, schreibt Egon Caesar Conte Corti. Elisabeth sieht Pacher zwar weiterhin bei ihren Praterausfahrten und bei einer Blumenausstellung, »dankt wohl etwas freundlicher für seinen Gruß als für andere, aber spricht niemals mehr mit ihm.«
Was bleibt, ist eine für eine Kaiserin doch sehr außergewöhnliche Episode, die auf einem Ball ihren Anfang genommen hatte.
So unglaublich die ganze Geschichte erscheinen mag – ist sie doch wahr! Elisabeths Tochter Erzherzogin Valerie schilderte sie aufgrund der Erzählungen ihrer Mutter in ihren Tagebüchern, Ida von Ferenczy berichtete davon, und Fritz Pacher stellte – als letzten Beweis – Conte Corti »Gabrieles« Briefe zur Verfügung, die unzweifelhaft die Handschrift der Kaiserin verraten.
Daß sich auch die Freude des Kaisers, immer wieder auf Bälle gehen zu müssen, in Grenzen hielt, ist kein Wunder,

empfand es der extreme Frühaufsteher doch als Qual, spätnachts Konversation treiben zu müssen. Daß er's dennoch tat, entsprach seiner Auffassung von Pflichterfüllung. »Der Kaiser verneigte sich«, heißt es in einem zeitgenössischen Ballbericht, »vor den Damen, denen er häufiger als den Herren die Hand reichte und die er wie niemand sonst zu entzücken verstand.«
Eine, die er auf einem Ball ganz besonders zu entzücken verstand, wurde zur langjährigen »Seelenfreundin«. Auch zwischen Katharina Schratt und dem Kaiser »funkte« es zum ersten Mal auf einem Ball, genau genommen am *Ball der Industrie*, 1885, ebenfalls im Wiener Musikvereinssaal. Womit erwiesen wäre, daß die vielleicht wichtigste Funktion jeder Ballveranstaltung – eine Eroberung machen zu können – im Kaiserhaus ebenso geschätzt wurde wie bei den Wäschermädeln in der Vorstadt.
Dort soll es überhaupt am lustigsten zugegangen sein. Die putzsauberen Mädchen tanzten und sangen sich – unterstützt von der berühmten Volkssängerin *Fiaker-Milli* (sie war die Tochter einer Wäscherin) – in die Herzen ihrer Galans. Der junge Graf Arnstein wollte gar eine am Wäschermädelball eroberte Jungfrau zum Traualtar führen, doch haben dies seine Eltern zu verhindern gewußt.
Apropos Ball. Fragt die Dame ihren Tanzpartner: »Tanzen Sie gern Walzer?«
»Leidenschaftlich gern!«
»Warum lernen Sie's dann nicht?«

Der Kaiser war nie am Opernball

Eine Institution im ¾-Takt

Nun aber zum berühmtesten aller Bälle, dem Wiener Opernball. Er hatte im Lauf seiner bewegten Geschichte viele Namen. Nach der Hofopern-Soirée kam die Redoute, und erst seit 1935 heißt der Ball der Bälle Opernball. Und seit der Wiedereröffnung der Staatsoper im Jahre 1955 ist er neben dem Neujahrskonzert *das* internationale Aushängeschild des Landes.
Ist heutzutage die Frage »Wer sind die prominenten Gäste?« Ballgeflüster Nummer eins, so war dieses Thema bei der ersten *Hofopern-Soirée* im Jahre 1877 kaum von Bedeutung. Anders wäre nicht zu erklären, daß ein Vorläufer des *Adabei* in seinem damaligen Zeitungsbericht lakonisch vermerkte: »Es ist uns nicht möglich, alle hervorragenden Persönlichkeiten, sei es, daß sie sich in den Logen befinden oder im Gedränge des Saales verlieren, mit Namen anzuführen.«
Punktum, keine Namen.
Wie haben sich die Zeiten geändert. Oder können Sie sich vorstellen, daß ein Baumeister, ohne namentlich erwähnt zu werden, halb Hollywood in die Oper schleppen würde?
Trotz eingeflogener Stars und *Royals* ist der Opernball ein zutiefst wienerisches Fest geblieben. Dabei wurde auch er nicht in Wien erfunden, denn der erste *Bal de l'Opéra* fand 1717 in Paris statt. Zum Großereignis wurde das bald tra-

ditionsreiche Fest aber erst, als Johann Strauß dort 1877 den Donauwalzer dirigierte.
Im selben Jahr, genaugenommen am 11. Dezember, gab's, mit 160jähriger Verspätung also, unter dem Titel *Hofopern-Soirée* Wiens ersten Opernball. Kaiser Franz Joseph hatte 1860 den Bau des Opernhauses in Auftrag gegeben und schon im ersten Planungsstadium ausdrücklich erwähnt, daß das Prunkstück der neuen Ringstraße »zur Vorstellung von Opern und Balletten wie auch zur Abhaltung von Opernbällen bestimmt« sei.
Der Kaiser wollte also den Opernball. Und hat ihn kein einziges Mal besucht, zumal er sich mit den beiden Hofbällen ohnehin ausgelastet fühlte.
Ab 1899 mußte die Wiener Oper als Ballsaal aus feuerpolizeilichen Gründen gesperrt bleiben. Also fand der nächste Ball erst 1921 statt – von nun an unter dem Namen *Opern-Redoute* und mit äußerst geringem Erfolg, war doch den Österreichern in den schweren Zeiten nach dem Krieg nicht nach Walzerseligkeit zumute.
Zum Staatsball wurde das Fest erst, als Bundeskanzler Kurt Schuschnigg am 26. Jänner 1935 den Ehrenschutz des Opernballs übernahm. Ausgerechnet in diesem Jahr war der Ball von einem Skandal überschattet: Fälscher hatten mehr als hundert Eintrittskarten nachgedruckt und um 12,50 Schilling (statt der offiziellen 25 Schilling) verschleudert. Als die Betrüger verhaftet wurden, fand man bei ihnen auch tausend Cognac-Etiketten der Marke *Hennessy*, die sie auf billige Branntweinflaschen geklebt hatten. Der ganze Wirbel konnte freilich nichts von der Begeisterung nehmen, die das Eröffnungsballett – es war der legendären Tänzerin Fanny Elßler gewidmet – bei den viertausend Ballbesuchern auslöste. Der Opernball war drauf und dran, Wiens erstes Gesellschafts- und Modeereignis zu werden.

Doch bald sollte sich die Weltgeschichte dermaßen verfinstern, daß die gerade noch strahlenden Frackträger statt im Walzertakt im Stechschritt antanzen mußten.
Insgesamt wurde der Ball fast so oft abgesagt wie gefeiert: In 120 Jahren seines Bestehens fand er kriegs- und krisenbedingt 46mal nicht statt – zuletzt während des Golfkriegs 1991.
Am 9. Februar 1956 gab's, nach siebzehnjähriger Pause, den ersten Opernball nach dem Zweiten Weltkrieg. Die teuerste Loge kostete damals 7000 Schilling, heute zahlt man für dieselbe 170 000 S.
Just in der Nacht des ersten Nachkriegs-Opernballs litt Wien unter einem gigantischen Kälteeinbruch. »Die Temperatur sank auf minus 26 Grad«, erinnert sich die damalige Ballorganisatorin Christl Schönfeldt. »Die Pflanzen im Foyer der Oper erfroren, und die geparkten Autos sprangen nicht an. Die Gäste mußten frierend auf Taxis warten. Nicht gerade der schönste Abschluß eines strahlenden Festes, der aber letzten Endes der Erinnerung an diesen ersten Opernball keinen Abbruch getan hat.«
Auch der schwungvollste Dreivierteltakt, die schönsten Roben und die glänzendsten Juwelen sollten nicht vergessen lassen, daß der Ursprung der Oper und des Opernballs mit zwei Tragödien in Verbindung steht: Eduard van der Nüll, einer der beiden Architekten der Staatsoper, nahm sich das Leben, als das Gebäude noch vor der Fertigstellung als »versunkene Kiste« verunglimpft wurde. Selbstmord verübte auch Franz Ritter von Jauner, unter dessen Operndirektion der erste Ball in der Oper stattfand.
Das Unglück begann drei Jahre nach seiner ersten *Hofopern-Soirée*, als Jauner die Direktion des neu gegründeten Ringtheaters übernahm. Er zählte zu den populärsten Künstlern Wiens, war als Schauspieler, Regisseur und

Direktor einer der erfolgreichen Theaterleute der Stadt. Bis am 8. Dezember 1881 das von ihm geleitete Ringtheater abbrannte. 384 Menschen kamen dabei ums Leben, und Direktor Jauner wurde zur Verantwortung gezogen. Er mußte für mehrere Monate ins Gefängnis, der Adelstitel wurde ihm aberkannt.
Nach Verbüßung seiner Haftstrafe schien er zunächst wieder Fuß zu fassen. Da ihm auch die Theaterkonzession entzogen worden war, durfte er das Theater an der Wien aber nur hinter den Kulissen leiten. Er führte es zu einem nie dagewesenen Höhenflug, als er 1885 den *Zigeunerbaron* in seiner Inszenierung zur Uraufführung brachte. Obwohl er also weiterhin die Fäden zog, scheiterte Jauner letztlich daran, die Gunst des Publikums nicht mehr zurückgewinnen zu können. Er nahm sich am 12. Februar 1900 im Alter von 67 Jahren das Leben.
Die Liste der Prominenten, die den Opernball seit seiner Gründung durch den Ritter von Jauner besucht haben, ist so lang, daß wir uns darauf beschränken wollen, *Adabeis* Worte aus dem Jahre 1877 zu wiederholen, demzufolge »es uns nicht möglich ist, alle hervorragenden Persönlichkeiten, sei es, daß sie sich in den Logen befinden oder im Gedränge des Saales verlieren, mit Namen anzuführen«. Nicht einmal die Könige, Staatspräsidenten, Prinzessinnen und Weltstars wollen wir nennen, sonst müßte man womöglich auch noch die von besagtem Baumeister eingekauften Gäste aufzählen.
Aber noch ist unsere Oper nicht nur aus Mörtel gebaut.

»Volk der Freiheit, Volk der Brüder«

Die andere Bundeshymne

Um ein Haar hätten die ersten Worte unserer Bundeshymne nicht *Land der Berge, Land am Strome* gelautet. Sondern *Volk der Freiheit, Volk der Brüder*. Oder gar *Teurer Boden, blutbefleckter*. In verstaubten Kisten stießen Beamte des Wiener Haus-, Hof- und Staatsarchivs im Frühjahr 1995 auf Unterlagen, die ein Stück österreichischer Geschichte dokumentieren. Es geht um die Entstehung unserer Hymne.

Die Kisten lagen, jahrzehntelang unbeachtet, im Heizkeller des Unterrichtsministeriums auf dem Wiener Minoritenplatz. Archivare, die mit der Vorbereitung einer Ausstellung zum fünfzigsten Geburtstag der Republik befaßt waren, gingen auf Spurensuche und entdeckten hier vier große Schachteln. Versehen mit der Signatur »24 A«, schlummerte in ihnen ein Akt mit der Aufschrift »Volkshymne«. In den Kartons: Unbekannte, bisher nie veröffentlichte Beiträge namhafter Schriftsteller, die nach dem Zweiten Weltkrieg als Teilnehmer eines öffentlichen Preisausschreibens Vorschläge für den Text einer österreichischen Bundeshymne eingesandt hatten.

Unter den 1800 Teilnehmern des Wettbewerbs befanden sich – neben der späteren Siegerin Paula von Preradovic – die Autoren Alexander Lernet-Holenia, Rudolf Henz und Franz Theodor Czokor. Sie haben ihre Texte zu eben jener (mit großer Wahrscheinlichkeit von Mozart stammenden)

Melodie geschrieben, die im Mittelpunkt unserer Bundeshymne steht.

Greifen wir also gleich hinein in eine der Kisten, und holen wir zunächst den – von einer Jury auf Platz drei gereihten – Hymnenvorschlag des Dichters Alexander Lernet-Holenia hervor:

Volk der Freiheit, Volk der Brüder,
Land der Liebe und der Lieder!
Recht und Frieden, Heil und Glück,
Freude ohne Ende schenke,
Alle Deine Wege lenke
Das allmächtige Geschick!

Segnet Zeit und Zeitenwende,
Werk der Geister und der Hände,
Engel unsres Vaterlands!
Heiligt Künste und Gesänge,
Wald und Strom und Rebenhänge,
Felderfrucht und Erntetanz!

Keines Menschen Herrn noch Knechte,
Von Geschlechte zu Geschlechte,
Brüderlich und frei und gleich,
Seid vom schönsten Band umschlungen!
Ungebeugt und unbezwungen,
Gott mit dir, mein Österreich!

Der Wettbewerb für eine neue Hymne war am 12. März 1946 von der Regierung Figl ausgeschrieben worden. Wie dem aufgefundenen Akt zu entnehmen ist, sollten die Schöpfer der besten Hymne 10 000 Schilling erhalten, aufgeteilt je zur Hälfte auf den Textdichter und den Komponisten. Wortwörtlich wurde im Akt nach Feststehen des »Siegerteams« vermerkt: »Da der mit der höchsten Punk-

teanzahl bewertete Hymnenvorschlag zwei Autoren hat (Mozart und Preradovic) wäre der ausgesetzte Preis von 10 000 Schilling zu teilen: 5 000 Schilling entfällt auf Punktesieger Preradovic, 5 000 Schilling für Musik stehen theoretisch Mozart zu.«
Theoretisch. Messerscharf kombinierten die damaligen Ministerialbeamten, daß es *praktisch* Probleme mit der Überweisung des Honorars an den Komponisten geben könnte. Also beschloß man, die verbliebenen 5 000 Schilling unter jenen zeitgenössischen Musikern aufzuteilen, deren Kompositionen von der Jury gleich hinter Mozart gereiht wurden. Dies waren u. a. die Herren Robert Fanta, Hermann Schmeidel, der damalige Operndirektor Franz Salmhofer und Alois Melichar.
Daß Mozarts *Freimaurer-Kantate* – die ursprünglich den Titel *Brüder reicht die Hand zum Bunde* trug – zur Bundeshymne würde, stand anfangs keineswegs fest. Weite Teile der Bevölkerung und auch der zuständige Unterrichtsminister Dr. Felix Hurdes traten für eine Neutextierung der alten *Kaiserhymne* Joseph Haydns ein, doch der Ministerrat stimmte dagegen, weil sie auch die Hymne der Nationalsozialisten war und man befürchtete, »daß dies im Ausland als Provokation empfunden werden könnte«.
Der damalige Rundfunkdirektor Rudolf Henz jedenfalls dichtete, als Mozarts *Kantate* als musikalische Grundlage bereits feststand und sandte sein Werk – vorerst anonym – ein:

> *Laßt uns rühmen, laßt uns preisen,*
> *Brüderlich in hohen Weisen.*
> *Unser Land an Ehren reich,*
> *Unser Herz und Werk und Leben,*
> *Haben wir an dich vergeben.*
> *Schöne Heimat Österreich!*

Aus den Zeiten in die Zeiten,
Seht uns kühnen Sinnes schreiten,
Immer nur uns selber treu.
Harte Arbeit, frohes Wesen,
Leben selbst zur Kunst erlesen,
Freiheit kündend, selber frei!

Drum, ihr Länder, steht zusammen,
Hütet unsern heiligen Namen,
Unser Erbe schlicht und recht.
Daß kein Hader uns entzweie,
Jedes Schicksal uns erneue,
Uns und jegliches Geschlecht!

Eine Jury, der prominente Künstler wie der Operettenkomponist Edmund Eysler *(Die goldene Meisterin),* der Dirigent Josef Krips, der Dichter Oskar Maurus Fontana, Musikprofessor Friedrich Wildgans (Sohn des Dichters Anton Wildgans) sowie Wiens Kulturstadtrat Viktor Matejka angehörten, stimmte nun für Mozart und für Preradovic. Die Abstimmung ging denkbar knapp aus: Preradovic erhielt 47 Punkte, der Volksbildner Siegmund Guggenberger *(Österreich, du Land in Ehren, ewig wird dein Name währen ...)* 45 Punkte, Alexander Lernet-Holenia 44. Danach kamen Rudolf Henz und Franz Theodor Czokor. Der sich für die folgende Version entschieden hat. Sie ist die zweifellos blutigste, zeigt aber als einzige politisch-historischen Tiefgang:

Teurer Boden, blutbefleckter,
Und uns wieder neu erweckter
Aus dem Völkertotenreich:
Throne brachen, Länder schwanden,

Nie mehr geh du uns zuschanden,
Liebe Heimat Österreich!

Land der Berge, Land der Seen,
Drin von Ost und West ein Wehen,
Sich zu Nord und Süd gesellt,
Zeig uns, wo sich Wege finden,
Zu versöhnen, zu verbinden,
Was uns auseinander hält!

Axt und Sense brauch als Waffen,
Um zu ernten, um zu schaffen,
Mit der brüderlichen Hand!
Wenn sich die erneute Erde
Einen will, daß Friede werde,
Komm als Erstes, Vaterland!

Hier noch einige Details, die sich aus der Öffnung der alten Kisten ergaben: Fritz und Otto Molden, die Söhne Paula von Preradovics, haben später einen Prozeß gegen die Republik auf Zahlung von Tantiemen für die Hymne angestrengt. Und diesen verloren. Nach Einsicht in die »Akte Volkshymne« zu Recht, findet sich doch darin ausdrücklich der Passus, daß mit dem Honorar in Höhe von 5000 Schilling seinerzeit alle Rechte abgegolten wurden. Politiker und Publizisten, die eine Änderung der – in der Tat nicht sehr frauenfreundlichen – Bundeshymne vorschlugen, hätten mit den Texten der anderen Dichter ebensowenig Freude gehabt. In keinem einzigen wird, neben »Söhnen und Brüdern«, auch der »Töchter und Schwestern« gedacht.
Der mit der Durchführung des Preisausschreibens zur Auffindung einer neuen Hymne betraute Beamte hieß Dr. Peter Lafite. Er war Leiter der Kulturabteilung im

Unterrichtsministerium und wurde viele Jahre später Vorbild und Namensgeber für den von Franz Stoß dargestellten Sektionschef Lafite in der Fernsehserie *Die liebe Familie*.

Meine persönliche Einschätzung, nach Einblicknahme in den »Akt Volkshymne«: Wir können der Jury danken, daß sie sich für Paula von Preradovics Worte entschieden hat. *Land der Berge* ist mir jedenfalls lieber als *Felderfrucht und Erntetanz* (Lernet-Holenia) oder eben gar *Teurer Boden, blutbefleckter* (Czokor).

Als PS noch: Österreichs alte Hymne *Gott erhalte* war am 12. Februar 1797 in Anwesenheit Kaiser Franz I. im Wiener Burgtheater erstmals öffentlich vorgetragen worden. Joseph Haydn hatte die Worte des Jesuitenpaters Lorenz Leopold Haschka vertont, wobei die Anregung für die Huldigung des Monarchen in der Krisenzeit der Französischen Revolution erfolgt war. Nach dem Tod Kaiser Franz' wurde die populäre Melodie beibehalten, der Text jedoch mehrfach verändert, bis man ab 1854 ganz darauf verzichtete, den Namen des jeweiligen Kaisers zu nennen. Die Worte *Gott erhalte, Gott beschütze unsern Kaiser, unsern Herrn* galten dann bis zum Ende der Monarchie.
In der Ersten Republik wurde der Komponist Wilhelm Kienzl mit der Schaffung einer neuen Hymne beauftragt, zu der Staatskanzler Karl Renner persönlich die Worte dichtete. Doch ihr *Deutsch-Österreich, du herrliches Land* konnte sich – vor allem wegen der unsingbaren Melodie – nie durchsetzen, weshalb bald mehrere »Konkurrenz-Hymnen« entstanden. Bis die alte Haydn-Melodie, versehen mit neuem Text, 1929 zur offiziellen Bundeshymne wurde.

1933 wurde die Musik – ohne daß Haydn sich dagegen wehren konnte – von den Nationalsozialisten übernommen.
Womit sich Hitler und Co. mit derselben Melodie feiern ließen wie weiland Kaiser Franz Joseph. Der von sich behauptete, vollkommen unmusikalisch zu sein. Und das drückte er so aus: »Die Kaiserhymne erkenne ich nur daran, daß sich rund um mich alles von den Sitzen erhebt.«

Dampfschiffahrt ohne Dampf

Vom Reiseverkehr auf der Donau

Das längste Wort der deutschen Sprache wurde abgeschafft: seit 1995 gibt es den Donaudampfschifffahrtsgesellschaftskapitän nicht mehr. Mit einem Finanzskandal hat alles begonnen – und ein Finanzdebakel führte zum Ende.
Der Linzer Bankier Peter von Bohr, Gründungsmitglied der Donaudampfschiffahrtsgesellschaft, ging als der größte Banknotenfälscher Österreichs in die Geschichte ein. Ob auch die dreitausend Gulden, mit denen er sich am Aufbau der Schiffahrtslinie beteiligt hatte, »Blüten« waren, konnte 1846 nicht mehr geklärt werden.
In diesem Jahr war der Großbetrüger zum Tod verurteilt und hingerichtet worden.
Zwischen Finanzskandal am Anfang und Ruin am Ende liegen freilich mehr als 170, meist ruhmreiche Jahre. Die DDSG mußte oft ums Überleben kämpfen, war aber immer ein österreichisches Paradeunternehmen.
Befahren wird die Donau seit mehr als zweitausend Jahren – schon die alten Römer hatten die Bedeutung des Flusses als Handelsverbindung zum Orient erkannt. Stromabwärts zu fahren war nie ein Problem, doch gegen den Strom mußte jeder der schwerbeladenen Frachtkähne von Dutzenden Sklaven und Pferden gezogen werden.
Während die Erfindung der Dampfmaschine durch den Engländer James Watt 1782 dazu führte, daß auf engli-

Das DDSG-Schiff »Franz I.« auf dem Weg nach Budapest

schen, französischen und amerikanischen Flüssen sofort dampfbetriebene Personen- und Frachtschiffe verkehrten, dauerte es bei uns traditionsgemäß etwas länger: Geldfälscher Baron Bohr und andere – allerdings durchwegs ehrenwerte – Herren gründeten 1823 die erste DDSG. Und gingen nach nur drei Jahren pleite.

Erst 1829 war's dann wirklich so weit, und *Franz I.* – das erste Schiff der neuen Dampfschiffahrtsgesellschaft – lief vom Stapel. Besser gesagt: schlich vom Stapel, denn von Budapest nach Wien benötigte man damals noch zwischen 48 und 56 Stunden (ein Tragflügelboot schafft die Strecke heute in sechs Stunden).

Obwohl Dampfmaschinen in der Bevölkerung anfangs als »Teufelswerk« galten und aus den USA immer wieder Horrormeldungen von Kesselexplosionen und Schiffskarambolagen in unsere Breiten drangen, war die Zukunft der Wasserstraßen nicht mehr aufzuhalten: Ließen sich 1835 über Österreichs Nationalstrom nur 18 000 Personen befördern, so waren's 1872 schon drei Millionen! Zwischen Passau und Schwarzem Meer verkehrten in der Blü-

tezeit der »k. k. privilegierten DDSG« an die 200 Dampfer und 750 Güterkähne. Lange war sie die größte Binnenreederei der Welt. Inzwischen haben Auto, Bahn und Flugzeug die Konjunktur ausgebremst, so daß zuletzt zwischen Wien und Passau gerade noch eine halbe Million Passagiere über die Donau reiste.
Waren die Schiffe einst echte Verkehrsmittel, so dienen sie heute nur noch Urlaubs- und Vergnügungsreisenden. Ähnlich rückläufig war seit vielen Jahren schon die Zahl der beförderten Güter.
Kurios muten die Probleme der frühen Donaudampfschiffahrtsgesellschaft an, da die Schinakel in der Anfangsphase technisch noch so unvollkommen waren, daß die Mannschaften laufend mit Maschinenschäden zu kämpfen hatten. Aber auch Sprachschwierigkeiten führten zu Turbulenzen, wie uns der Schiffahrtspionier Stephan Graf Széchenyi 1835 nach einer Donaureise mit einem Schaufelraddampfer hinterließ: »Der Pilot ist aus Budapest, der Kapitän aus Mainz, der Maschinenmeister von Birmingham. Während der erste ›Achtung, Ufer!‹ rief, der zweite den Stillstand der Maschine und eine schnelle Wendung befahl, der dritte dies endlich nicht verstand, da er nicht Deutsch, der Kapitän aber kein Wort Englisch versteht, stießen wir mit sehr großer Gewalt auf das Ufer.«
War diese Kollision noch eher glimpflich verlaufen, so führte eine weitere, 82 Jahre danach, zur größten Katastrophe in der Geschichte der DDSG: in der Nacht zum 11. April 1917 stieß der Dampfer *Zrinyi* unterhalb von Budapest gegen den unbeleuchtet fahrenden Schraubenschlepper *Viktoria* der ungarischen *Franzens-Kanal-AG.*, wobei 163 Menschen ums Leben kamen. Die *Zrinyi* konnte nach einiger Zeit geborgen und unter dem Namen *Osijek* wieder in Dienst gestellt werden. Das 1918 neuerlich

umbenannte Schiff – diesmal auf *Minerva* – sank am 11. April 1927 ein zweites Mal. Es wurde wieder instandgesetzt und schied erst 1954 für immer aus.
Dennoch gilt die Flußschiffahrt als die bei weitem sicherste aller Verkehrsverbindungen.
Auch Hoch- und Niederwasser machten der Donauschiffahrt immer wieder arg zu schaffen. – Noch viel mehr aber die hohe Politik! Die Geschichte der DDSG spiegelt die Geschichte Österreichs wider: Schon die Kampfhandlungen während des Krimkrieges im Jahre 1853 führten zu Unterbrechungen des Schiffverkehrs auf der unteren Donau, und der Erste Weltkrieg hätte beinahe die Schließung der Reederei zur Folge gehabt. 1938 wurde sie von den *Hermann-Göring-Werken* vereinnahmt und 1945 von den Sowjets.
Erst der Staatsvertrag sicherte die Weiterfahrt unter rot-weiß-roter Flagge. Nach dem Zweiten Weltkrieg wurde die Flotte der Donaudampfschiffahrtsgesellschaft zu einem wichtigen Fremdenverkehrsfaktor. Doch der Verlust von 4,5 Milliarden Schilling in den letzten zwanzig Jahren ihres Bestehens war dann doch zuviel für die DDSG, so daß sie Ende 1995 endgültig liquidiert wurde.
Was nicht bedeutet, daß auf der Donau jetzt keine Schiffe mehr verkehren; Teile der Flotte wurden von privaten Unternehmern gekauft und weitergeführt. Nur werden jetzt fast ausschließlich die beliebten Routen im Raum Wien und in der Wachau betrieben.
Der Name Donaudampfschiffahrtsgesellschaft ist dahin. Aber der war ohnehin nur ein Relikt aus vergangenen Zeiten. Denn seit die *Schönbrunn* 1989 zum letzten Mal vor Anker ging, fährt kein Dampfschiff mehr über die Donau. Und ein Donau*diesel*schiffahrtsgesellschaftskapitän wird bei uns nicht durchzusetzen sein.

»Wir sind doch keine Lipizzaner«

Die Wiener Sängerknaben

Als die weltberühmte Institution vor einem halben Jahrtausend am 20. Juli 1498 von Kaiser Maximilian I. gegründet wurde, gab es weder Weltreisen, noch wurden die zwölf Buben der damaligen Wiener Hofmusikkapelle als Matrosen verkleidet. Das alles geschah erst, nachdem der Chor 1918 mitsamt der österreichisch-ungarischen Monarchie untergegangen war.
Das endgültige Aus einer traditionsreichen Institution schien gekommen zu sein. Und es war auch ein echtes Wunder, das den tatsächlichen Untergang verhindern sollte. Als nämlich Josef Schnitt, der letzte k. u. k. Hofkaplan, die Sängerknaben 1924 mit dem privaten Erbe seiner Mutter zu neuem Leben erweckte und sie damit für die Republik rettete.
Zwar ging den singenden Knaben als Folge der Weltwirtschaftskrise bald noch einmal das Geld aus, doch nun entstand die Idee, neben der heiligen Messe auch profitable Tourneen zu organisieren. Sie schlugen wie eine Bombe ein. Und sicherten das Überleben.
In der Monarchie war der Knabenchor zur Erbauung der kaiserlichen Familie ausersehen. Bei Maria Theresia hatten die Musikzöglinge sogar das Privileg, einmal im Jahr an der Tafel Ihrer Majestät speisen zu dürfen. Weniger üppig war die Verpflegung wohl an den übrigen 364 Tagen, entnehmen wir einem Brief Franz Schuberts, des berühmte-

»*Schubert Franz. Zum letzten Mal gekräht, den 26. Juli 1812.*« *Diese Worte fanden sich in Knabenhandschrift auf der Rückseite einer Komposition; Jugendbildnis des berühmten Sängerknaben.*

sten aller Sängerknaben: »Du weißt aus Erfahrung«, schrieb der Zwölfjährige seinem Bruder Ferdinand, »daß man eine Semmel oder ein paar Äpfel essen möchte, um so mehr, wenn man nach einem mittelmäßigen Mittagmahle erst nach 8 1/2 Stunden ein armseliges Nachtmahl erwarten darf. Wie wär's, wenn Du mir ein paar Kreuzer zukommen ließest?«
Jedenfalls wurde Schuberts Genie schon bei den Sängerknaben erkannt, berichtete doch sein Musiklehrer Ruczizka dem Chef der Hofkapelle, Antonio Salieri: »Den kann ich nichts lehren, der hat's vom lieben Gott gelernt.«
Mit fünfzehn ereilte Schubert das Schicksal aller Sängerknaben: seine prächtige Sopranstimme mutierte. Auf der Rückseite einer Komposition fand sich später die Knabenhandschrift: »Schubert Franz. Zum letzten Mal gekräht, den 26. Juli 1812.«
Auf Befehl Kaiser Josefs II. waren die Sängerknaben zuvor schon an die Wiener Hofoper verpflichtet worden, um erwachsene Sängerinnen in bestimmten Sopran- und Altpartien abzulösen. Der Grund war kein künstlerischer, sondern ein finanzieller: Die Hofsängerknaben mußten

damals »unentgeltlich auftreten« (während für die erwachsenen Künstlerinnen natürlich Gagen zu entrichten waren).
Klar, daß es bald schon zu Streitereien zwischen Oper und Sängerknaben kommen sollte. Als Salieri 1796 dagegen protestierte, daß die Knaben – statt an der Oper zu singen – bei einem Privatkonzert des Fürsten Esterházy in Eisenstadt auftraten, wollte der damalige Chorleiter Spangler seine Schützlinge gleich für immer von der Opernbühne abziehen. Mit der Begründung, sie würden »durch stundenlange Proben in den kalten Theaterräumen aufs Krankenlager geworfen und vom Unterricht ferngehalten«. Hinzu kamen schwere Anschuldigungen, wonach sich Schauspieler »des öfteren Grobheiten an den kleinen Sängern zuschulden kommen ließen«.
Weil aber das Auftreten der Kinder kostenlos war, wurde ihr Wunsch, von der »widerlichen Verwendung« in der Oper befreit zu werden, vorerst zurückgewiesen. Erst Kaiser Franz II. akzeptierte 1801 den Rückzug der Knaben von der Oper, nachdem der damalige Sängerknaben-Chef davor gewarnt hatte, daß die Kinder durch den Einsatz auf der Bühne »eine rauhe Stimme erhielten und hierdurch ausser Stande wären, bey den Kapellendiensten, die ihre eigentliche Bestimmung sind, mit derjenigen Vollkommenheit zu entsprechen, die für den höchsten Dienst erforderlich ist«.
1926 kehrten die Sängerknaben wieder auf die Bühne der Wiener Oper zurück, nachdem sie in einer *Zauberflöten*-Aufführung der Salzburger Festspiele mit sensationellem Erfolg aufgetreten waren. Alois Worliczek, weit über achtzig schon und letzter lebender Sängerknabe aus den Tagen, in denen der Chor wieder gegründet wurde, erinnert sich: »Staatsoperndirektor Franz Schalk war von

unserem Auftritt in Salzburg dermaßen begeistert, daß er uns gleich nach Wien holte.« Seither zählen die Sängerknaben – neben ihren weltweiten Verpflichtungen – wieder zu den kleinen »Stars« der Wiener Oper.
Worliczek, später Erzieher und Chronist der Sängerknaben, ärgert sich, daß der Chor ständig mit einem anderen Wahrzeichen in einem Atemzug genannt wird, bei dem es Worte wie »Zucht« und »Drill« tatsächlich noch gibt. Weshalb er den Satz prägte: »Wir sind doch keine Lipizzaner!«
Die Sängerknaben sind übrigens nicht *ein* Chor, sondern deren vier: sie heißen Schubert-, Haydn-, Mozart- und Brucknerchor, und jeder besteht aus fünfundzwanzig Kindern zwischen zehn und vierzehn Jahren, mindestens zwei Gruppen sind zur sonntäglichen Messe in der Hofburgkapelle eingeteilt, die anderen sind drei bis vier Monate im Jahr auf Tournee. Asien, Australien, Neuseeland, Südafrika, Nord- und Südamerika zählen zu den Zielen.
Als die Sängerknaben 1932 von ihrer ersten Amerikatournee heimkehrten, wunderten sich ihre Eltern darüber, daß die 22 Buben zwar ein wenig Englisch gelernt, doch ihr bis vor der Abreise makelloses Hochdeutsch »vergessen« hatten. »Tag und Nacht aneinander gefesselt, züchteten sie zu ihrem Privatgebrauch ein Hernalserisch, hinter dem sich die eingeborensten Hernalser als Sprachreiniger verstecken können«, berichtete Dr. Rudolf Kalmar damals in der *Illustrierten Kronen Zeitung*. Manche Eltern waren verzweifelt. »Ja, um Gottes Willen«, wurde das Chormitglied Kurt Anders – er war später Bratschist bei den Wiener Philharmonikern – von seinem Vater gefragt, »wo hast du denn diese Sprache gelernt?«
Und der kleine Kurti antwortete, im Brustton der Über-

zeugung, und selbstverständlich in einwandfreiem Hernalserisch: »Na, in Amerika halt, von die Amerikaner. Die reden dort alle so!«

In der Nazizeit wurde auf »Zucht und Ordnung« geachtet. Peter Weck, Sängerknabe von 1940 bis 1944, erinnert sich: »Wir haben zwar weniger vom Krieg gespürt als andere Kinder, aber unsere Lehrer und Erzieher waren zum Teil stramme SS-Leute, und die haben sich dementsprechend gebärdet. Dennoch bin ich froh, dabeigewesen zu sein, da der Chor meine künstlerische Entwicklung gefördert hat. Ohne ihn wäre ich vielleicht nie Schauspieler geworden. Und ich bin der klassischen Musik mein Leben lang verbunden geblieben.«

Das Augartenpalais ist seit 1948 Heimstätte und Internat der Wiener Sängerknaben.

Die Hofburg brennt!

Zwei Feuerkatastrophen, 1668 und 1992

Die Wiener Hofburg. Symbol der großen Geschichte Österreichs, steinerner Zeuge imperialer Pracht, jahrhundertelang Heimstätte und Treffpunkt der Mächtigen. Gigantisch und schwer liegt die Burg im Zentrum der alten Haupt- und Residenzstadt, beherbergt an die dreitausend Zimmer und Gemächer. Sehr österreichisch ist ihre Geschichte: ähnlich wie der Stephansdom kann auch dieser gewaltige Gebäudekomplex auf eine ewig lange Bauzeit zurückblicken: Lag der Baubeginn um 1220, so wurde die Wiener Burg erst knapp sieben Jahrhunderte später fertiggestellt.

Die Babenberger waren es noch, die die Errichtung der ersten Residenz *Am Hof* – an der Stelle des heutigen Schweizertraktes – in Auftrag gegeben hatten. Und Anno 1913 wurde die Neue Burg unter Kaiser Franz Joseph dann zu guter Letzt fertiggestellt. Anderswo wär's vielleicht eine schreckliche Mischkulanz ungezählter Stilrichtungen geworden, in der Hofburg verschmelzen Gotik (Burgkapelle), Renaissance (Stallburg, Amalienburg), Barock (Leopoldinischer Trakt, Fischer von Erlachs Nationalbibliothek und die Winterreitschule) sowie Ringstraßen-Klassizismus (Neue Burg) zu einer einzigartigen, harmonischen Einheit.

In der Hofburg wurde Weltgeschichte geschrieben – von mehr als zwanzig österreichischen Monarchen, die hier residierten: von Rudolf I. über Maria Theresia, Josef II. bis Franz Joseph und Kaiser Karl.

Mehr als tausend Diener, Köche, Pagen, Stallburschen und Höflinge sorgten in der Neuen Burg für Kaiser Franz Joseph I., um die reibungslose Abwicklung des Hoflebens zu gewährleisten, dreimal so viele waren es noch zur Zeit Leopolds I. gewesen.

Franz Joseph war unter der Michaelerkuppel »zu Hause«. Die gigantischen Ausmaße der kaiserlichen Appartements brachten auch Tücken mit sich: der Kaiser bekam fast nie eine warme Mahlzeit. Denn die Küche war von den Speisesälen so weit entfernt, daß das Essen auf dem Transportweg durch Hunderte Meter lange Gänge auskühlte, ehe es serviert werden konnte.

Unter der Michaelerkuppel begann und endete jede Ausfahrt des Kaisers, hier empfing er Staatsgäste und Militärs. Und hier verließ er zum letzten Mal die Hofburg. Am 30. November 1916 in einer schwarzen Trauerkarosse Richtung Kapuzinergruft. Die Monarchie hat ihn nicht wesentlich überlebt.

Die Hofburg schon.

Dabei wurde sie davor und danach von so mancher Katastrophe heimgesucht. In der Nacht zum 23. Februar 1668 war der erste Großbrand in der Geschichte der Wiener Hofburg gemeldet worden. Die Schuld daran schrieb man später einem Tischlergesellen zu, der beim Leimsieden unvorsichtig gewesen sei. Kaiser Leopold I., seine Frau und seine Kinder schliefen bereits, als das Feuer gegen ein Uhr früh ausbrach und sich schnell ausbreitete. Die Familie konnte, wie auch ein Teil des kostbaren Mobilars, gerettet werden. In weit größerer Gefahr befanden sich aber Kaiserin Eleonore – die Witwe nach Leopolds Vorgänger, Ferdinand III. – und ihre beiden Kinder, deren

Gemächer oberhalb der Stelle lagen, an der die Flammen ausgebrochen waren. Eleonore wurde durch Funken und dunkle Rauchschwaden geweckt und konnte sich und die jungen Erzherzoginnen Eleonore und Maria Anna in letzter Sekunde in Sicherheit bringen. Kurz nachdem sie ihr loderndes Schlafgemach im Laufschritt verlassen hatte, stürzte das Gebäude unter furchtbarem Getöse in sich zusammen.

Eine Rettung der kaiserlichen Appartements war nicht möglich gewesen, zumal es zu dieser Zeit in Wien noch keine Berufsfeuerwehr gab. Der gesamte Trakt der Hofburg, der nur ein Jahr vor der Katastrophe fertiggestellt worden war, fiel dem Brand zum Opfer.

Trotz der unmittelbaren Lebensgefahr, in der sich Eleonore und ihre Töchter befunden hatten, ließ es sich die Kaiserinwitwe nicht nehmen, vor Verlassen des Schlafgemachs nach einer wertvollen Kassette Ausschau zu halten, in der sich eine in Gold und Kristall gefaßte Kreuzpartikel befand. Das Feuer freilich griff so rasch um sich, daß es ihr nicht mehr gelang, der wertvollen Reliquie habhaft zu werden.

Eleonore gab nicht auf und ließ die Kassette in den folgenden Wochen in den Trümmern der kaiserlichen Burg suchen. Die Bemühungen blieben lange vergebens, bis einer der Hofkavaliere im Schutt endlich die Kassette durch Zufall entdeckte. Zur ewigen Erinnerung an diese für sie glückliche Fügung gründete die Kaiserin den Sternkreuzorden, der durch eine Bulle Papst Clemens IX. auch kirchlich bestätigt wurde.

Kaiser Leopold ließ den abgebrannten Teil der Hofburg – der Name Leopoldinischer Trakt erinnert heute noch an seinen Erbauer – in den folgenden Jahren aus der Asche wieder erstehen, und unter seiner Enkelin Maria Theresia wurde er fertiggestellt. Sie besorgte die neue Inneneinrichtung und bewohnte diesen Teil der Hofburg in den Wintermonaten. Heute ist der Leopoldinische Trakt Sitz des Bundespräsidenten.

Maria Theresia war es auch, die Mitte des 18. Jahrhunderts jene beiden Redoutensäle errichtete, die 1992 beim zweiten Großbrand in der Wiener Hofburg zerstört wurden. In den Redoutensälen (es gab einen großen und einen kleinen) wurden einst die prächtigen Masken- und Hofbälle der Wiener Gesellschaft gefeiert. Wobei sie zu keiner anderen Zeit so rauschend waren wie beim Wiener Kongreß, der sich genau hier seinen legendären Ruf erwarb: Es war in den Redoutensälen, wo der Kongreß 1814/15 tanzte.

Er tanzte nicht nur: Im Großen Redoutensaal verliebte sich Rußlands Zar Alexander, obwohl mit Gattin Elisabeth zum Kongreß gekommen, in die Fürstin Katharina Bagration, und Fürst Metternich fand in den Armen der schönen Herzogin von Sagan Erholung vom anstrengenden Kongreßalltag, bei dem auch – ganz nebenbei – die Neuaufteilung Europas nach dem Sieg über Napoleon beschlossen wurde.

Die Redoutensäle boten aber auch die prächtige Kulisse für Opern- und Konzertaufführungen von historischer Dimension. Mozart, Beethoven und später dann Josef Lanner und alle drei »Sträuße« hoben hier einige ihrer Meisterwerke aus der Taufe. Siegfried Weyr überliefert uns den Bericht eines Chronisten, der 1895 im Großen Redoutensaal einen Hofball erlebte. Er führt uns damit auf erschreckende Weise vor Augen, welche Schätze wir in der Nacht zum 27. November 1992 für immer verloren haben: »Hofballmusikdirektor Eduard Strauß hebt den Taktstock, von den mächtigen Kristallustern flutet ruhige,

wohltuende Helle durch den Saal, und in unzähligen Strahlenbündeln werfen die riesigen, venezianischen Wandspiegel, die bis nahe an die Decke reichen, das empfangene Licht zurück. Bis zur Höhe jener Spiegel sind die Wände mit Gobelins verkleidet, es sind unschätzbare Stücke aus den Sammlungen des Kaiserhauses, köstliche Erzeugnisse niederländischer Web- und Wirkkunst ... Im Teesalon das blendend weiße Gedeck, die goldenen Fruchtschalen, das schimmernde Service, das alles winkt und blinkt herüber im Schein zahlreicher Kerzen. Stufen und Geländer der Freitreppe, die zu all dieser Herrlichkeit emporführt, sind mit schwerem rotem Plüsch ausgeschlagen ...«
Nur wenig von alledem hat die unbarmherzige Feuersbrunst im Herbst 1992 der Nachwelt erhalten.

Rubens, Bruegel, Tizian, Dürer

Österreichs Kunstschätze

Österreichs Staatsschatz ist einer der bedeutendsten der Welt. Was im Lauf der Jahrhunderte – in erster Linie von den Habsburgern – erworben wurde, stellt die meisten Sammlungen selbst wesentlich größerer Länder in den Schatten.
Die wertvollsten Gemälde der Republik befinden sich im Kunsthistorischen Museum Wien: darunter 37 von Rubens, zwölf von Bruegel, 27 von Tizian, eines von Raffael, acht von Dürer, fünf von Rembrandt. Das Kunsthistorische ist eines der fünf bedeutendsten Museen der Welt, der Wert der Sammlung beträgt mehrere hundert Milliarden (!) Schilling, ist aber, so Museumschef Wilfried Seipel, »in Wahrheit nicht zu ermessen, da man das Kulturerbe einer Nation nicht in Zahlen ausdrücken kann und es sich um unwiederbringliche Unikate handelt, die durch Geld nicht zu ersetzen sind«.
Eines der wenigen Bilder, von denen ein Schätzwert vorliegt, ist ein Velazquez: Als dessen Gemälde *Maria Theresia* bei der Weltausstellung in Sevilla gezeigt wurde, war es auf 320 Millionen Schilling versichert – nur eines von 8600 Bildern des Kunsthistorischen Museums! Und sicher nicht das wertvollste.
So lange die Kunstschätze im Lande bleiben, sind sie nicht versichert, da eine Versicherung so gewaltiger Werte nicht finanzierbar wäre. Für den Kriegs- und Katastrophenfall

liegen detaillierte Pläne vor: Die wichtigsten Gemälde des Kunsthistorischen Museums würden wie im Zweiten Weltkrieg in die klimatisch hervorragend geeigneten Altausseer Salzstollen bzw. in feuersichere Bergungsräume unterhalb der Hofburg gebracht.

In den Hofburg-Depots waren die bedeutendsten der fünfhundert Exponate der Wiener Schatzkammer schon untergebracht: als die benachbarten Redoutensäle 1992 brannten, wurden Österreichs Kaiserkrone, die Krone des Heiligen Römischen Reichs sowie Szepter und Reichsapfel in besonders gesicherte Schutzräume verfrachtet. Ebenso wie der Orden vom Goldenen Vlies (von dem allein zwei Details – Kette und Schwurkreuz – für eine Ausstellung in Brüssel auf eine halbe Milliarde versichert waren).

Neben dem Kunsthistorischen Museum verfügt die Österreichische Galerie im Wiener Belvedere über die wertvollste Gemäldesammlung des Landes. Hier werden achtzig Originale von Waldmüller, zwei van Goghs, zwölf Schieles, ebensoviele Kokoschkas und 44 Makarts aufbewahrt. Weiters 35 Gemälde von Gustav Klimt – darunter *Der Kuß,* eines der berühmtesten Bilder der Welt. Kunstexperten schätzen, daß es bei einer Versteigerung in den USA 600 Millionen Schilling erzielen würde. Ebenfalls im Belvedere: die großen Mittelalter- und Barocksammlungen mit Werken von Michael Pacher bis Georg Raphael Donner, Franz Maulbertsch und Paul Troger. Auch diese Bilder würden im Katastrophenfall in Wien und Aussee untergebracht werden.

Unter ihren 50 000 Zeichnungen beherbergt Wiens Albertina, ebenfalls eine der größten grafischen Sammlungen der Welt, 150 Blätter von Albrecht Dürer, darunter *Der Hase* und *Die betenden Hände,* je sechzig von Rembrandt, Raffael und Rubens, zwei von Leonardo da Vinci, dreihundert von Klimt, 150 von Schiele. »Der billigste Dürer«, errechneten Experten, »würde eine Million Dollar erzielen.« Der Rest ist unschätzbar.

Um die unwiederbringlichen Werte im Ernstfall sichern zu können, baut die Albertina unterhalb der Albrechtsrampe einen atombombensicheren Schutzraum, dessen Fertigstellung für das Jahr 2000 geplant ist.

Fünf Kokoschkas, zwei Klimts und drei Schieles – der Wert pro Stück beträgt rund 80 Millionen Schilling – befinden sich in der Neuen Galerie Linz, wohin sie auf abenteuerliche Weise gelangten: Der couragierte Kunsthändler Wolfgang Gurlitt verpackte die in der Nazizeit als »entartet« geltenden Bilder in Kisten und lagerte sie im Ausseer Stollen, ohne deren Inhalt anzugeben. Nach dem Krieg wurde er Direktor der Galerie, der er die Bilder überließ. Der Gesamtwert des Museums geht heute ebenfalls in die Milliarden, die wichtigsten Objekte würden im Ernstfall im Linzer Stollensystem gelagert.

32 000 Rüstungen, Harnische und Waffen ab dem 16. Jahrhundert beherbergt das Grazer Zeughaus. In der Kunstgewerbesammlung des *Joanneums* befindet sich der 1419 gebaute Hochzeitswagen Kaiser Friedrichs III. Die mit mehreren hundert Millionen Schilling bezifferten Grazer Objekte würden im Krisenfall in steirischen Schlössern untergebracht.

Auf eine halbe Milliarde werden die zehntausend Objekte des Salzburger Museums *Carolino Augusteum* geschätzt, von denen zwei prähistorische Exponate Weltgeltung haben: ein 3200 Jahre alter Bronzehelm und eine 400 v. Chr. gefertigte keltische Schnabelkanne. Jedes der beiden Stücke repräsentiert einen Wert von zehn Millionen Schilling. Im Katastrophenfall würden die Objekte in Luftschutzräume des Mönchsbergs gebracht.

Die großen Museen beschäftigen eigene Bergungsbeauftragte, beim Bundesheer gibt es Bergungsoffiziere, die im Kriegsfall für die Übersiedlung der Schätze in geschützte Räume verantwortlich wären.
Österreichs Kunstschatz ist weitestgehend ungefährdet, zumal die wichtigsten Exponate durch Videokameras und Bewegungsmelder permanent überwacht werden.
Fest steht: Österreichs Staatshaushalt wäre mit einem Schlag saniert, würden wir auch nur einen Bruchteil unseres Kunstschatzes verkaufen.
Wovor uns Gott bewahren möge.

Politisches

Mozart war kein Österreicher

oder Es ist schwer, ein Nationalheld zu sein

Österreich kann zweifellos auf viele Große zurückblicken. Die Geschichte hat uns Titanen sonder Zahl hinterlassen, deren Leistungen auch die Jahrhunderte nicht verwehen können. Wer aber ist ein Nationalheld? Radetzky, der so viele Schlachten gewann und damit für lange Zeit den Fortbestand der Monarchie sicherte? »Um Gottes willen«, wird mancher sagen, »wie kann ein Militär heutzutage noch Held genannt werden?«
Viktor Adler, der sozialdemokratische *Arzt der Armen*, wird den »Schwarzen« nicht recht sein. Bei Bundeskanzler Engelbert Dollfuß, Österreichs erstem Opfer der Nationalsozialisten, schäumen wieder die »Roten«. Wie auch bei Leopold Figl, der uns den Staatsvertrag brachte. Ganz zu schweigen vom Wiener Volksbürgermeister Karl Lueger, der bekanntlich Antisemit war.
Aber auch Karl Renner, der Gründer beider Republiken, hat einen dunklen Punkt, ist er doch 1938 für den »Anschluß« an Hitler-Deutschland eingetreten.
Nein, Nationalhelden sollen die Menschen verbinden, nicht voneinander trennen. Womit Politiker und Feldherren aus heutiger Sicht wohl eher ausscheiden.
Welcher Österreicher ist also geeignet, Nationalheld genannt zu werden? Mozart? Leider nicht wirklich. Der war nämlich, streng genommen, gar kein Österreicher. Als er 1756 zur Welt kam, war Salzburg als Folge des Westfälischen Friedens

ein souveränes Erzbistum, das nicht zu Österreich gehörte. Als es 1804 (vorübergehend) österreichisch wurde, war Mozart nicht mehr am Leben. Salzburg war danach übrigens noch bayerisch, ehe das heutige Bundesland und die Stadt durch den Wiener Kongreß endlich Österreich zufielen.
Was sind die Voraussetzungen, um ein Nationalheld werden zu können? Zweifellos muß das Lebenswerk des Betreffenden von bleibender Bedeutung sein. Und er sollte den Bewohnern aller Regionen seines Landes als volkstümliche Figur erscheinen. Was bei einem Vielvölkerstaat, wie Österreich es war, nicht ganz einfach ist.
So erfreute sich der Tiroler Freiheitsheld Andreas Hofer bei den nicht deutschen Völkern des Reiches keiner besonderen Popularität.
Ein großer Sprung in unser Jahrhundert: Kann ein Sportler wie Karl Schranz Nationalheld sein? 100 000 Menschen säumten die Straßen Wiens, als er nach seinem Ausschluß von den Olympischen Spielen 1972 in Sapporo heimatlichen Boden betrat. Als Helden verehrt wurden und werden auch der *Wunderteam*-Spieler Matthias Sindelar und die Sportlegenden unserer Tage Jochen Rindt, Niki Lauda, Hans Krankl, Toni Sailer, Franz Klammer. Und natürlich Annemarie Moser-Pröll, die erfolgreichste Skiläuferin der österreichischen Sportgeschichte.
Apropos, das Wort »Heldin« ist in der deutschen Sprache kaum üblich, Helden haben männlich zu sein. Und doch: Kaiserin Maria Theresia würde der Titel zustehen, aber auch Bertha von Suttner, die für ihre Bemühungen um den Weltfrieden den Nobelpreis erhielt.
Warum finden sich in unseren Geschichtsbüchern so wenige Frauen unter den Helden? Haben nur Männer Großes geleistet?
Im Gegenteil, doch taten es die Frauen eher im Verborge-

nen, blieben unbedankt, weil ihre Zeit weibliches Heldentum nicht zuließ. Ist aber eine Frau und Mutter nicht groß, deren Erziehung es ermöglichte, einen Franz Schubert, einen Joseph Haydn, einen Johann Strauß werden zu lassen, was sie waren?
Diese Musiker zählen zweifellos ebenso zu unseren Helden wie die österreichischen Nationaldichter Franz Grillparzer, Johann Nestroy und Ferdinand Raimund.
Das 20. Jahrhundert hat aber noch eine Kategorie von Helden hervorgebracht, die ihren Ruhm nicht auf dem Schlachtfeld erlangten: die Stars. Sie heißen – in unserem Fall – Hans Moser, Heinz Conrads, Peter Alexander.
Zurück zur Weltgeschichte, die es zuläßt, neben Maria Theresia noch zwei Monarchen in die engere Wahl der Nationalhelden zu ziehen: Josef II. und Franz Joseph I.
Die Reformen Kaiser Josefs brachten Österreich einen nie dagewesenen Fortschritt, nur war er so radikal, daß fast alle seine Maßnahmen rückgängig gemacht werden mußten.
Franz Joseph ist nach wie vor der populärste Habsburger, doch ist sein Anteil am Zusammenbruch des Reiches nicht zu leugnen. Auch keine besonders günstige Voraussetzung, als Held in die Geschichte einzugehen.
Da es uns Österreichern aber durchaus liegt, beide Augen gleichzeitig zuzudrücken, wird es uns letztlich doch noch gelingen, fast alle hier Genannten als Nationalhelden zu verehren. Denn wer wie wir – bekanntermaßen – »aus Beethoven einen Österreicher und aus Hitler einen Deutschen« zu machen verstand, der wird sich auch den Mozart nicht wegnehmen lassen.
So wahr der Allmächtige uns helfe. Von dem's im Wienerlied heißt: *Der Herrgott muß a Wiener sein.*
So gesehen könnte selbst Er irgendwie als österreichischer Held bezeichnet werden.

Auf dem Weg zur Demokratie

*Wieso die »Rechten« rechts
und die »Linken« links stehen*

Österreich hat im Lauf seiner Geschichte fast alle nur möglichen (und auch unmöglichen) Koalitionen erlebt. In der Zeit der österreichisch-ungarischen Monarchie herrschten die jeweiligen Kaiser jahrhundertelang unumschränkt, waren also praktisch auch Regierungschefs. Erst ab 1860 gab es eine Regierung im heutigen Sinne.

Von da an mußten sich die Minister auch gegenüber den Abgeordneten im neu gegründeten Reichsrat verantworten, in dessen Parlamentsklubs auf der einen Seite die liberalen *Zentralisten*, auf der anderen die konservativen *Föderalisten* saßen. Das waren die Vorgänger unserer Parteien.

Die Liberalen wurden bald »Linke« genannt, die Konservativen »Rechte«. Weil die einen im Reichsrat links, die anderen rechts – vom Blickwinkel des Ministerpräsidenten aus gesehen – saßen.

Als die konservative Regierung unter Eduard Graf Taaffe 1893 gestürzt wurde, kam es zur ersten großen Koalition zwischen Rechts und Links (wobei letztere noch nichts mit den späteren Sozialdemokraten zu tun hatten, obwohl die Partei dieses Namens damals schon existierte).

Im Jahre 1907 konnten erstmals alle Österreicher wählen, genauer gesagt »alle Österreicher männlichen Geschlechts, die das 24. Lebensjahr zurückgelegt haben«. Tatsächlich blieben die Wahlzellen für Frauen noch bis 1920 verschlossen. Der »Grund«: Nur jene Personen sollten über die Spitzen des Staates befinden, die auch Steuern zahlten. Und da es kaum Frauen gab, die berufstätig waren, schieden sie als Wählerinnen aus.

Obwohl die Sozialdemokraten 1907, bei den ersten freien Wahlen, zur stärksten Partei wurden, gelangten sie nicht in die Regierung, zumal sich Christlichsoziale und Katholisch-Konservative zusammenschlossen. In der Ersten Republik gehörten die »Roten« dann nur den Kabinetten von 1918 bis 1920 – unter Staatskanzler Karl Renner – an.

War Dr. Kreisky bekanntermaßen Österreichs längstdienender Kanzler, so ist weniger bekannt, daß der kürzestdienende Kanzler fast ebenso hieß: Dr. Breisky. Der christlichsoziale Jurist und Unterrichtsminister war nur einen einzigen Tag lang Regierungschef: Am 26. Jänner 1922, als der parteilose Johannes Schober nach Auseinandersetzungen mit den Großdeutschen als Regierungschef zurücktrat. Als sich Schober am nächsten Tag mit dem Koalitionspartner geeinigt hatte, wurde Walter Breisky wieder entlassen.

Aber die Probleme blieben. Auch die Tage Schobers waren gezählt, und sein Nachfolger war der Priester Ignaz Seipel. Die Christlichsozialen koalierten in den darauffolgenden Jahren meist mit den Deutschnationalen, 1930 lehnte der Sozialdemokrat Otto Bauer das Angebot Seipels zur großen Koalition ab.

Wodurch ganz knappe Mehrheiten entstanden. Der Extremfall trat 1932 ein, als der christlichsoziale Kanzler Engelbert Dollfuß mit den Kleinparteien Landbund und Heimatblock eine Regierung bildete, die im Parlament über eine hauchdünne Mehrheit von nur einer Stimme verfügte. Einmal ließ sich der todkranke Altkanzler Seipel sogar auf einer Bahre in den Plenarsaal tragen, um für die Regierung stimmen zu können. Er starb wenige Tage danach.

Als im darauffolgenden Jahr die Abgeordneten von der Polizei am Betreten des Parlaments gehindert wurden, war's mit Österreichs Demokratie vorbei. Vier Jahre lang regierten nun die Christlichsozialen. Und nach dem »Anschluß« im März 1938 die Nationalsozialisten.

Zur großen Koalition als langfristige Lösung kam es dann erst in der Zweiten Republik. Vielleicht verhält es sich mit ihr ein bisserl wie mit der Demokratie im allgemeinen. Die Winston Churchill bekanntlich so definierte: »Sie ist die schlechteste Regierungsform überhaupt. Mit Ausnahme aller anderen.«

»Es kann nur einen Kanzler geben«

Die Regierungschefs der Zweiten Republik

Karl Renner, der erste Kanzler der Zweiten Republik, wurde am 27. April 1945 von den alliierten Besatzern mit der provisorischen Regierung des wiedererstandenen Staates betraut. Er regierte ein anderes Österreich, als es das heutige ist: Nach Krieg und Naziherrschaft lag das Land in Schutt und Asche, waren Not und Hunger so groß, daß Renner bei den Besatzern immer wieder um Lebensmittellieferungen betteln mußte. Dringlichste Aufgabe seiner Regierung war es, die öffentliche Ordnung wiederherzustellen.

Das gelang in erstaunlich kurzer Zeit. Unter Renner wurden die Versorgungslage verbessert, der Flüchtlingsstrom reguliert, ein NS-Verbotsgesetz geschaffen. Um sich in einzelnen Punkten durchzusetzen, wandte der bei Amtsantritt 75jährige Taktiker alle möglichen Tricks an. Wie sich der damalige Staatssekretär Karl Gruber später erinnerte, trug Renner wichtige Gesetzesvorhaben manchmal mit so leiser Stimme vor, daß sie von weiter entfernt sitzenden Regierungsmitgliedern kaum verstanden wurden. Als er seine Vorstellungen verlesen hatte, stellte der Kanzler dann fest: »Kein Widerspruch – angenommen!«

Soweit Karl Renner. Doch ob das sein wahrer Name gewesen ist, kann bezweifelt werden. Der Gründer beider Republiken hatte 1870 als achtzehntes Kind einer Bauernfamilie das Licht der Welt erblickt. Und zwar gemeinsam

mit einem Zwillingsbruder. Um die beiden Knaben voneinander unterscheiden zu können, wurde Karl eine rote, seinem Bruder Anton aber eine blaue Schleife um den Arm gebunden. Während des Fütterns lösten sich die Schleifen, und von da an stand nicht mehr fest, wer Karl und wer Anton war. Renner selbst sagte mehrmals: »Ich glaube, ich bin der Anton, und er ist der Karl.«
Bei den Wahlen im Herbst 1945 gewann die ÖVP die absolute Mehrheit, Renner wurde Bundespräsident, und der Landwirt Leopold Figl löste ihn als Kanzler ab. Der Wiederaufbau zählt zu den bleibenden Verdiensten des Niederösterreichers, der es meisterhaft verstand, sich manchen Schikanen der Besatzungsmächte zu widersetzen. Gegen den heftigen Widerstand der Sowjets gelang die Beteiligung Österreichs am Marshallplan, dem Hilfsprogramm der USA.
Die nach dem Ausscheiden der Kommunisten ins Leben gerufene große Koalition bestand ihre Bewährungsprobe spätestens nach drei Jahren, als die Regierung 1950 – nicht zuletzt mit Hilfe des Baugewerkschafters Franz Olah – einen kommunistischen Putschversuch verhinderte.
Obwohl »Poldl« Figl der populärste Politiker der Nachkriegszeit war, wurde er 1953 – gegen seinen Willen – von Julius Raab abgelöst.
Die Hofübergabe an seinen besten Freund wurde zur menschlichen Tragödie. Figl freilich konnte nicht ahnen, daß seine große Stunde erst schlagen würde, als ihm nämlich Raab das Außenministerium anvertraute. Ohne eine Fremdsprache zu beherrschen, verhalf Figl der Idee der österreichischen Neutralität in Ost und West zum Durchbruch, und er wurde zum Architekten des Staatsvertrags. Der 15. Mai 1955 war ein Festtag für ganz Österreich. Kaum jemand wußte, daß Figl unmittelbar vor Unter-

zeichnung des Staatsvertrags seine eben verstorbene Mutter zu Grabe getragen hatte.
Julius Raab, der dritte Regierungschef, ein St. Pöltner Baumeister, ermöglichte durch den *Raab-Kamitz-Kurs*, benannt nach Kanzler und Finanzminister, die wirtschaftliche Konsolidierung, die mit der Sozialpartnerschaft abgesichert wurde. Typisch für den ebenso volksnahen wie humorvollen *Virginier*-Raucher Raab war der Ausspruch: »Die Deutschen verdanken ihr Wirtschaftswunder ihrem Fleiß, ihrer Strebsamkeit und Ausdauer. Das österreichische Wirtschaftswunder ist hingegen wirklich ein Wunder!«
Raab war bekannt als »der große Schweiger«, da er nur das Allernotwendigste sprach und viel lieber zuhörte. Eines Tages fuhr er mit dem Auto vom Wiener Ballhausplatz nach Vorarlberg. Im niederösterreichischen Tullnerfeld sagte sein Sekretär, mit einem Blick auf die umliegenden Felder: »Das Getreide steht heuer schon ganz schön hoch.« Bis knapp vor Feldkirch wurde kein Wort mehr gewechselt, dann endlich meinte Raab: »Do a!«
Das war die gesamte Konversation während einer Fahrt von sechshundert Kilometern.
Als Bundespräsident Körner 1957 starb und der Kanzler einen Schlaganfall erlitt, war die Staatsführung monatelang gelähmt. Raab erholte sich zwar, fand aber nicht mehr zu seiner alten Form zurück.
Kurios, daß die Achse zwischen »Schwarz« und »Rot« in den jungen Jahren der Republik oft besser funktionierte als die Verständigung innerhalb der beiden Parteien. Raab war ein enger Freund des Gewerkschaftsbundpräsidenten Johann Böhm, und Renner konnte mit Volksparteichef Figl besser als mit seinem Parteifreund Schärf. Ähnlich erging es Raab-Nachfolger Alfons Gorbach: Integer, aber

dem Amt des Bundeskanzlers kaum gewachsen, wurde der gebürtige Tiroler immer wieder von den eigenen Parteifreunden niedergestimmt.
Dessen Nachfolger Josef Klaus bescherte der ÖVP den größten Sieg ihrer Geschichte. Und die größte Niederlage. 1966 erlangte Klaus die absolute Mehrheit und konnte die erste Alleinregierung der Zweiten Republik bilden, vier Jahre später mußte er das Kanzleramt an die SPÖ abgeben, das seine Partei seither nicht mehr zurückerobern sollte.
Auch Klaus traf in der Stunde des Triumphs der schwerste Schicksalsschlag seines Lebens: nur eine Woche nach dem großen Wahlsieg erlag seine 21jährige Tochter einer Herzerkrankung.
Die Maxime von Josef Klaus, keine Schulden zu machen, statt dessen aber die Steuern zu erhöhen, verhalf Bruno Kreisky zum Durchbruch.
Kreisky war dann als langjähriger Regierungschef einer ganzen Generation so vertraut, daß man sich einen anderen kaum vorstellen konnte. Bereits über siebzig und auf dem Höhepunkt seiner Popularität, überraschte ihn sein kleiner Enkel Jan mit der Ankündigung, auch er wolle, wenn er einmal erwachsen ist, Bundeskanzler werden. Worauf der Großvater brummte: »Das wird leider nicht gehen. Es kann nämlich nur einen Kanzler geben.«
Zählt Bruno Kreisky – wie Figl und Raab – zu den charismatischen Politikern der Zweiten Republik, so waren die Fußstapfen, die der *Sonnenkönig* seinem Nachfolger Fred Sinowatz hinterließ, doch etwas zu groß. Von beiden Kanzlern blieb je ein Satz, der nach wie vor – nicht ganz untypisch für ihre Ära – zitiert wird. Bruno Kreiskys »Ich bin der Meinung« steht dem resignierenden Sinowatz-Wort »Es ist alles sehr kompliziert« gegenüber.

Wirklich kompliziert wurde es für ihn, als der ÖVP-Kandidat Kurt Waldheim 1986 zum Bundespräsidenten gewählt wurde. Sinowatz nahm am nächsten Tag den Hut. Als seine größte Leistung gilt, Franz Vranitzky als Nachfolger nominiert zu haben.

Dem wieder wird, trotz vieler Turbulenzen, sein Platz in der Geschichte sicher sein: *Vrantz* hat 1986, nach Jörg Haiders Wahl zum FPÖ-Chef, Österreich von der kleinen Koalition zurück in die große geführt. Und schließlich in die Europäische Union.

Sein Nachfolger Viktor Klima ist genauso alt wie die Regierungsform, mit der er sich herumschlagen muß: 1947, als er zur Welt kam, hatte Leopold Figl gerade die erste große Koalition gegründet.

Neun Herren mit unterschiedlicher Herkunft, mit unterschiedlichen Verdiensten. Bei allem, was sie voneinander trennen mag, eines verbindet sie: Keiner der bisherigen Kanzler wurde mit Schimpf und Schande aus dem Amt gejagt, keinem wurden gröbere Verfehlungen angelastet. Der soziale Friede blieb in all den Jahrzehnten erhalten, jeder von ihnen wurde in Ehren verabschiedet.

Das mag selbstverständlich klingen, trifft aber keineswegs auf die Regierungschefs aller Staaten zu.

»No sports!«

Wenn Politiker krank sind

Als erstes fiel auf, daß sich in Mao Tse-tungs Umgebung oft Krankenschwestern aufhielten. Etwa ab 1965 machten sich die Steifheit der Bewegungen und das Zittern der Hände als Anzeichen der Parkinsonschen Krankheit bemerkbar. Dennoch sollte der Staats- und Parteichef weitere elf Jahre regieren.
1975 wurde der Wiener Arzt Professor Walter Birkmayer zu Maos Behandlung nach China gerufen – allerdings durfte er den »Großen Vorsitzenden« nie persönlich sehen. Sein Sohn, Professor Jörg Birkmayer, erklärt, warum: »Mein Vater wurde von der chinesischen Ärztekammer nach Peking eingeladen, da er maßgeblich an der Entwicklung des Parkinson-Medikamentes *Deprenyl* beteiligt war. Er befand sich in einer großen Delegation, und da er sehr leutselig war, erzählte er am Abend vor der geplanten Visite stolz von seinem prominenten Patienten. Da die Erkrankung des Parteivorsitzenden streng geheim war, wurde mein Vater noch am selben Abend von Sicherheitsleuten festgenommen und zwei Tage lang verhört. Er durfte das Medikament dann nur durch den Leibarzt übergeben lassen.«
Zwar konnte er ihn nicht heilen, wohl aber sein Leben verlängern – Mao starb im September 1976 im Alter von 82 Jahren. An leichteren Formen von Parkinson litten Spaniens Diktator Franco, der jugoslawische Präsident Josip

Broz Tito, und auch Österreichs langjähriger Außenminister Alois Mock ist ein Opfer dieser Krankheit.
Viele Politiker in aller Welt waren in ihrer Regierungszeit schwer krank, trachteten dies aber in der Öffentlichkeit geheimzuhalten. Die Leiden von Staatsmännern hatten Einfluß auf ihre Arbeit, in manchen Fällen sogar auf den Verlauf der Weltgeschichte.
Die wohl folgenschwerste Krankheit der Geschichte hatte Franklin D. Roosevelt. Der an starker Arterienverkalkung leidende amerikanische Präsident – der überdies nach einer Kinderlähmung an den Rollstuhl gefesselt war – reiste im Februar 1945 nach Jalta, um dort über die Aufteilung der Welt nach Ende des Krieges zu verhandeln. Und Stalin nützte die Ermüdungszustände und die immer wiederkehrende geistige Abwesenheit Roosevelts beinhart für seine Zwecke: so lieferte die krankheitsbedingte Schwäche des Präsidenten den Osten Europas an die Sowjets aus. Wochen später war Roosevelt tot.
Unter Bluthochdruck litt auch sein Verbündeter Winston Churchill, der im übrigen zeitweise mit Alkoholproblemen zu kämpfen hatte. Die extrem ungesunde Lebensweise – seine Devise lautete: »No sports!« – trug schließlich dazu bei, daß der britische Premier während seiner Amtszeit zwei Schlaganfälle erlitt, die freilich vertuscht und erst nach Churchills Tod von seinem Leibarzt bekanntgegeben wurden.
»Churchills und Roosevelts Blutdruckleiden ist die unter Politikern meistverbreitete Krankheit«, erklärt der Medizinhistoriker Professor Hans Bankl. »Sie entsteht durch Streß, psychische Anspannung und zuwenig Schlaf.« Nachweislich litten auch Bruno Kreisky, Franz Josef Strauß, Bismarck, Tito, Lenin, Stalin und Hitler daran. Im Spätstadium führt Bluthochdruck zu Arterienverkalkung

– ein Zustand, der natürlich Einfluß auf die politische Handlungsweise haben kann.
Kaum ein Politiker hatte ein so strahlendes Image wie John F. Kennedy. Dabei war gerade er ein schwerkranker Mann. Antikörper in seinem Blut zerstörten die Nebennieren, was dazu führte, daß der Präsident an Depressionen, Übelkeit, Schwindelanfällen und lebensbedrohenden Kreislaufstörungen litt. Körperlich behindert war er überdies infolge einer angeborenen Deformation der Wirbelsäule, deren Zustand sich durch zwei Unfälle – einmal beim Footballspiel, das andere Mal, als er im Krieg mit seinem Torpedoboot abgeschossen wurde – zusehends verschlimmerte. Kennedy ging immer im Stützkorsett und bewegte sich unter großen Schmerzen auf Krücken, die er nur ablegte, sobald Kameras in seiner Nähe waren.
Ein strahlender Präsident war auch Ronald Reagan. Abgesehen von den gesundheitlichen Folgen eines 1981 auf ihn verübten Mordanschlags, mußte er während seiner Amtszeit von einem Dickdarmkarzinom befreit werden. An Alzheimer dürfte er erst nach seiner Pensionierung erkrankt sein.
Zwei Staatsmänner litten an einer seltenen Krankheit: sowohl der Schah von Persien (behandelt vom Wiener Arzt Professor Karl Fellinger) als auch Frankreichs Präsident Georges Pompidou hatten *Morbus Waldenström*, eine tumorartige Erkrankung der weißen Blutkörperchen. Beide erhielten massive Cortison-Mengen verabreicht – eine Behandlung, die sich in vielen Fällen auf die Psyche und damit natürlich auch auf die Arbeitsleistung auswirkt. Bruno Kreisky »hing« am Ende seiner Amtszeit regelmäßig an einer künstlichen Niere; der britische Premier Sir Anthony Eden hatte Magengeschwüre; Ägyptens Präsident Nasser weigerte sich, gegen seine Zuckerkrankheit

behandelt zu werden, und erlitt drei Herzinfarkte; Uwe Barschel, der unter mysteriösen Umständen verstorbene Ministerpräsident von Schleswig-Holstein, war medikamentenabhängig und stand unter dem Einfluß schwerer Psychopharmaka. Und Frankreichs Präsident François Mitterrand hatte Prostatakrebs, dessen Metastasen bereits die Knochen befallen hatten.

In Zeiten wie jenen

In welcher Epoche lebte Fred Feuerstein?

*In gar keiner, denn eine solche Zeit
hat es nie gegeben*

Fred Feuerstein ruft mit dem Handy seinen Freund Barney Geröllheimer an, der seinerseits im Steinzeit-Porsche zu Roc Donalds rast, sich dort einen Saurier-Burger einverleibt und mit Kreditkarte zahlt. Wir befinden uns, wie unschwer festzustellen, in einer von Hollywood adaptierten Steinzeit-Variation, über die Millionen Kinobesucher in aller Welt lachen. Daß sowohl Trickfilme als auch eine Steven-Spielberg-Produktion mit »lebenden Schauspielern« die Geschichte der Menschheit total auf den Kopf stellen, ist ebenso klar wie legitim. Aber: Wann haben Leute wie diese Feuersteins eigentlich gelebt? In welcher Epoche der Weltgeschichte sind ihre genialen Blödeleien angesiedelt?

Die Antwort lautet: In gar keiner! Eine solche Zeit hat es in Wahrheit nie gegeben. Jetzt einmal ganz abgesehen von Handy und Kreditkarte: Daß das Steinzeitkind Pebble mit kleinen *Dinos* spielt, ist ebenso entzückend wie unmöglich. Denn als die ersten Menschen lebten, da waren die Dinosaurier seit sage und schreibe 65 Millionen Jahren ausgestorben.

Wir wollen aber nicht kleinlich sein, wegen der paar Jahrln: Fred, Barney und ihre Ehefrauen Wilma und Betty erblickten das Licht dieser Welt – laut Drehbuch – »zwei Millionen Jahre v. Chr.«, also in der Altsteinzeit. Womit

Hollywood insofern ins Schwarze trifft, als tatsächlich etwa damals der erste Mensch nachgewiesen wird, der sogenannte *Australopithecus*.
Doch der sah ganz anders aus als »Mister Flintstone« Feuerstein, der auf der Kinoleinwand ein heutiger, »anatomisch moderner Mensch« ist. Unsere Vorfahren in der zwei Millionen Jahre zurückliegenden, nennen wir sie einmal *Feuerstein-Ära*, glichen, im Gegensatz zu den Filmdarstellern, äußerlich eher Affen als unsereinem. Der *Homo sapiens,* der wie Fred bzw. wie wir aussieht, taucht erst viel später, vor etwa 30 000 Jahren, auf.
Der Alltag vor zwei Millionen Jahren, zur Zeit der falschen Feuersteins also, war – wie Professor Gerhard Trnka vom Wiener Institut für Ur- und Frühgeschichte erklärt – etwa so: »Man ernährte sich durch Früchtesammeln und durch die Jagd – vor allem auf Wildtiere wie Elefant und Nashorn, die mit Holzspeeren erlegt wurden. Wenn die Menschen auch eher Affen ähnelten, so bildeten ihre geistigen Fähigkeiten doch schon die Grundlagen für die Errungenschaften kommender Epochen.«
Fest steht, daß die Menschen auch in der frühen Altsteinzeit schon miteinander kommunizierten, daß es eine Urform der Sprache gab – deren Struktur freilich unbekannt blieb.
Die etwa 1,40 bis 1,70 m großen Urbewohner unseres Planeten wurden im Durchschnitt nicht mehr als dreißig Jahre alt, zumal es praktisch keine Möglichkeiten gab, Krankheiten zu heilen. Sie bekleideten sich mit Fellen und Häuten und lebten in einfachen, aus Holz gefertigten Behausungen, deren Grasdächer sie mit Steinen beschwerten.
Der Filmname Feuerstein ist originell, aber verwirrend. Denn vom Feuer war der Mensch vor zwei Millionen Jah-

ren noch sehr weit entfernt. Gesichert nachweisbar ist das bewußte Anlegen von Feuerstellen erst anderthalb Millionen Jahre später. Ebenso ist natürlich auszuschließen, daß die Feuersteins – so zeigt's der Film – »in einem amerikanischen Städtchen namens Bedrock« lebten. Denn der Mensch war vor zwei Millionen Jahren ausschließlich auf dem südostafrikanischen Kontinent beheimatet. Der früheste Nachweis einer Siedlung in Europa findet sich in *Terra Amata* bei Nizza, wo man bei Ausgrabungen Spuren einer Zivilisation von Menschen fand, die vor 400 000 Jahren lebten. Die Ureinwohner Amerikas gab's gar erst vor rund 30 000 Jahren.

Zwar gehörte der Streit um Nahrung zum Alltag, doch existieren keine Anzeichen für irgendwelche kriegerische Handlungen in der Urgeschichte. Darin also waren uns die Steinzeitmenschen sogar überlegen.

Ein steinerner »Faustkeil« war das Universalgerät, mit dem sie schneiden, schlagen, bohren, schnitzen, ihre Behausungen bauen und das erbeutete Wild zerlegen und abhäuten konnten. Die Verwendung von Werkzeug war ein wichtiger Schritt vom Tier zum Menschen.

Der frühe Steinzeitmensch wurde vom *Homo erectus* abgelöst, dessen geistige und technische Fähigkeiten bereits weiterentwickelt waren. Damals, vor einer Million Jahren, lebten etwa 120 000 Menschen, vor 300 000 Jahren bereits eine Million, vor zweitausend Jahren 130 Millionen. Heute gibt es sechs Milliarden Menschen.

Sechzehn Menschen auf 48 m²

Der Alltag im Jahre 1747

Hans Gutenbrunn, Jahrgang 1703, ist 44 Jahre alt und Schneidermeister von Beruf. Seine Frau Marie ist neun Jahre jünger und hat acht Kinder zur Welt gebracht, von denen zwei im Säuglingsalter starben, ein neuntes ist unterwegs. Eltern und Kinder leben auf 48 Quadratmeter. Nicht genug damit, wohnen hier aber auch zwei Gesellen, drei Lehrbuben, zwei weibliche Bedienstete und eine ledige Schwester des Hausherrn. Wir befinden uns in Krems an der Donau. Und schreiben das Jahr 1747.
Ein Alltagshaushalt, wahllos herausgegriffen, und mit einem x-beliebigen Familiennamen versehen. Aber die Gutenbrunns hat es millionenfach gegeben. Sechzehn Menschen auf engstem Raum zusammengepfercht, das war vor 250 Jahren keine Seltenheit. Schauen wir uns ein wenig um in ihrem Haus. Es besteht aus einer Stube, dem einzigen beheizbaren Wohnraum; hier trifft sich die Familie zu den Mahlzeiten. Dann das Elternschlafzimmer sowie ein winziger Schlafraum, in dem die beiden weiblichen Bediensteten und alle sechs Kinder nächtigen. In einer naßkalten Dachkammer schlafen Gesellen und Lehrbuben. Ein Kabinett gehört der Schwester des Herrn Gutenbrunn.
Die Zeit, in der die Gutenbrunns leben, ist die Blüte der Barockkunst. Joseph Emanuel Fischer von Erlach hat Schloß Kleßheim, das Winterpalais des Prinzen Eugen, die

Böhmische Hofkanzlei und die Karlskirche geschaffen; Johann Lukas von Hildebrandt das Wiener Belvedere, die Peterskirche, das Palais Schwarzenberg und das Bundeskanzleramt.
Von all der Pracht erfahren die Gutenbrunns sehr wenig. Reisen im heutigen Sinn kannten die »kleinen Leute« nicht, also werden sie wohl nie bis nach Wien oder Salzburg gekommen sein.
Dabei laufen die Geschäfte des Schneiders gar nicht so schlecht. Die Nachbarn lassen bei ihm Wams und Hose anfertigen, Konkurrenz kennt er kaum, denn Kleiderhändler wie heute existierten nicht, alles wird nach Maß gefertigt.
Wenn auch in bescheidenen Mengen, denn im allgemeinen kam man mit je einem Wams für die Arbeit und einem für Sonn- und Feiertage aus. Ihren Anzug trugen Handwerker und Bürger zehn bis fünfzehn Jahre lang tagtäglich – bis er in Lumpen auseinanderfiel.
Das Geld, das Herr Gutenbrunn und seine Gesellen erhalten – es sind Gulden –, ist hart verdient. Man arbeitet in der den Wohnräumen angeschlossenen Werkstatt, solange es das natürliche Licht zuläßt. Im Winter von halb acht bis fünf, im Sommer von sechs Uhr früh bis sieben Uhr abends. Von einer 40-Stundenwoche konnte man nur träumen – es gab damals die 80-, 90-, 100-Stunden-Woche. Die Worte Freizeit und Urlaub waren unbekannt, man lebte fast nur für Beruf und Schlaf.
Anna, eine der beiden Frauen, die Marie Gutenbrunn im Haushalt helfen, ist 58, und sie wird wohl »bis zum Umfallen« arbeiten, im wahrsten Sinne des Wortes, denn es gibt weder Renten noch irgendeine andere soziale Absicherung. Da auch keine Krankenkassen existieren, können nur wohlhabende Bürger zum Doktor gehen. Doch auch

denen wird im Ernstfall kaum geholfen, da die Kunst der Medizin noch sehr beschränkt war.
Steffi, die zweite Haushaltshilfe, ist erst zwölf und schon seit ihrem neunten Lebensjahr berufstätig, Kinderarbeit war etwas ganz Normales. Die Bediensteten erhalten fast kein Geld, sie arbeiten für Kost und Quartier.
Marie Gutenbrunn wird die Geburt ihres neunten Kindes nicht überleben – jede vierte Frau starb im Wochenbett. Der Witwer wird ein halbes Jahr später wieder heiraten, weil er allein den Haushalt nicht führen kann.
Die hygienischen Umstände bei den Gutenbrunns sind aus heutiger Sicht katastrophal: Neben dem Wohnhaus befindet sich eine Sickergrube, in der die menschlichen Fäkalien landen. Der Gestank in den Straßen ist kaum erträglich, Plumpsklo und Waschschüssel gelten schon als Luxus. Die Jauche fließt ins Trinkwasser der nahen Schöpfbrunnen, tödliche Epidemien sind die Folge, zumal die Senkgruben nur alle fünfzehn bis zwanzig Jahre entleert werden.
»Körperpflege« im heutigen Sinn kennen die Mitglieder der Familie Gutenbrunn nicht – ohne deshalb gegen die »guten Sitten« ihrer Zeit zu verstoßen. Schmutzige Körperstellen werden bestenfalls mit Puder oder wohlriechenden Essenzen übergossen, die Menschen waschen sich ein bis zweimal im Jahr.
Der mangelnden Hygiene entsprechend, erreicht die Bevölkerung ein durchschnittliches Alter von nur 28 Jahren, wobei fast die Hälfte vor dem zehnten Lebensjahr stirbt. Und die Säuglingssterblichkeit ist dreißigmal höher als heute.

Beine auf den Bühnen
helfen Bühnen auf die Beine

Wie wild waren die zwanziger Jahre?

Die Welt taumelt im Jazzfieber. Charleston, Shimmy und Foxtrott sind die neuen Modetänze, die Extravagantes und Exotisches verkünden. Erstmals wird nicht nur mit den Beinen, sondern mit dem ganzen Körper getanzt. In New York, London, Berlin, aber auch in Wien schießen zahllose Revuetheater aus dem Boden, und jedes versucht das andere zu übertrumpfen. Geld spielt keine Rolle, 250 Mitwirkende, die im Tanzpalast Abend für Abend tausend Kostüme zur Schau stellen, sind keine Seltenheit.
Die Sucht nach Unterhaltung ist verständlich. Millionen Menschen haben nur den einen Wunsch: die schlimmsten Jahre ihres Lebens zu vergessen! Der Ruf »Nie wieder Krieg« ertönt nach 1918 lauter denn je, und das Verlangen, sich endlich ins Vergnügen stürzen zu können, ist stärker als alles andere. Das Wunder, dem Krieg entkommen zu sein, gipfelte in dem Satz: »Hoppla, wir leben!« Und das sollte gefeiert werden.
Die Voraussetzungen für das Erblühen der neuen Unterhaltungsindustrie waren günstig: Inflation und Rezession schienen überwunden, und Europa erlebte ab 1924 eine Periode ungeahnten wirtschaftlichen Aufschwungs.
Die *Roaring Twenties* – die lauten Zwanziger also – kamen aus den USA. Der technische Fortschritt schien im Land

der unbegrenzten Möglichkeiten tatsächlich grenzenlos zu sein. Das Automobil begann das Straßenbild der Städte zu beherrschen, man hörte Radio, kaufte Shellacks, ging ins Kino, wo man sich entweder a) in die Garbo verlieben oder b) über Charlie Chaplin kranklachen konnte. Jeder Amerikaner träumte davon, durch Spekulation »reich wie Rockefeller« zu werden, die Naturwissenschaften lieferten neue, epochale Entdeckungen. Man bewunderte Charles Lindbergh, der 1927 den Atlantik überquerte, entdeckte den Sport als Massenbewegung und fand unter den Athleten Idole wie den Schnelläufer Paavo Nurmi, den Schwimmer Johnny Weismuller sowie die Boxer Jack Dempsey und Max Schmeling.

Die in dieser Euphorie entstandenen Rhythmen erobern den europäischen Kontinent. Ein neues, junges Publikum ersetzt die infolge der Inflation vielfach verarmten »klassischen Theaterbesucher«, und dieses erwartet die Ablöse der etwas verstaubt wirkenden Silbernen Operette durch die Große Ausstattungsrevue. Sie bietet neue Rhythmen und Sensationen, Stars, Humor, Schmuck und prachtvolle Kleider, vor allem aber *Girls*, die »in einem teuren Hauch von Nichts« ihre nackte Haut zur Schau stellen. »Der Zweck ihres Erscheinens und Tuns ist es«, definiert Alfred Polgar die aufkommende *Girlkultur,* »Zuschauer erotisch anzuregen und diese hiedurch über das, was sonst noch auf der Bühne vorgeht, zu trösten ... Eine *girl-lose* Revue, eine vegetarische Revue also, hat gar keinen Nährwert. Warum eigentlich Frauen (als Besucherinnen) ins Revuetheater gehen, verstehe ich nicht recht. Kein Ensemble von halbnackten *Boys* bietet ihnen Anregung, wie uns die *Girls* sie bieten ...«

Egal welchen Geschlechts, die Zuschauer vergessen, wie wenig golden die zwanziger Jahre tatsächlich sind oder –

wie es ein Zeitzeuge formulierte: »Zwei, drei Stunden lang bekommt das Publikum vorgesagt: es gibt keine Not, es gibt keine Sorgen, es gibt keinen Daseinskampf. Alles ist spaßhaft, sonnig, heiter und frohgestimmt, das Leben ist eine Freude! Die Revue verleugnet den Alltag!«
Über Berlin – Europas damalige Unterhaltungsmetropole – gelangt das glänzende, uns die heile Welt vorgaukelnde Treiben nach Wien. Durch den Wegfall der bisher strengen Zensur kann man auch hier plötzlich Beine und nackte Brüste sehen, und so werden die Tiller-, Fischer- und Jackson-Girls und die Mädchen von der Haller-Revue bei uns das, was die Ziegfeld-Girls für die USA sind. Und alle Großen machen mit, in der Berliner Revueshow *Tausend süße Beinchen* ist kein Geringerer als Hans Albers der Stargast.
Für Wien entdeckt der Theaterdirektor und Operettenstar Hubert Marischka die *Girls*, und er wird damit zum König der Revue. Er besaß Theater an der Wien, Bürger- und Stadttheater, Apollo, Femina und Ronacher. *Die Wunder-Bar,* die erfolgreichste österreichische Revue, geht von Wien aus um die Welt, vor allem aber ein Lied daraus: *Wenn die Elisabeth nicht so schöne Beine hätt'*. Autor ist Karl Farkas, der die Gründung der neuen Revuetheater so definierte: »Man stellt Beine auf die Bühnen, um den Bühnen auf die Beine zu helfen.«
Viel Haut gibt es nicht nur am Theater zu bewundern, sondern auch bei der »Frau von nebenan«. Trägt sie doch zum ersten Mal in der Geschichte der Mode kurzes Kleid. Tja, und die neue Frisur heißt *Bubikopf* und wird durch Asta Nielsen – die ihn 1920 in ihrer aufsehenerregenden Rolle als *Hamlet* auf der Leinwand kreierte – populär. Die Männer sind anfangs empört über die »Vermännlichung« der Frauen, finden sich aber schließlich damit ab. Der Pagen-

schnitt war wohl erster Ausdruck einer neuen Weiblichkeit.
Neben all dem heiteren Unfug führten die zwanziger Jahre aber auch zu einer Blüte der Wissenschaften und der Künste. Der Physiker Albert Einstein und der Arzt Albert Schweitzer, die Maler Oskar Kokoschka, Otto Dix und George Grosz, die Regisseure Max Reinhardt, Ernst Lubitsch und Josef von Sternberg zählen ebenso zu den Großen der Zeit wie die Dichter Arthur Schnitzler, Erich Kästner, Franz Werfel, Hugo von Hofmannsthal, Carl Zuckmayer, Bert Brecht oder die Brüder Thomas und Heinrich Mann. In den Berliner und Wiener Literatencafés trifft man Kurt Tucholsky, Egon Erwin Kisch, Joachim Ringelnatz, Egon Friedell und Anton Kuh.
Doch die Pracht des Gebotenen täuscht. Während sich die Eintänzer und Gigolos in Berlin zwecks Geschäftsanbahnung Pomade ins Haar schmieren, gärt es im Untergrund: Das klein gewordene Österreich erweist sich als »Staat, den keiner wollte«, und auch die erste deutsche – die Weimarer – Republik, die den Aufbruch in ein neues, besseres Zeitalter verkündete, steht bald am Rande des Abgrunds. Rechte wie linke Gruppen versuchen Staat und Regierung zu destabilisieren, in München war schon 1923 ein nationalsozialistischer Putschversuch mißlungen, und im selben Jahr hatten auch die Kommunisten zur Revolution aufgerufen.
Die Welt nimmt das in den Zwanzigern noch kaum zur Kenntnis. Neue Lieblinge wie Maurice Chevalier überstrahlen alle politischen Gewitter, Joséphine Baker und die Mistinguette werden zu Wunschbildern des »kleinen Mannes«, der davon träumt, daß er gemeint sein könnte, wenn die Dietrich singt: *Kinder, heut abends da such' ich mir was aus, einen Mann, einen richtigen Mann.* Manch-

mal werden Träume sogar wahr, etwa wenn die kleine Tänzerin Lilian Harvey in der Revue *Alles per Radio*, uraufgeführt 1924 im Wiener Ronacher, in einer Statistenrolle entdeckt und zum höchstbezahlten *Ufa*-Star aller Zeiten gemanagt wird.

In den USA zeigt die *Prohibition* schlimme Folgen. Die Verbote treiben die Menschen – statt sie vom Alkohol loszureißen – in die Kriminalität, fördern Schmuggel und Bandentum. Am 24. Oktober 1929 schließlich stürzen infolge einer waghalsigen Spekulationswut an der Börse in der New Yorker Wall Street die Kurse ins Bodenlose, womit das Ende des bunten Treibens gekommen ist. Es dauert nicht lange, bis die Weltwirtschaftskrise auch Europa erfaßt.

Und damit erweist sich, daß der Glückstaumel im Takt des Charleston nur Illusion war. Die zwanziger Jahre gehen zu Ende, und mit dem neuen Jahrzehnt nimmt die Katastrophe ihren Lauf. Hitler kommt an die Macht, aus den wilden zwanziger Jahren wird eine Epoche, die in den Geschichtsbüchern Zwischenkriegszeit heißen wird.

Ein Revuegirl, das in die Jahre kommt

Der 100. Geburtstag eines vergessenen Stars

Die alte Dame hat die wilden zwanziger Jahre noch aus nächster Nähe erlebt. Mit sechzehn tanzte sie am Hof des Zaren, reiste als »Stimmungskanone« durch alle Teile der österreichisch-ungarischen Monarchie, war Schauspielerin und Operettensängerin. Auch wenn ihre große Zeit längst vorbei ist, bleibt sie ein Stück Theatergeschichte. Ich besuchte Friedl Weiss im August 1996, als sie ihren 100. Geburtstag feierte.
Und das in unglaublicher Frische. Hellwach, mit leuchtenden Augen und sehr viel Humor erzählte die betagte Künstlerin aus den Tagen, da sie neben allen Großen auf der Bühne stand – mit Hans Moser, Karl Farkas, Fritz Grünbaum, Ralph Benatzky, Raoul Aslan, Hermann Leopoldi, Fritz Imhoff.
Geboren am 8. August 1896 in Wien als Tochter eines Bierkutschers, mußte sie zunächst heimlich zum Ballett gehen, da ihr die Eltern das nie erlaubt hätten. »Als meine Mutter dahinterkam, mußte ich Wien verlassen. Erst als ich mit Selbstmord drohte, durfte ich zurück in meine geliebte Ballettschule«, lachte Friedl Weiss immer noch über soviel Frechheit.
1912 gelangte sie als Solotänzerin *Valmara* bis nach Rom, Mailand und St. Petersburg. Erhielt als erste Österreicherin das Angebot, in den weltberühmten Pariser *Folies-Bergères* aufzutreten, mußte aber im letzten Moment wegen

einer Operation absagen. Damit war auch die Ballettkarriere beendet, worauf sie Gesang studierte.

Ernst Stankovski, der große Wiener Schauspieler und Entertainer, ist der Neffe der Friedl Weiss – sie und seine Mutter waren Schwestern. »Die Tante Friedl«, sagt er, »war das, was Schnitzler das *Süße Mädel* nannte.« Millionäre hielten um die Hand der Schönen an, sie aber interessierte sich nur fürs Theater, verkehrte in den Wiener Künstlercafés *Dobner* und *Heinrichshof*, wo sie Legenden wie Anton Wildgans, Karl Kraus, Richard Tauber, Hubert Marischka, Emmerich Kálmán und Robert Stolz kennenlernte.

Friedl Weiss war nie verheiratet. Aber einmal verlobt. Der Verlobte war, wie manch anderer ihrer Verehrer, ein berühmter Mann: Fritz Löhner-Beda schrieb den Text zu Lehárs Operette *Das Land des Lächelns* und damit auch zu einem der größten Operettenschlager aller Zeiten: *Dein ist mein ganzes Herz.*

Von Fritz Löhner-Beda sind auch die Worte zu *Schön ist die Welt*, zu Lehárs *Freunde, das Leben ist lebenswert* und zu Paul Abrahams Operette *Viktoria und ihr Husar.* Kurz, Friedl Weiss' Verlobter war der erfolgreichste Lied- und Schlagertexter seiner Zeit.

»1922 trat ich jeden Abend in drei Wiener Kabaretts auf, im *Simpl*, in der *Hölle* und im *Varieté Reklame* auf der Praterstraße«, erzählt sie und holt ein altes Programmheft hervor. Kaum zu glauben, daß ganz oben in Balkenlettern »Friedl Weiss« steht. Und ganz klein, ziemlich weit unten: »Hans Moser«.

»Der Moser war damals schon 42 Jahre alt, aber noch völlig unbekannt. Einmal klopft er an meiner Garderobentür und sagt: ›Verzeihen Sie, ich bin ein armer, kleiner Schauspieler. Sie sind doch immer in Begleitung des Herrn Doktor Löhner-Beda. Vielleicht könnte er mir eine Soloszene schreiben, das wäre sehr wichtig für mich«.« Friedl Weiss vermittelt und Löhner-Beda schreibt »auf der Toilette vom Café *Dobner*«, wie sie lachend erzählt, die erste Soloszene für Moser: *Ich bin der Hausmeister vom Siebenerhaus*. Er feiert einen Sensationserfolg, ganz Wien wird auf den großen, bisher verkannten Komiker aufmerksam, Theaterdirektoren stürmen das Varieté *Reklame*. Unter ihnen Hermann Leopoldi, der ihn nun in sein Kabarett *L. W.* holt. Löhner-Beda schreibt für Moser mit *Der Patient* eine weitere Solonummer, mit der diesem der endgültige Durchbruch gelingt.

Viele Jahre später bestätigte er seiner Kollegin Friedl Weiss, welchen Anteil an seinem Erfolg ihr zusteht. In den fünfziger Jahren, auf dem Höhepunkt seiner Popularität, besuchte er sie in einer Vorstellung und stellte sie seiner Nichte mit den Worten vor: »Siehst, der Frau verdank' ich meine Karriere.«

Zurück in die Tage der Jugend, als Friedl Weiss, ohne es ahnen zu können, die Worte eines Welthits kreierte: »Eines Tages kommt der Löhner-Beda nach Haus, stöhnt ›Ich soll den deutschen Text zu einem amerikanischen Schlager schreiben. Irgendwas mit Bananen‹.«

»Ausgerechnet Bananen!« wundert sich Friedl Weiss.

»Das ist die Zeile«, erkennt der sofort und dichtet weiter:

> *Ausgerechnet Bananen,*
> *Bananen verlangt sie von mir.*
> *Nicht Erbsen, nicht Bohnen,*
> *Auch keine Melonen,*
> *Das ist ein Schikan von ihr …*

Fritz Löhner-Beda hat sie an dem Erfolg des Schlagers beteiligt, die Tantiemen erhielt sie auch noch, als die Verlobung mit ihm in die Brüche gegangen war.

Der berühmte Librettist wurde 1942 im KZ Auschwitz ermordet.
Aber auch die Glanzzeit der Friedl Weiss ging, wenn auch aus ganz anderen Gründen, in diesen Tagen jäh zu Ende. Sie ist mittlerweile am Kabarett so populär geworden, daß sie mit ihrem eigenen Lied *Jeder weiß, daß ich heiß, kurz und gut: Friedl Weiss* auftrat. Nun wird sie nach Berlin, ins Zentrum der Unterhaltungsindustrie, gerufen. Die Wienerin mit ihrer schlanken, drahtigen Figur wird Soubrette in der Operette und macht schnell Karriere. Als Hitler die Macht ergreift, singt sie während einer Festpremiere statt des obligaten Deutschlandliedes den Text der alten österreichischen Hymne *Gott erhalte unsern Kaiser!* Sie wird von der Gestapo angezeigt, flüchtet aus Berlin, muß nun durch die böhmische und österreichische Provinz »tingeln«.
Viele ihrer Erzählungen klingen ebenso unglaublich wie die Tatsache, daß diese temperamentvolle Frau einhundert Jahre alt ist. Der Neffe weiß das. »Ich habe alles, was die Tante sagt, geprüft«, erklärt Ernst Stankovski. »Ihre Karriere kann in den Theaterarchiven zurückverfolgt werden, alle Programme sind da, alles ist wahr.«
Zu ihrem 100. Geburtstag hat er ihr ein besonderes Geschenk gemacht, er faßte ihr Leben zu einer musikalischen Revue mit dem Titel *Hölle – 20er Jahre* zusammen. Mit den großen Schlagern dieser faszinierend-schrecklichen Epoche und mit sehr viel Zeitgeschichte. Im Mittelpunkt stehen Friedl Weiss, ihre Karriere und die Menschen, denen sie begegnete. »Man hört immer nur von den Berühmtheiten«, sagt Stankovski, »dabei ist die Geschichte einer Tänzerin und Soubrette, die alle Höhen und Tiefen ihres Berufs erfahren mußte, mindestens so interessant.«

Was Tante Friedl schnell noch mit einer kleinen Anekdote untermauert: »Den Robert Stolz kenne ich seit dem Jahre 1914. Eines Tages ließ er sich seinen für ihn typischen Spitzbart abrasieren, ohne den ihn viele seiner Freunde und Kollegen nicht erkannten. Ich komm' ins Café *Dobner,* sitzt dort ein Herr und fragt mich: ›Kennen Sie den Stolz?‹
Sag' ich: ›Ja, natürlich!‹
›Ist das nicht ein unsympathischer Kerl?‹
›Nein, das ist ein überaus feiner Mann!‹
Da lacht Stolz: ›Friedl, danke, du bist die erste, die nicht über mich schimpft.‹«

Zwischen Krakau und Bad Ischl

Der Kaiser im Hawelka

K. u. k. Krakau

Im Café Hawelka hängt ein Bild vom alten Kaiser, und der Ober serviert Apfelstrudel zur Melange. Ein anderes Lokal heißt Demel, und dessen Wände werden von einem Doppeladler geziert. Sie fragen, was das Besondere daran ist? Nun, weder Hawelka noch Demel befinden sich in Wien, sondern beide in Krakau, im Herzen des ehemaligen k. u. k. Kronlandes Galizien. Ein Besuch in der alten polnischen Metropole, in der man voll Stolz auf die österreichisch-ungarischen Wurzeln zurückblickt.
»Meine Großeltern«, sagt Robert Maklowicz, »haben immer von der Habsburger-Monarchie geschwärmt.« An den Wänden seiner Wohnung hängen fast so viele Bilder von der kaiserlichen Familie wie von der eigenen, und in einem Kasten sind vergilbte Fotos und Papiere verstaut, die seinen Urgroßvater als Hauptmann der k. u. k. Armee erkennen lassen. »Es hat für Polen weder vorher noch nachher eine bessere Zeit gegeben«, sagt er.
Die Nostalgie in Krakau hat einen Grund. »Nach dem Ende der kommunistischen Herrschaft mußten wir erkennen, daß auch der neue Staat nicht das ist, was wir uns erträumt haben. Die Sehnsucht nach dem alten Österreich gibt es hier schon lange, aber bis 1989 durfte man nicht darüber sprechen. Jetzt geht das.«
Da die meisten Gebäude der Stadt an der Weichsel – ganz im Gegensatz zu Warschau – den Zweiten Weltkrieg heil

überstanden haben, ist auch die »Ringstraßen-Atmosphäre« erhalten geblieben. In den Antiquitätengeschäften werden k. u. k Uniformen angeboten, auf manchem *Polski Fiat* findet sich der Doppeladler, und eine Mineralwasserfirma wirbt auf ihren Etiketten mit einem Porträt des alten Kaisers.
Stanislaw Grodziski, Professor am Institut für Geschichte der Universität Krakau, erklärt den Hang zum Gestern: »Das Land war lange Zeit dreigeteilt, doch während es in den preußisch und russisch besetzten Gebieten Polens politische Verfolgungen gab, wurde der österreichische Teil zuletzt liberal regiert und das Polnische als Amtssprache akzeptiert. Die Annäherung ging so weit, daß man hier Ende des 19. Jahrhunderts hoffte, Österreich-Ungarn-Polen könnte ein gleichberechtigter Staatenbund werden.«
Dabei waren die Österreicher keineswegs als Freunde gekommen. Zur Zeit Maria Theresias hatten Rußland, Deutschland und Österreich das Königreich Polen untereinander aufgeteilt und damit brutal von der Landkarte gelöscht. Es gab blutige Aufstände, aber unter Franz Joseph besserten sich die Bedingungen im österreichischen Teil zusehends. Und das haben die Polen dem Kaiser nicht vergessen. »Die Armut war weiterhin groß«, sagt Leszek Mazan, in Krakau lebender Kaiser-Franz-Joseph-Biograf, »aber man hatte zu essen und wußte die politische Stabilität zu schätzen.«
Dem Kaiser wird in der 800 000 Einwohner zählenden Stadt ein liebevolles Andenken bewahrt. Dreimal war er in Krakau, wobei sich der sonst als eher trocken beschriebene »erste Beamte« seines Reichs hier sogar launig zeigte: Als er 1851 auf dem glatten Steinboden der Universität Krakau ausrutschte, halfen ihm Professoren auf die Beine.

Kaum spürte der Kaiser wieder festen Boden unter den Füßen, sagte er: »Meine nächste Audienz gebe ich in einem Raum mit Holzfußboden, damit ich mir keinen Hexenschuß hole.«

Gerne erzählt man Anekdotisches vom Kaiser, aber die monarchistische Bewegung nimmt in Krakau kaum jemand ernst. Am allerwenigsten Otto von Habsburg, dem die kleine Splitterpartei den polnischen »Thron« anbot. Er lehnte dankend ab. »Kein Mensch erwartet hier ernsthaft, daß es je wieder einen Kaiser gibt«, sagt Robert Maklowicz, von Beruf Gourmetkritiker, »aber man soll die Erinnerung an Polens österreichisch-ungarische Zeit hochhalten. War sie doch die einzig gute, die das Land erlebt hat.«

Von Franz Josephs zweitem Besuch in Krakau, 1880, blieb ebenfalls eine Episode erhalten. Der Kaiser schüttelte eines Abends, um alleine durch die Altstadt spazieren zu können, seine Begleiter ab, begegnete aber bei den berühmten Tuchhallen auf dem Ringplatz Mikolaj Zyblikiewicz, dem damaligen Bürgermeister von Krakau. Entsetzt stellte das Stadtoberhaupt fest, daß der Kaiser trotz klirrender Kälte keinen Mantel trug. Er näherte sich Franz Joseph und legte ihm seinen eigenen um die Schulter, doch der Kaiser machte eine abwehrende Handbewegung und wies das Angebot zurück.

»Majestät«, entgegnete der Bürgermeister streng, »hier bin ich der Herrscher!« Und der Kaiser ging im Mantel nach Hause.

Der kleine Vorfall hat dem Bürgermeister nicht geschadet. Zyblikiewicz wurde später vom Kaiser als Minister für Galizienfragen nach Wien berufen.

Nur einer sollte es nach Kaiser Franz Joseph noch schaffen, die Herzen der Krakauer im Sturm zu erobern: Karol

Wojtyla, von 1964 bis 1978 Erzbischof von Krakau und danach Oberhaupt der katholischen Kirche in Rom. Auch der Papst hat österreichische Wurzeln, diente doch sein Vater noch in der k. u. k. Armee.

Das frühere Denkmal für den Kaiser gibt es längst nicht mehr, und die einstigen Franz-Joseph-Straßen, -Plätze und -Brücken wurden von Nazis und Kommunisten umbenannt.

Ein Monument für Papst Johannes Paul II. befindet sich jedoch im Hof des Erzbischöflichen Palais von Krakau.

Tirol liegt in Brasilien

Als Österreich die Welt benannte

Daß das inmitten der Arktis gelegene *Franz-Josef-Land* nach unserem alten Kaiser und der *Rudolfsee* in Kenia nach dessen Sohn benannt wurden, mag bekannt sein. Vielleicht auch noch, daß es in den USA etliche Ortschaften namens *Vienna* gibt. Aber kaum jemand weiß, daß es ein Österreicher war, der den Namen Amerika »erfunden« hat. Und: Daß auch der Dollar österreichischen Ursprungs ist – der Ausdruck ist unserem Taler nachempfunden. Auf allen fünf Kontinenten und in vielen Ländern dieser Erde hat Österreich seine Spuren hinterlassen.

Und so haben wir bei der Bezeichnung Amerika »mitgemischt«: Der Mann, der der Neuen Welt diesen Namen gab, hieß Martin Waldseemüller und stammte aus Freiburg im damals österreichischen Breisgau. Er war Kartograph und hatte im Jahre 1507 auf seiner neuen Weltkarte zum ersten Mal das Wort *America* eingezeichnet. Dieses wiederum entnahm er dem Vornamen eines weiteren »Österreichers«: der in der zum Heiligen Römischen Reich gehörenden Toskana geborene Seefahrer Amerigo Vespucci hatte erkannt, daß Columbus nicht in Indien, sondern auf einem bisher unbekannten Kontinent gelandet war.

Als Waldseemüller später zu der Einsicht gelangte, daß Amerigo Vespuccis Verdienste zwar groß, aber doch nicht so überragend waren, um gleich einen ganzen Kontinent nach ihm zu benennen, wollte er den Erdteil wieder »umtaufen« – immerhin kamen Columbus zweifellos größere Verdienste als Amerigo Vespucci zu. Waldseemüllers Gönner und Freund, Kaiser Maximilian I., bestand aber auf Beibehaltung des ihm genehmen Ausdrucks Amerika.

Verweilen wir noch kurz auf diesem Kontinent. In den USA wurden vierzehn Orte namens *Vienna* nach der österreichichen Hauptstadt benannt, sie liegen in den Bundesstaaten South Dakota und Maryland, West Virginia, Ontario, Georgia, New York und Louisiana. Viele Bewohner dieser Orte haben freilich keine Ahnung davon, daß es in Europa noch ein Vienna gibt.

In *Tirol* und *Dreizehnlinden*, beide in Brasilien gelegen, weiß man schon eher über die Herkunft dieser, für südamerikanische Begriffe wohl recht »exotischen« Namen Bescheid, waren die Siedlungen doch vor etwa hundertfünfzig Jahren als österreichische Kolonien gegründet worden.

Apropos. Aus Tirol kommt auch der Ausdruck Dollar. Die mächtigste Währung der Welt verdankt ihren Namen der ersten, 1486 in Hall in Tirol geprägten Talermünze.

Das *Haus Österreich* beherrschte im 16. Jahrhundert rund ein Drittel der Erde. Im Reich Kaiser Karls V. ging die Sonne nicht unter, und unter Philipp II. zählte neben Spanien auch Portugal mit seinen Kolonien in Südamerika, Afrika und Asien zum Habsburgerreich, *Austria* hatte damals Weltgeltung.

So etwa nannte Columbus, als er am 12. Oktober 1492 zum ersten Mal amerikanischen Boden betrat, die eben entdeckte Insel *Juana* (das heutige Kuba) nach Johanna der Wahnsinnigen – der spanischen Erbin des Habsburgerthrons. Die Philippinen erinnern an König Philipp II. und die Venezuela vorgelagerte Insel Marguarita an die Erzherzogin Margarethe.

Selbst im oft mit *Austria* verwechselten Australien findet sich ein deutlicher Zusammenhang mit der österreichischen Geschichte: als der Seefahrer Pedro Quiros 1606 den fünften Kontinent entdeckt zu haben glaubte, war er für das Haus Habsburg unterwegs, und er nannte das Land daher seinem Auftraggeber zu Ehren *Austria alia* – das andere Österreich. Die »Entdeckung« sollte sich freilich als fataler Irrtum erweisen: Quiros war in Wirklichkeit auf der Inselgruppe der Neuen Hebriden gelandet. Deren größte Hafenstadt heute noch das *Austrialia* in ihrem Namen trägt.

Hatten die Großmächte jahrhundertelang die Namen ihrer Herrscher und Kriegshelden als Folge blutiger Eroberungszüge hinterlassen, so waren es ab der Zeit Maria Theresias eher Wissenschafter, die für die – nun friedliche – Verbreitung österreichischer Namen in aller Welt sorgten. Zu den bekanntesten Forschungsreisenden zählen die Nordpolfahrer Julius Payer und Carl Weyprecht, die 1873, östlich von Spitzbergen, eine Inselgruppe entdeckten, der sie den Namen ihres Kaisers gaben. Sie ist heute noch als *Franz-Josef-Land* in jedem Schulatlas zu finden.

Zahlreiche Bezeichnungen in der Tier- und Pflanzenwelt sind österreichischen Forschern und deren Auftraggebern gewidmet. Die *Kamelie* wurde nach dem Missionar Georg Josef Kamel, die *Fuchsie* nach dem Botaniker Leonard Fuchs benannt. In Neuseeland erinnert der *Mount Hochstetter* an den Geologen Ferdinand von Hochstetter und die dort ebenfalls beheimatete Brückenechse *(Sphenodon Punctatus Reischeki)* an den Wiener Zoologen Andreas

Reischek (dessen gleichnamiger Sohn als Radiopionier Geschichte schrieb). Ja, und die Palme *Leopoldina pulchra* wurde nach Erzherzogin Leopoldine, der Tochter Kaiser Franz I. und späteren Kaiserin von Brasilien, benannt.
Österreichische Namen finden sich sogar außerhalb unseres Planeten. Mehr als 200 Himmelskörper wurden von österreichischen Astronomen entdeckt. Einer heißt *Austria*, und ein Mondkrater wurde von der NASA *Hörbiger* genannt; er erinnert an den Forscher Hanns Hörbiger – den Vater der Schauspieler Attila und Paul Hörbiger –, der mit den Grundlagen seiner wissenschaftlich umstrittenen *Welteislehre* etliches zur Erforschung des Planetensystems beigetragen hat.
Wohin einen das Reisefieber auch treibt – als Österreicher kann man sich fast überall »zu Hause« fühlen.
Sogar auf dem Mond.

Mit dem Hofratszug in die Sommerfrische

Die Dichter von Reichenau an der Rax

> »Jedenfalls war es hier in Reichenau, zu Füßen des Schneebergs und der Rax, wo zum erstenmal eine erhabenere Bergnatur sich vor mir öffnete und wo das Geheimnis der Höhen und Fernen an meine Seele griff.«
> ARTHUR SCHNITZLER

Nestroy und Raimund fanden hier ebenso Erholung wie Adalbert Stifter, Peter Altenberg, Franz Lehár, Gustav Mahler, Franz Werfel und Sigmund Freud. Arthur Schnitzler verliebte sich in eine Hoteliersgattin, Robert Musil schrieb an seinem *Mann ohne Eigenschaften*, Heimito von Doderer und Karl Farkas besaßen Villen, und Otto von Habsburg kam in Reichenau – genauer: auf Schloß Wartholz, der Sommerresidenz Kaiser Karls – zur Welt.

Wie auch in Ischl hatte der Aufstieg des Ortes mit dem Einzug der kaiserlichen Familie begonnen: Nachdem bereits Franz Joseph, Elisabeth und Kronprinz Rudolf das eine oder andere Mal zur Erholung gekommen waren, errichtete der Ringstraßenarchitekt Heinrich von Ferstl 1870 für Erzherzog Karl Ludwig – einen Bruder des Kaisers – die Villa Wartholz. Pikanterie am Rande: Kaum war das Habsburgerdomizil fertig, ließ Nathaniel Baron Rothschild, Österreichs reichster Bankier, in Reichenau ein

Schloß bauen, das mit zweihundert Zimmern nicht nur wesentlich größer war als das der kaiserlichen Familie, sondern auch den besseren Ausblick bot. Eine Brüskierung, die das scherzhafte Gerücht zur Folge hatte, der Erzherzog habe »die Abtragung der Rax angeordnet, um seine Aussicht zu verbessern«.

Die Wiener jedenfalls entdeckten Reichenau und seine prachtvolle Umgebung dank der kaiserlich-königlichen Bewohner zur Mitte des vorigen Jahrhunderts. Adelige, Ärzte, Advokaten, Künstler, Kaufleute und Beamte bauten Villen oder logierten in Hotel- und Privatzimmern. Am Beginn des 20. Jahrhunderts wurden in 152 von insgesamt 169 Reichenauer Häusern Sommerwohnungen vermietet, obwohl man aus Wien damals noch eine drei- bis vierstündige Bahnreise in Kauf nehmen mußte. Während Ehefrauen samt Kindern und Dienstboten von Juni bis September blieben, kamen die Herren meist nur übers Wochenende, weshalb der Montag-Morgen-Zug vom nahen Bahnhof Payerbach nach Wien »Hofratszug« genannt wurde.

Zu den Nutznießern des Touristenbooms zählte Carl Waissnix, der Besitzer des Hotels *Thalhof* in Reichenau. Der Gastwirt hatte eine sechzehnjährige Wienerin geheiratet, die bereits mit 22 dreifache Mutter war. Doch Olga fand in der Ehe keine Erfüllung. Ihr Mann wurde von derartiger Eifersucht geplagt, daß er den Hotelgast Peter Altenberg mit Hausverbot belegte und zu erschießen drohte, nur weil dieser seiner Frau die Hand geküßt und ihr dabei etwas zu tief in die Augen geschaut hatte. Gefahr freilich drohte von anderer Seite, Olga verliebte sich in Arthur Schnitzler, einen weiteren prominenten Sommergast.

Zweihundert Briefe der schönen Hoteliersfrau zeugen von einer Romanze, die sich in wilden Küssen, Spaziergängen und Liebesbeteuerungen (»Sagen Sie mir noch einmal, daß Sie mich lieben, ich kann es tausendmal hören, wenn Sie wüßten, wie ich Sie anbete«) erschöpfte. Jedenfalls folgte der Affäre – die aus Treue zu ihrem Mann angeblich keine wirkliche war – ein Selbstmordversuch von Olga. Schnitzler schreibt, sie sei für ihn »das Abenteuer meines Lebens« gewesen.

Auch sonst weht durch Reichenau eine historische Brise. Im Sanatorium von Edlach starb am 3. Juli 1904 Theodor Herzl, der Vater des Staates Israel, im Alter von 44 Jahren. Am 28. Juni 1914 erfuhr Erzherzog Karl im Park der Villa Wartholz von der Ermordung Franz Ferdinands in Sarajewo und damit von seinem Aufstieg zum Thronfolger. Während seiner Regentschaft verlegte Kaiser Karl dann für längere Zeit das Regierungszentrum der Monarchie nach Reichenau.

Im Theater von Reichenau wurden – und werden – vor allem die Werke der einstigen Kurgäste aufgeführt, wobei man aus dem vollen schöpfen kann, gibt es doch kaum einen großen österreichischen Dichter, der nicht irgendwann zur Sommerfrische hier war.

Auch Karl Farkas hat die meisten seiner Kabarettrevuen von 1928 bis zu seinem Tod 1971 in Reichenau geschrieben. Klar, daß hier auch jener Schüttelreim entstand, den er einem in der benachbarten Ortschaft Prein ansässigen Mediziner gewidmet hatte:

Man verdient, wenn man Arzt in Prein an der Rax ist,
Zehntausend Schilling, rein an der Praxis.

»Es komponiert sich so leicht bei Regenwetter«

Von Ischler Salzprinzen und Operettenkönigen

Es sind a) der Kaiser und b) das Salz, denen Bad Ischl Ruhm und Reichtum zu danken hat. Monarch und Würze sind auch untrennbar miteinander verbunden, nahm man doch im vorigen Jahrhundert an, daß es ohne *Ischler Salz* gar keinen Kaiser gegeben hätte. Und das kam so: die Ehe von Franz Josephs Eltern Sophie und Franz Karl war sechs Jahre kinderlos geblieben, womit das Haus Habsburg über keinen geeigneten Thronfolger verfügte und auszusterben drohte. In ihrer Verzweiflung wandte sich Erzherzogin Sophie an den Wiener Arzt Dr. Franz Wirer, der 1823 die heilkräftige Wirkung des *Ischler Salzes* entdeckt hatte. Wirer hoffte nun, daß das Salz auch bei Nachwuchssorgen Wunder wirken könne, und schickte das Ehepaar zur »Solekur« nach Ischl.
Und siehe da, schon im darauffolgenden Sommer, genau am 18. August 1830, wurde der Erzherzogin und dem Erzherzog ein Sohn geboren: der spätere Kaiser Franz Joseph. Die überglücklichen Eltern kurten von nun an jedes Jahr in Bad Ischl – worauf die Erzherzogin Sophie vier weitere Kinder in die Welt setzte. Die Söhne wurden infolge der wundertätigen Wirkung des Salzes »Salzprinzen« genannt. Und Ischl war über Nacht weltberühmt.
Franz Joseph, der prominenteste »Salzprinz«, hielt Bad Ischl bis ins hohe Alter die Treue – er hat nur drei der 86

Sommer seines Lebens nicht in dem mondänen Kurort im Herzen des Salzkammerguts verbracht. Womit Ischl in den Monaten Juli/August zur heimlichen Metropole der Monarchie avancierte. Wer Rang und Namen hatte, kam hierher.

Waren es vorerst Adelige und Geschäftsleute, die sich Vorteile davon erhofften, im Umfeld der Majestät gesehen zu werden, so wurde das Städtchen bald zum Mekka der Künstler. Die Dichter Adalbert Stifter und Nikolaus Lenau kamen zur Sommerfrische, Johann Strauß hatte eine Villa, Johann Nestroy, Alexander Girardi und Katharina Schratt traten im Ischler Kurtheater auf. Nach dem Zusammenbruch der Monarchie blieb Ischl mit seinen Sommergästen Franz Lehár, Emmerich Kálmán, Robert Stolz und Oscar Straus die Hauptstadt der Operette. Was einmal mehr Karl Farkas zu einem Reim inspirierte:

> *In Ischl*
> *Steht ein Klavier in jedem Gebüschl.*

Sogar dem sonst wenig beliebten Schnürlregen konnte man positive Seiten abgewinnen: »Mein Aufenthalt in Ischl ist ganz nach meinem Wunsch«, meinte Johann Strauß, der Walzerkönig, »es komponiert sich so leicht bei Regenwetter.« Und der Tenor Richard Tauber: »An einem Regentag im Salzkammergut erhol' ich mich besser als bei zwei Wochen Sonne an der Riviera.«

Für Ischl – vor mehr als tausend Jahren als *Iscula* gegründet – begann die wirtschaftliche Blüte mit der Entdeckung des Salzlagers im 16. Jahrhundert. War das »weiße Gold« lange die einzige Grundlage des Wohlstands, so setzte mit Hilfe der weltweiten Publicity um den kaiserlichen Dauergast Franz Joseph der große Tourismus ein. Zum Vergleich: Als Dr. Wirer 1823 die ersten Solebäder einließ, kamen vierzig Kurgäste, heutzutage hat Ischl eine halbe Million Nächtigungen im Jahr.

Monarchen aus allen Ländern kamen einst nach Ischl, um den Kaiser zu treffen, und hier wurde auch Geschichte geschrieben. In Bad Ischl wurde das Konkordat mit dem Vatikan geschlossen. Und am 28. Juli 1914 gab Franz Joseph eine der folgenschwersten Unterschriften aller Zeiten: In der Kaiservilla entstand das Ultimatum an Serbien, das den Ersten Weltkrieg einläutete.

Kleine und grosse Weltgeschichte

Dichter und Tierfreund

Ignaz Castelli

Seine Lustspiele werden nicht mehr aufgeführt, seine Bücher nicht gelesen, seine Operntexte nicht gesungen. Die Gedanken und Gefühle aber, die er den wehrlosen Geschöpfen entgegenbrachte, leben weiter: Ignaz Franz Castelli, neben Nestroy und Raimund der bekannteste Volksdichter des Biedermeier, hat im Jahre 1846 den Wiener Tierschutzverein gegründet.
Hetzjagden auf Stiere, Bären und Löwen standen damals zum Gaudium des Publikums auf der Tagesordnung. Pferde, aber auch Hunde mußten viel zu schwere Lasten schleppen. Tiertransporte wurden mit unvorstellbarer Brutalität durchgeführt – kurz: ein Verein zum Schutz mißbrauchter Lebewesen war dringend notwendig.
Also bat Dr. Ignaz Castelli in einem Zeitungsaufruf alle Mitbürger, »denen die oft grausame Behandlung der Tiere ebenso nahegeht wie mir, sich wegen Gründung eines wohltätigen Vereins mit mir in Verbindung zu setzen«. 2500 Personen meldeten sich, und am 10. März 1846 wurde der *Niederösterreichische Verein gegen Mißhandlung der Tiere in Wien* ins Leben gerufen.
Mehr als einundhalb Jahrhunderte sind seither vergangen, aber Castellis Rede bei der Gründungsversammlung ist erschreckend aktuell geblieben. Protestierte er doch vehement »gegen den Transport der Kälber auf Wagen in gefesseltem Zustande«.

Wie schwer die Tierschützer es von Anfang an hatten, zeigt Castellis erste Aktion: Als sein Verein im Mai 1847 einen Karren anfertigen läßt, in dem Rinder »ungefesselt und der Breite nach stehend transportiert werden können«, findet sich kein einziger Viehhändler, der die Beförderung der Vierbeiner auf diese Weise durchführen will. Und das, obwohl der Tierschutzverein bereit ist, pro Wagen fünfzig Gulden zu zahlen – und der Umbau nur zehn Gulden kostet!
Ignaz Castelli gibt nicht auf. Zwar steht Tierquälerei auch damals schon unter Strafe, doch da die Täter fast nie verfolgt werden, wendet sich der neu gegründete Verein an Kaiser Ferdinand I., der die k. k. Polizeidirektion am 8. November 1847 anweist, »jede öffentlich begangene Tierquälerei zu bestrafen«. Nun kämpfen Castelli und seine tapferen Mitstreiter für die Abschaffung der damals so populären Tierhetze, gegen viel zu enge Käfige in den Zoos, gegen das Blenden der Vögel, gegen gequälte Hunde, die als Zugtiere eingesetzt werden, und immer wieder gegen den grausamen Transport von Kälbern und Lämmern.
1781 in Wien geboren, war Castelli nach absolviertem Philosophiestudium niederösterreichischer Landesbeamter und freier Schriftsteller. Er führte ein bewegtes Leben, mußte 1805, als Napoleons Truppen Wien besetzten, nach Ungarn flüchten, da seine *Wehrmannlieder* gegen die Franzosen gerichtet waren. Als Autor des Volks-, des Kärntnertor- und des Burgtheaters hinterließ er rund zweihundert sehr wienerische Komödien, die Goethe immerhin veranlaßten, Castelli »einen großen Dichter« zu nennen.
Trotz seiner literarischen Erfolge widmet er, je älter er wird, dem Tierschutz immer mehr Zeit. Castelli bekämpft

Goethe nannte ihn einen großen Dichter. Doch während sein literarisches Werk in Vergessenheit geriet, lebt sein Tierschutzgedanke weiter: Ignaz Castelli (1781 bis 1862).

aus heutiger Sicht unvorstellbaren Mißbrauch: 1852 protestiert der Verein gegen die Absicht des Luftschiffers Corwell, »zur Belustigung eines zahlungskräftigen Publikums in Wien aus einem Ballon in tausend Meter Höhe ein eingeschnürtes Pferd mit einem Fallschirm abspringen zu lassen«. Worauf das Spektakel polizeilich verboten wird. Castelli erwirkt schärfere Strafen für Tierquäler und legt den Entwurf für ein neues Tierschutzgesetz vor.
Für Lucie Loubé, seine Nachfolgerin als Präsidentin des Tierschutzvereins, war Castelli ein »Visionär, dessen Träume in Erfüllung gingen: Seit er den Wiener Tierschutzverein gründete, konnten von diesem rund eine Million Tiere gerettet werden. Castelli war der erste, der das so wichtige Tiertransportgesetz, das wir 1990 erhielten, gefordert hat«. Der Tierschutzverein will sich in Zukunft verstärkt darum bemühen, daß die Komödien seines Gründers neu entdeckt und wieder aufgeführt werden.
Eines seiner Werke wäre um ein Haar vor dem Vergessenwerden gerettet worden. Hatte Castelli doch 1823 das

Libretto *Die Verschworenen* verfaßt, zu dem Franz Schubert die Musik schrieb. Das Stück freilich fiel – wie so viele damals – der strengen Zensur zum Opfer.
Oberster Chef der Zensurbehörde war Wiens gefürchteter Polizeipräsident Josef Graf Sedlnitzky, dem der bekannt humorvolle Castelli einen argen Streich spielte, als er nämlich seine beiden Hunde *Sedl* und *Nitzky* nannte. Immer wenn sie beim Spaziergang einem Polizeiorgan begegneten, rief er ihnen laut vernehmbar *Sedl-Nitzky* nach.
Von den Wienern gern als »kleinbürgerlicher Casanova« bezeichnet, soll die Zahl der Liebschaften des ewigen Junggesellen Ignaz Castelli tatsächlich beachtlich gewesen sein, doch seiner Freundin Friederike Mayer war er über viele Jahre in Treue ergeben.
Kurz vor seinem Tod im Jahre 1862 zeigte der Achtzigjährige in seinen Memoiren auf, was der Schutz der Vierbeiner ihm bedeutete: »Ich habe in hohem Alter einen Verein gegen Mißhandlung der Tiere gegründet, und dies eine erfreut mich mehr als alles das, was ich in meinem ganzen Leben zusammengebracht habe.«

»Die Welt steht auf kan' Fall mehr lang«

oder Der Komet kommt!

Irgendwie ist das Couplet aus *Lumpazivagabundus*, demzufolge »die Welt auf kein' Fall mehr lang« steht, gültig geblieben. Nicht nur zu Nestroys Zeiten rechnete man damit, daß demnächst »der Komet« kommt und am bevorstehenden Weltuntergang schuld sei. Während der liebenswerte Schustergeselle Knieriem seine Todesfurcht aber in einen veritablen Rausch ersäuft, gab und gibt es in unserem Jahrhundert immer wieder Fälle verunsicherter Menschen, die aus Angst vor einem Kometen in Panik verfallen. Einer der spektakulärsten Fälle war der Massenselbstmord von 39 Mitgliedern einer Sekte in den USA, die den im Frühjahr 1997 sichtbar gewesenen Kometen *Hale-Bopp* dermaßen fürchteten, daß sie gemeinsam in den Tod gingen.

Die durchaus ernste Frage, ob die Welt ihrem Untergang entgegensieht, stellt sich die Menschheit freilich seit Jahrtausenden schon, wobei »der Komet« immer eine besondere Rolle spielte. Kein Wunder, gibt es doch – man glaubt es kaum – sage und schreibe 100 Milliarden Kometen! Die meisten schwirren an der Grenze unseres Sonnensystems, in einer Entfernung von fünftausend Milliarden Kilometern herum, einige wenige verirren sich aber in beunruhigend nahe Gefilde unserer Erde. Die sind's dann auch, die die Menschen in Angst und Schrecken versetzen.
Der englische Astronom Edmond Halley war es, der 1682

erkannte, daß ein von ihm gesichteter Himmelskörper derselbe war, den Johannes Kepler 76 Jahre zuvor beobachtet hatte. Seither weiß man, daß Kometen – wie auch der Planet Erde – die Sonne umkreisen, und daß sie meist wiederkehren. Als man den dann nach Edmond Halley benannten *Halleyschen Kometen* im Mai 1910 neuerlich erwartete, prophezeiten nicht nur Wahrsager, sondern sogar der Direktor der Pariser Sternwarte den »Untergang der Welt«. In Österreich brach die hierorts beliebte *Verkauft's-mei-G'wand-i fahr'-in-Himmel*-Stimmung aus, und Spekulanten boten Veranstaltungen an, »bei denen Sie bis zum Weltuntergang Ihr gesamtes Vermögen verprassen können«. Andere verkauften »Kometenpillen«, die vor dem Tod durch Blausäure schützen sollten, die im Kometenschweif enthalten ist. Als Wien dann am 11. Mai 1910 – zufällig und ohne Zusammenhang mit dem Kometen – von einem kleinen Erdbeben erschüttert wurde, verließen viele Bewohner fluchtartig die Stadt. Um am Abend, als die Welt überraschenderweise immer noch »stand«, heimzukehren. Das Überleben wurde beim Heurigen gefeiert.

Schon im Altertum mußten Schweifsterne als Fingerzeig Gottes, als Teufelswerk oder als Boten künftiger Kriege und Naturkatastrophen herhalten, und der griechische Philosoph Aristoteles schrieb ihrem Auftauchen heiße Winde, Trockenheit, Mißernten und Hungersnöte zu. Selbst als der Komet *Halley* 1986 zum vorerst letzten Mal auftauchte, machte man ihn für Tschernobyl und für AIDS verantwortlich.

Dabei vermitteln Kometen auch ganz wichtige positive Assoziationen, verkündet doch der Weihnachtsstern die Geburt des Heilands und die Macht des Christentums.

Mit einer Geschwindigkeit von rund 200 000 Stundenki-

»*Kometen schau'n*« *war immer ein beliebter Volkssport. Auch 1682, als Edmond Halley diesen Schweifstern entdeckte.*

lometern jagen die Kometen seit viereinhalb Milliarden Jahren durchs All, womit sie ebenso alt sind wie unsere Erde und das gesamte Sonnensystem.
Äußerlich ähneln sie schmutzigen Schneebällen, ihr Kern besteht aus Metallen, Stein und Staubpartikeln sowie aus gefrorenen Gasen.
Auch als Nestroy das *Kometenlied* schrieb, herrschte gerade Angst vor einem drohenden Weltuntergang. Hatte doch der k. k. Hauptmann Wilhelm Biela einen Kometen entdeckt, der 1832 in der Monarchie für Aufregung sorgte. Nestroy dürfte die Panik um den *Bielaschen Kometen* literarisch verwertet haben, vermuten Astronomen heute. Ehe der Hobbyastronom Knieriem zum *Kometenlied* anhebt, philosophiert er zum Gaudium des Publikums auf offener Bühne:
»Ich hab' die Sach' schon lang heraus. Das Astralfeuer des

Sonnenzirkels ist in der goldenen Zahl des Urions von dem Sternbild des Planetensystems in das Universum der Parallaxe, mittelst des Fixstern-Quadranten, in die Ellipse der Ekliptik geraten; folglich muß durch die Diagonale der Approximation der perpendikulären Zirkel der nächste Komet die Welt zusammenstoßen. Diese Berechnung ist so klar wie Schuhwix. Freilich hat nicht jeder die Wissenschaft so im kleinen Finger als wie ich; aber auch der minder Gebildete kann alle Tag' Sachen genug bemerken, welche deutlich beweisen, daß die Welt nicht lang mehr steht. Kurzum, oben und unten sieht man, es geht rein auf'n Untergang los«. Worauf Adolph Müllers Musik einsetzt und der Schuster das wohl populärste Nestroy-Couplet singt:

> *Es ist kein' Ordnung mehr jetzt in die Stern,*
> *d'Kometen mußten sonst verboten wer'n.*
> *Ein Komet reist ohne Unterlaß,*
> *Am Firmament und hat kan Paß.*
> *Und jetzt richt' so a Vagabund,*
> *Uns die Welt bei Butz und Stingel z'Grund …*
> *Da wird einem halt angst und bang.*
> *Die Welt steht auf kein' Fall mehr lang …*

Im Gegensatz zu Nestroys satirischer Sicht ging die Erde Jahrzehnte danach tatsächlich nur knapp an einer Katastrophe vorbei. Denn am 30. Juni 1908 explodierte über der sibirischen Taiga der vierzigtausend Tonnen schwere Asteroid *Tunguska*. Wäre er statt dessen auf eine Großstadt gestürzt, hätte es Millionen Tote gegeben – seine Zerstörungskraft war tausendmal größer als die der Atombombe von Hiroshima.

Karl Kraus bot die oft hochgespielte Kometenangst Anlaß für ganz andere Überlegungen: »Wenn die Erde erst ahnte, wie sich der Komet vor der Berührung mit ihr fürchtet …!«

Tatsächlich folgenschwer waren die durch Kometen hervorgerufenen Katastrophen in den Urzeiten der Weltgeschichte. Fotografien, die aus *Apollo*-Raumschiffen aufgenommen wurden, zeigen, daß im süddeutschen Raum vor fünfzehn Millionen Jahren zwei riesige Himmelskörper aus Nickel und Eisen einschlugen und im Umkreis von fünfhundert Kilometern alles Leben auslöschten. Heute noch sind die Ablagerungen in dieser Region ungewöhnlich reich an Nickel. Ein noch größerer Komet dürfte vor 65 Millionen Jahren die Dinosaurier ausgerottet haben (ein Umstand, der Steven Spielberg den Stoff für seinen Film *Jurassic Park* lieferte).

»Alle hundert Millionen Jahre muß mit dem Zusammenstoß eines Kometen dieser Größenordnung mit der Erde gerechnet werden«, meint Professor Hans Michael Maitzen von der Wiener Universitätssternwarte. Da der letzte vergleichbare Vorfall 65 Millionen Jahre zurückliegt, lassen uns die großen Kometen – statistisch gesehen – in den nächsten 35 Millionen Jahren in Ruh'. »In der Frühzeit der Erde waren derartige Zusammenstöße viel häufiger«, sagt der Forscher, »sie sind ein Teil der Entstehungsgeschichte der Planeten.«

Fragt man die zuständigen Wissenschafter um Prognosen für unser weiteres Zusammenleben mit den Kometen, dann warten sie mit einer guten und einer schlechten Nachricht auf. Die gute zuerst: »Daß durch eine Kollision tatsächlich ›die Welt untergeht‹, ist auszuschließen, denn einen Kometen in einer für den Fortbestand der Erde gefährlichen Größe gibt es nicht.«

Die schlechte allerdings: »Das Aussterben der Menschheit

sowie der Pflanzen und Tierwelt ist theoretisch durch den Zusammenprall der Erde mit einem Kometen allerdings schon möglich.«

Freilich ist, sollte uns wirklich einmal ein außerirdisches Geschoß von bedrohlicher Dimension nahekommen, vorgesorgt: Mitarbeiter der US-Raumfahrtbehörde NASA beobachten die Himmelskörper und nehmen jeden Kometen lange vor seinem Eindringen in die Erdatmosphäre wahr. In gefährlichen Situationen würden Raketen zu den Himmelskörpern gesandt, die diese durch das Entzünden von Sprengsätzen aus der Bahn bringen, damit sie andere, von der Erde wegführende Richtungen einschlagen. Garantien, daß das im Ernstfall wirklich funktioniert, gibt's natürlich keine.

Der von uns »nur« zweihundert Millionen Kilometer entfernt gewesene Schweifstern *Hale-Bopp* war mit einem Durchmesser von vierzig Kilometern größer als der einst so gefürchtete *Halley* und damit der größte sichtbar gewesene Komet des Jahrhunderts. Im Juni 1997 kehrte *Hale-Bopp* in die Tiefen des äußeren Sonnensystems zurück, und er wird die Bewohner der Erde erst wieder in 2400 Jahren beglücken.

Es sei denn, der Schuster Knieriem hat recht und die Welt »steht« gar nicht mehr so lang...

•

Ein Kreuz auf dem Kalenderblatt

Was Nostradamus wirklich prophezeite

Er hat ja – vor mehr als vierhundert Jahren schon – so gut wie alles gewußt: 1939 Ausbruch des Zweiten Weltkriegs, 1944 Hitler-Attentat, 1963 Kennedy-Mord, 1986 Tschernobyl, 1991 Zusammenbruch des kommunistischen Herrschaftssystems.
Die Daten sind beeindruckend und werden regelmäßig zitiert. Wo aber, bitte sehr, hat Nostradamus das alles niedergeschrieben?
Was hat »der größte Seher aller Zeiten« wirklich gesehen? Und was wurde von späteren »Nostradamus-Forschern« hinzuinterpretiert?
Manfred Dimde aus Dortmund gilt als die Nummer eins unter den Nostradamus-Experten im deutschen Sprachraum, und er hat nicht weniger als sieben Nostradamus-Bücher verfaßt. Er ist es auch, der dessen Visionen aufschlüsselte, deutete, für unsere Zeit erklärlich machte.
»Also, Herr Dimde«, frage ich, »mit welchen Worten hat Nostradamus – um ein besonders aufsehenerregendes Beispiel zu nennen – die Ermordung des amerikanischen Präsidenten John F. Kennedy am 22. November 1963 in Dallas/Texas vorhergesagt?«
»KENNEDY, JOHN F.« Langsam und bedächtig tippt Herr Dimde, sich der Größe des Augenblicks bewußt, einen Buchstaben nach dem anderen in seinen Nostradamus-Computer. Die Spannung nähert sich dem Siede-

punkt, als der Experte seiner Maschine die ausgedruckten Worte entnimmt: »Drei werden die Scharfschützen sein«, sagt er.
Kleine Gesprächspause. Ich warte auf Einzelheiten. Sie kommen nicht.
»Das ist alles?« forsche ich, etwas enttäuscht, weiter. »Name, Jahr, irgendeine Ortsangabe?«
»Nostradamus nannte natürlich keine Namen«, betont Herr Dimde, wissend, daß es ohnehin unmöglich ist, einen blutigen Laien in dermaßen komplizierte Sachverhalte einzuführen. »Und die Daten«, meint er noch, »müßten auf kompliziertem Weg entschlüsselt werden. Das würde zu weit führen.«
Klar.
Auch für 1904 hat der Fachmann eine Prophezeiung dechiffriert. In diesem Jahr würde laut Nostradamus »das Loch im Fell der Zeit gefunden«.
»Aha. Was, bitte sehr, bedeutet das?«
»Gemeint ist Einsteins Relativitätstheorie.«
»Wieso? Können Sie mir das erklären?«
»Nein, das ist sehr kompliziert, dafür gibt es wieder andere Experten.« Die aber fand ich nicht.
Michel de Notredame, so der eigentliche Name des Sehers, wurde am 14. Dezember 1503 als Sohn eines Notars in St. Remy in Südfrankreich geboren. Nach dem Medizinstudium eröffnete er eine Arztpraxis in Marseille, wo er sich große Verdienste im Kampf gegen die Pest erwarb. Er brachte es zum Leibarzt König Karls IX., war zweimal verheiratet und hatte acht Kinder.
1555 veröffentlichte »Nostradamus«, wie er sich nun nannte, seine ersten Prophezeiungen. Er sagte den Tod des französischen Königs Heinrich II. voraus, der dann 1559 tatsächlich an den Folgen einer Turnierverwundung starb.

Dessen Witwe und Nachfolgerin Katharina von Medici ernannte Nostradamus nun zu ihrem Hof-Astrologen. Womit er über Nacht reich und berühmt war.
Vertiefen wir uns aber noch ein wenig in einige der zweitausend »Verse«, in denen Nostradamus die Zukunft erkannte. Was sagte er beispielsweise – Herrn Dimdes Interpretation zufolge – für 1969 voraus? Also: »Der Mensch wird setzen seinen Fuß auf eine fremde Erde.« Verblüffend, 1969 war das Jahr der Mondlandung.
Aus dem Satz »Das große Theater wird in Schutt und Asche fallen« leitet der Nostradamus-Jünger die Katastrophe von Tschernobyl ab.
Den iranischen Revolutionsführer Khomeini kündigte Nostradamus so an: »Im Glauben wird eintreten ein König des weißen Turbans und wird regieren weniger hoch entwickelt.«
1987 würde »man über den sterbenden Wald sprechen«. Interessant auch eine Prognose, die Herr Dimde in das Jahr 1990 transferiert: da würde »ein Kapitän in Germanien Hilfe vortäuschen«. Klar, daß Nostradamus damit nur die deutsche Wiedervereinigung gemeint haben konnte. Freilich gibt es gerade in dieser Weissagung eine kleine Ungereimtheit, hatten doch die Nazis denselben Nostradamus-Vers für das Jahr 1933 reklamiert. Deren Version in der Übersetzung lautete: »Ein Führer des Deutschen Reiches wird der Welt Hilfe bringen.«
»Wie, Herr Dimde, erklären Sie sich derlei Diskrepanzen?«
»Ja, also, die Zuordnung der Jahreszahlen und die Übersetzungen aus dem Altfranzösischen sind problematisch. Das verstehen nicht einmal die Franzosen.«
In den Versen, die Herr Dimde – recht eigenmächtig – mit 1991 identifiziert, ist von einer »Zeit der höllischen Öllämpchen« die Rede. Es war das Jahr des Golfkriegs.

Einige Prophezeiungen des »größten Sehers aller Zeiten« sind tatsächlich verblüffend, viele wurden später hinzuinterpretiert: der französische Arzt und Forscher Nostradamus (1503 bis 1566).

»Wie hat Nostradamus vor vierhundert Jahren 1994 gesehen?«
»Hier steht, der Glaube ist beleidigt worden, bittere Kriege stehen bevor«. Womit, laut Herrn Dimde, nur »das Blutbad von Hebron« gemeint sein konnte.
Als ich den Experten im Jahre 1994 bat, aufgrund der Nostradamus-Berechnungen in die unmittelbare Zukunft zu blicken, weissagte er für 1995 »einen neuen Papst« (der nicht kam) und für 1996 »einen neuen Nahostkrieg« (der uns glücklicherweise ebenfalls erspart geblieben ist).
Zweifellos sind Herrn Dimdes Erfolge, mit Hilfe von Nostradamus in die bereits vergangene Zukunft zu blicken, größer als wenn er in die tatsächlich vor sich liegende Zukunft blickt.
Außer Zweifel steht aber auch, daß etliche Visionen, die sich bei Nostradamus finden, verblüffen, und daß er selber ein kluger, vielleicht sogar genialer Mann war. Und ein großer Arzt, dessen Naturheilmethoden weltweit angewendet werden.
Er starb am 2. Juli 1566 mit 63 Jahren an Wassersucht.

Nostradamus soll Tag und Stunde seines Ablebens prophezeit haben.
Soll.
»Woher, Herr Dimde, weiß man das?«
»Er hatte auf das Kalenderblatt dieses Tages ein Kreuz gezeichnet.«
»Haben Sie das Kalenderblatt gesehen?«
»Nein, das ist eine alte Überlieferung.«
Da Nostradamus' Voraussagen bis ins vierte Jahrtausend reichen, können wir mit seiner und Herrn Dimdes Hilfe auch dorthin blicken. Zur kommenden Jahrtausendwende beschert uns Nostradamus »eine Waffe, die die Menschheit in Angst und Schrecken versetzt«, 2010 beginnt ein dritter Weltkrieg, 2064 fällt Rom in die Hände des Islam, und 2100 werden die Menschen bis zu zweihundert Jahre alt.
»Im Jahre 3797«, sagt Nostradamus allerdings, »wird alles Leben auf unserem Planeten erlöschen.«
Letzteres wird unsereins kaum widerlegen können.
Das wiederum wage ich zu prophezeien.

»Mein Gott, es spricht«

Wie Mr. Bell das Telefon erfand

Kommen Sie, Watson, ich brauche Ihre Hilfe!« rief Alexander Graham Bell am 10. März 1876 seinem Assistenten durch einen eigentümlich anmutenden Apparat zu, und diese Worte gelten bis zum heutigen Tag als das erste Telefongespräch der Weltgeschichte. Als Mr. Bell daraufhin seine revolutionäre Erfindung in London vorstellen wollte, lehnte die britische Regierung dies mit dem Hinweis ab: »Es besteht kein Bedarf für eine derartige Einrichtung, da die Postbehörde über genügend Botenjungen verfügt, die in der Lage sind, schriftliche Mitteilungen persönlich zu überbringen.«
Von Bells ersten Versuchen zu unseren Digital-, Schnurlos-, Fax- und Handy-Geräten war's ein weiter Weg. Alexander Graham Bell, der diese Entwicklung nicht vorhersehen konnte, stammte aus Edinburgh und war im Zivilberuf Lehrer an einer Taubstummenschule. Ausgerechnet, könnte man meinen und doch war's kein Zufall, daß er es war, der das erste »sprechende Telefon« baute. Denn gerade weil er sich im Umgang mit Gehörlosen besonders intensiv der Erforschung der menschlichen Sprache widmete, entdeckte er das Prinzip des Telefons: aus den beim Sprechen verursachten Schallwellen entstehen – über eine eingebaute Membrane – Vibrationen, die am anderen Ende der Leitung wieder in Schallwellen umgewandelt werden.

Dabei war Mr. Bell – ein in den USA lebender Schotte – nicht der erste, der sich mit der Übertragung der Sprache auf elektrischem Wege auseinandersetzte: der Amerikaner Elisha Gray und der Deutsche Philipp Reis hatten vor ihm schon ähnliche Versuche unternommen, doch reichte die von ihnen erzielte Klangqualität nicht an die von Bells Telefon heran. Und: Nur er hatte die Ausdauer, der Erfindung zum Durchbruch zu verhelfen.

Denn auch Bell erlitt vorerst ein typisches Erfinderschicksal, mußte sich gegen Neider und Konkurrenten zur Wehr setzen. Als er seine »Sprechmaschine« 1876 bei der Weltausstellung in Philadelphia vorführte, fand er zunächst keine Beachtung. Erst als der Kaiser von Brasilien zufällig an seinem Stand vorbeikam und erstaunt »Mein Gott, es spricht!« ausrief, begannen sich die Experten zu interessieren.

Auch durch die nun folgende Ablehnung der britischen Post (»Wir haben ja genügend Boten«) ließ sich Mr. Bell nicht unterkriegen. Statt aufzugeben, gründete er die *American Telephone and Telegraph Company,* die heute noch die größte Telefongesellschaft der USA ist. Damals aber protestierten Schreib- und Papierwarenhändler, weil sie durch das Telefon schwere Geschäftseinbußen befürchteten.

In der k. u. k. Monarchie stand man Graham Bells »Hörapparaten« skeptisch gegenüber. 1881, im ersten Jahr des österreichischen Fernsprechwesens, gab es hierzulande ganze 154 »sprechende Telefone«, eines davon befand sich im Wiener Ringtheater. Und dennoch war es nicht möglich, damit die größte Brandkatastrophe der österreichischen Geschichte zu verhindern. 384 Theaterbesucher kamen hier am 8. Dezember 1881 ums Leben. Keiner konnte für rasche Hilfe sorgen, das nagelneue Telefon im

*Alexander Graham Bell (1847 bis 1922)
führt Fachleuten das Telefon vor*

Theater half nichts, zumal zu diesem Zeitpunkt weder Polizei noch Feuerwehr über einen Anschluß verfügten! Auch auf Kaiser Franz Josephs Schreibtisch in der Wiener Hofburg befand sich bald ein Telefon. Wer seine Rufnummer 750 anwählen ließ, konnte theoretisch mit dem Monarchen sprechen. Praktisch aber nicht, denn Kaiser Franz Joseph lehnte neumodische Erfindungen wie das Telefon kategorisch ab.
Die fernmündliche Kommunikation war in diesen ersten Jahren aber auch noch sehr umständlich:
Es gab keine Wählscheibe, man setzte vielmehr – als ersten Schritt – eine am Telefonapparat installierte Kurbel in Bewegung, die für die nötige Stromzufuhr sorgte.

Dann drückte man auf einen Knopf, der die Verbindung zu einer Telefonzentrale herstellte.
Nach – meist endloser – Wartezeit meldete sich dort das »Fräulein vom Amt«, dem man nun den Namen oder die Nummer des gewünschten Gesprächspartners mitteilte.
In der Telefonzentrale stellte das »Fräulein« durch das Einstecken sogenannter »Stöpsel« endlich die Verbindung her.
Sobald es beim angeklingelten Teilnehmer läutete, hatte auch der seine Kurbel in Bewegung zu setzen.
Jetzt erst konnte man sprechen, wobei das »Fräulein vom Amt« während der gesamten Gesprächsdauer eine Verbindungstaste niederdrücken mußte. Durch Zeitungsinserate bemühte sich die *Wiener Privat-Telegraphengesellschaft,* Kunden für den »Sprechtelegraphen« anzuwerben. Am Wortlaut der Annoncen sieht man, daß vor gut hundert Jahren kaum jemand wußte, was ein Telefon tatsächlich ist. Dieses sei »ein Apparat, der dem Besitzer desselben die Möglichkeit gibt, auf große Entfernungen mit anderen Personen, die den gleichen Apparat besitzen, so zu sprechen, daß die Betreffenden sich nicht nur vollkommen gut verstehen, sondern auch an der Stimme erkennen«.
Erst das neue Jahrhundert sollte der Telefonie zu ihrem Siegeszug verhelfen. Die vorerst skeptischen Menschen erkannten, daß sich auch »mit unsichtbaren Personen« sprechen ließ. Als dann die Post mit der Errichtung der immer zahlreicher gewünschten Telefonleitungen nicht nachkam, hatten die österreichischen Ingenieure Hubert Dietl und Friedrich Koch die rettende Idee: ihr im Jahre 1905 entwickeltes *Gesellschaftsanschluß-System* ermöglichte es, auf einer Leitung bis zu vier Teilnehmer »anzuhängen«: Dies war die Geburtsstunde des weltweit

einzigartigen *Vierteltelefons*, das sich wegen der niedrigeren Grundgebühr bis vor wenigen Jahren großer Beliebtheit erfreute.
1927 begann der Ausbau zum »Selbstwählverkehr«, der – man hält es kaum für möglich – erst 1972 mit Schließung der letzten Telefonvermittlung in Karlstein im Waldviertel abgeschlossen wurde. Seither kann jeder Telefonteilnehmer in Österreich praktisch jede gewünschte Telefonverbindung selbst herstellen. Das Telefonfräulein, dem Robert Stolz 1919 den Schlager *Hallo, du süße Klingelfee* widmete, hatte nun endgültig ausgedient.
Dabei war das Telefonieren in der Zeit, als dieser Evergreen entstand, überhaupt nur bedingt möglich. Denn der Erste Weltkrieg hatte den dringend nötigen Ausbau des Fernsprechnetzes verhindert. Und so gab es Anfang der dreißiger Jahre österreichweit nicht mehr als 160 000 Hauptanschlüsse. Und nach dem Zweiten Weltkrieg war die Situation durch zerstörte Leitungen und Telefonzentralen nicht viel anders.
Alexander Graham Bell, durch das Telefon weltberühmt und wohlhabend geworden, zog sich wenige Jahre nach der Erfindung mit seiner Frau Mabel – die eine seiner taubstummen Schülerinnen gewesen war – ins Privatleben zurück. Er starb 1922 mit fünfundsiebzig Jahren.
Und besaß bis zum letzten Tag seines Lebens kein Telefon. »So ein Ding«, soll er gesagt haben, »kommt mir nicht ins Haus.«

Herr von Knigge benimmt sich schlecht

*Der Ahnherr der feinen Sitten
war nicht immer fein*

Im Haus einer gebildeten Frau«, behauptete der Freiherr von Knigge allen Ernstes, gehe es »verkehrt zu: Speisen kommen kalt oder angebrannt auf den Tisch; es werden Schulden auf Schulden gehäuft, und der arme Mann muß mit durchlöcherten Strümpfen einherwandeln.«
Rund zweihundert Jahre sind seither vergangen, und obwohl Herr von Knigge Derartiges niederschrieb, gelten seine Anweisungen immer noch als oberste Instanz guten Benehmens.
Allerdings dürfte sich Herr von Knigge selbst nicht immer so benommen haben, wie er's von uns verlangte. War er doch zumindest in zwei Skandale verwickelt.
Skandal Nummer eins ereignete sich in seiner Dienstzeit als Kammerherr am Hof des Erbprinzen Wilhelm von Hessen. Dieser hegte den Verdacht, daß Knigge seine Frau – die Prinzessin – nach Dänemark entführen wollte.
Sollte das wahr sein, kann man Herrn von Knigge laut Knigge gar keinen Vorwurf machen, schreibt er doch Jahre später in seinem Benimm-Buch, daß »die Unkeuschheit der Frau mehr zu bestrafen sei als die des Mannes«.
Na, dann!
Knigge war, als die Affäre mit der Prinzessin passiert sein soll, 28 Jahre alt, verheiratet und Vater einer Tochter, deren Erziehung er selbst in die Hand genommen hatte.

Ein Umstand, der später Skandal Nummer zwei zur Folge hatte: Da Töchterchen Philippine im Unterricht nicht allein sein sollte, nahm Knigge mehrere Kinder in sein Haus auf, darunter auch Franziska Zollikofer. Worauf Henriette Knigge ihrem Mann ein allzu inniges Verhältnis mit der Schülerin unterstellte und ihren Bruder zu Hilfe rief, der den untreuen Schwager zum Duell forderte. Knigge setzte sein Testament auf (zugunsten der kleinen Franziska übrigens), besorgte Pistolen und Sekundanten – fand dann aber doch eine unblutige Lösung: die Schülerin wurde zur weiteren Erziehung in die Obhut einer befreundeten Hamburger Familie entlassen.

Skandal Nummer eins hatte ein für das gute Benehmen von Generationen weitreichendes Nachspiel: Als der Prinz den des Ehebruchs verdächtigten Kammerherrn aufforderte, sein Haus zu verlassen, drohte Knigge, er werde, »wenn er mir nicht Genugtuung vor dem Publico gäbe, seine Schandtaten öffentlich drucken lassen«. Worte, die man eher von einem kleinen Erpresser als vom Ahnherrn des guten Tons erwartet hätte. Da der Prinz nicht daran dachte, auf Knigges »Vorschlag« einzugehen, machte dieser seine Drohung wahr und veröffentlichte 1781 den *Roman eines Lebens,* in dem wenig Schmeichelhaftes über den Prinzen zu finden ist.

»Das Buch ging«, hinterließ uns Knigge, nicht zuletzt »durch das unvernünftige Geschrey der Betroffenen reissend ab.« Knigge aber war nun auf den Geschmack gekommen und schrieb, da er dringend Geld brauchte, hurtig weiter.

Es folgten Romane, Theaterstücke und Gedichte, Knigge übersetzte sogar das Libretto zu Mozarts Die *Hochzeit des Figaro* aus dem Italienischen ins Deutsche. 1788, endlich, erschien dann jenes Buch, das ihn weltberühmt mach-

Benahm sich nicht so, wie er es von anderen erwartete: Knigge (1752 bis 1796).

te: *Über den Umgang mit Menschen,* in dem er seine in Adelskreisen gewonnene Lebenserfahrung unters Volk brachte.

Adolph Freiherr von Knigge, 1752 als Sohn eines Hofgerichtsrates in Hannover geboren, war mit vierzehn Jahren Vollwaise. Sein Vater hatte ihm riesige Ländereien hinterlassen, auf denen aber so hohe Schulden lasteten, daß Knigge sein Leben lang für deren Rückzahlung arbeiten mußte. *Über den Umgang mit Menschen* entstand also weniger aus ethisch-moralischen Gründen denn aus schlichtem Geldmangel.

Einerseits war Knigge in manchem seiner Zeit voraus. Ist es doch gar nicht so selbstverständlich für einen Aristokraten des 18. Jahrhunderts, Pflichten anzusprechen, »die wir allen Arten von Menschen, allen Klassen schuldig sind.« Knigge trat dafür ein, daß man Bauern und Handwerker ebenso achte wie die Vertreter der höchsten Stän-

de. Als Befürworter der Französischen Revolution ließ er sich nie als »Freiherr« ansprechen, sondern immer als »der freie Herr Knigge«.
Andererseits blieb er in seinen Ansichten »über Frauenzimmer« im tiefsten Mittelalter stecken. »Weiber«, meinte er, seien »eigentlich gar keine Personen im bürgerlichen Sinn«, und Schwiegermütter bezeichnete er generell als »alte Hexen«. Auch dürfte eher der Wunsch Vater des Gedankens gewesen sein, wenn er dachte, »Frauen verzeihen uns kleine Untreuen, man kann dadurch bei ihnen zuweilen sogar gewinnen.«
Noch schlimmer sein Beitrag zum Thema Kindererziehung, demzufolge »Prügel, die nicht verkrüppeln oder zum Tod führen, durchaus hilfreich sein können«.
Wie human!
Zum Welterfolg des Klassikers trug bei, daß Knigge sein zum Teil recht schauriges Benimm-Buch mit selbsterlebten Anekdoten anreicherte. So entpuppt er sich als eine Art *Adabei* seiner Zeit, wenn er – im Kapitel über Maulhelden – von einem Menschen berichtet, der von seiner Vertraulichkeit mit Kaiser Josef redete, »obgleich ich genau wußte, daß dieser ihn kaum dem Namen nach kannte«.
Knigge starb am 6. Mai 1796 im Alter von vierundvierzig Jahren. Vieles, das er uns hinterließ, erscheint nach zwei Jahrhunderten absurd, etliche seiner Regeln haben aber ihre Gültigkeit behalten.
Auch wenn er selbst die eine oder andere nicht immer befolgt hat.

Die Ahnen des Bischofs

*Die siebenhundert Jahre alte
Familie Schönborn*

A m 14. September 1995 wurde Christoph Schönborn vom Papst zum Erzbischof von Wien ernannt. Die Schönborns haben Übung im Umgang mit höchsten kirchlichen Ämtern. In der Geschichte Europas gibt es kaum eine Familie, die so viele Kirchenfürsten hervorbrachte wie die des hohen Herrn am Wiener Stephansplatz. Ein gutes Dutzend Bischöfe trug in den vergangenen Jahrhunderten den Namen Schönborn.
Zunächst einmal zählt diese Familie zum europäischen Uradel. Im Jahre 1284, vor über siebenhundert Jahren also, durfte sich ein Ritter Eusebius aus dem kleinen Ort Schönborn an der Lahn erstmals »von« nennen. Seit 1663 Freiherren und seit 1701 Grafen, stellten die Schönborns immer wieder hohe kirchliche wie weltliche Würdenträger, wobei sie im 18. Jahrhundert als Fürsterzbischöfe und als Kurfürsten ihre Blütezeit erlebten. Nicht weniger als fünf Schönborns regierten damals gleichzeitig in Franken und im Rheinland.
Ende des vorigen Jahrhunderts brachte es einer gar zum Kardinal: Franz Graf Schönborn war Erzbischof von Prag. »Vom Onkel Kardinal«, wie er in der Familie genannt wurde, erbte Wiens heutiger Erzbischof ein Gebetbuch und einige Zeremonienanweisungen. Friedrich von Schönborn, der Bruder des Prager Kardinals, lei-

tete als österreichischer Justizminister von 1888 bis 1895 eine bedeutende Zivilrechts- und Strafrechtsreform ein.
»Onkel Kardinal« und der Minister gehörten, wie auch der heutige Wiener Erzbischof, dem böhmischen Zweig des Geschlechts an. Insgesamt gibt es drei Linien: 1801 teilte Hugo Damian Graf Schönborn seine gigantischen Besitzungen und das Vermögen unter seinen drei Söhnen auf. So entstand neben der böhmischen eine bayrische und eine österreichische Linie.
Letztere besitzt Schloß Schönborn bei Hollabrunn und eines der beiden Wiener Schönborn-Palais – jenes in der Renngasse in der Innenstadt. In dem in der Laudongasse gelegenen Sommerpalais des Grafen Friedrich Karl Schönborn – er war der Reichsvizekanzler Kaiser Karls VI. in Wien und Fürsterzbischof von Würzburg – ist heute Wiens Volkskundemuseum untergebracht.
Im Gegensatz zu der deutschen und der österreichischen Linie ist die böhmische des Erzbischofs völlig verarmt: »Ich kam 1945 mit einem Koffer, ein paar Windeln und zwei Kindern über die Grenze nach Österreich«, erinnert sich Dr. Christoph Schönborns Mutter Eleonore Schönborn, wobei die Windeln für den heutigen Erzbischof bestimmt waren. Einer seiner Brüder ist Kunstfotograf, der andere Schauspieler.
Wiens Erzbischof kam am 22. Jänner 1945 auf dem familieneigenen Schloß bei Leitmeritz in Böhmen zur Welt. Als er drei Monate alt war, wurde die Familie von den Tschechen ausgewiesen. Die Schönborns flüchteten nach Vorarlberg, wo Vater Hugo als Maler und die Mutter als Prokuristin einer Textilfirma arbeiteten. Als Christoph dreizehn war, ließen sich die Eltern scheiden, und die vier Kinder blieben bei der Mutter. Nach Theologiestudium und Eintritt in den Dominikanerorden wurde Schönborn

1970 von Franz Kardinal König zum Priester geweiht, ab 1991 war er Weihbischof von Wien.
Und auch heute gibt es wieder mehrere Kirchenfürsten in der Familie. Franz Lobkowitz, ein entfernter Verwandter, ist Weihbischof von Prag.
In den Geschichtsbüchern wird »die Schönbornzeit als goldene Zeit« bezeichnet, da es in den von der Familie regierten Ländern im 17. und 18. Jahrhundert keine Kriege gab.
Unter der Vielzahl der prominenten Ahnen sticht einer ganz besonders hervor: Erzbischof Johann Philipp Schönborn unterzeichnete 1648 als Kurfürst von Mainz den Westfälischen Frieden, der den Dreißigjährigen Krieg, einen der blutigsten Kriege aller Zeiten, beendete. Nun wurden neben dem Katholizismus auch Luthertum und Calvinismus anerkannt. Und den religiösen Minderheiten die freie Religionsausübung garantiert.
»Als Folge des vom Kurfürsten ausgehandelten Friedens war der katholischen Kirche im Reich nach einem Jahrhundert des Zerfalls und der Unruhe erstmals wieder eine gesicherte Existenz garantiert«, ist in der Biografie Johann Philipp Schönborns nachzulesen.
Bleibt zu hoffen, daß Wiens Erzbischof ein wenig vom friedensstiftenden Talent des großen Ahnen geerbt hat. Denn auch die heutige Kirche könnte es dringend brauchen...

Das war der Schilling

Ein Nachruf

"Wir werden ihn nie vergessen«, ist Nachrufen zu entnehmen, wenn bedeutende Zeitgenossen von uns gehen. Ähnliches wird wohl auch für unseren Schilling gelten, dessen Tage bekanntlich gezählt sind. Seine Biographie ist schnell erzählt. Geboren am 12. Dezember 1924, gestorben am 31. Dezember 2001, wird er dann von einer uns noch ziemlich fremden Währungseinheit namens Euro abgelöst werden.
Eine Tramwaykarte kostete die Kleinigkeit von 2000, ein Kilo Schweinefleisch 30 000 und ein Anzug von der Stange eine halbe Million. Nicht Schilling, sondern Kronen – das war die österreichische Währung damals, ehe der Schilling kam. Und alles wurde stündlich teurer, die Inflation lag bei fünfhundert Prozent, Hausfrauen gingen in der Früh einkaufen, weil das Brot zu Mittag noch mehr kostete. Der »Nullenwahnsinn« schien nicht mehr zu stoppen, was man heute für 1000 bekam, wurde morgen um 10 000 und übermorgen um 100 000 angeboten. Die Österreicher hatten jegliches Vertrauen in ihre alte Währung verloren, also mußte eine neue her.
Das war die Geburtsstunde des Schilling.
Und auch ihn wollte anfangs keiner. Aus allen Teilen der Bevölkerung hagelte es Proteste, Karl Kraus meinte sogar, daß der Ausdruck »Neandertaler« für ein österreichisches Geldstück besser geeignet wäre, als der Schilling. Zeitun-

gen trösteten ihre aufgebrachten Leser mit der Vermutung, daß der Schilling ohnehin nur eine »vorübergehende Episode« wäre.
Diese wird, wenn der Schilling am 1. Jänner 2002 vom Euro abgelöst wird, fast achtzig Jahre gedauert haben.
Die Zeiten waren katastrophal, damals: Die Bewohner des zum Kleinstaat geschrumpften Landes mußten nach dem Ersten Weltkrieg Hunger leiden. Die Arbeitslosenrate war erschreckend hoch, Schieber und Spekulanten verschärften die Situation. Um die total darniederliegende Wirtschaft anzukurbeln, war die Notenpresse Tag und Nacht in Betrieb, was zu einer gigantischen Geldentwertung führte, die 1922 ihren Höhepunkt erreichte. Bundeskanzler Ignaz Seipel verpflichtete sich im *Genfer Vertrag*, die Währung zu stabilisieren, wofür Österreich die *Völkerbundanleihe* zugesagt wurde. Mit einem Währungsgesetz und der Gründung der neuen Oesterreichischen Nationalbank wurde der Übergang vom »Notgeld« zum harten Schilling eingeleitet. Wichtige Voraussetzung dafür: der Gegenwert des ausgegebenen Geldes mußte in Gold oder Devisen gedeckt sein.
»Am Anfang stand der Wunsch der Bevölkerung, endlich wieder eine ›wahre Währung‹ in Händen zu halten«, begründet man in der Nationalbank die Einführung des Schilling in den zwanziger Jahren. 10 000 Kronen waren jetzt ein Schilling, 20 000 ein Doppelschilling. Und 1 Schilling ... nein, das waren nicht 100 Groschen, sondern 100 Stüber.
Zwar dichteten die Österreicher sofort *Wer den Stüber nicht ehrt, ist den Schilling nicht wert*, doch die kleine Münzeinheit sollte sich nicht durchsetzen, da die Abkürzungen »S« und »St« nur allzu leicht zu Verwechslungen geführt hätten. So kamen wir bald auf den Groschen.

»Schilling« war ursprünglich die Währungseinheit der Karolinger gewesen, die im Mittelalter das Fränkische Reich beherrschten, später war er als Zahlungsmittel in deutschen Hansestädten und in England üblich. Im Wiener Finanzministerium hatte man sich nur deshalb für den Begriff Schilling entschieden, »weil kein anderes Wort zur Verfügung stand, das nicht an die Monarchie erinnert hätte«.
Nach anfänglichen Vorbehalten setzte auf die neuen Geldstücke ein derartiger Run ein, daß man innerhalb weniger Tage keine mehr bekam: Jedem Kind wurde ein Schilling ins Sparschwein gesteckt, und da die Münzen aus einer hochwertigen Silber-Kupfer-Legierung hergestellt waren, brachten Ehemänner ihre Schillinge zum Einschmelzen, um der Frau Gemahlin Ringe oder sonstigen Schmuck schenken zu können.
Immer mehr Münzen verschwanden auch in dunklen in- und ausländischen Kanälen. Um derartiger Schilling-Spekulation Einhalt zu gebieten, wurde sogar die Wirtschaftspolizei eingeschaltet. Doch erst die drastische Reduktion des Silbergehalts brachte ein Ende des »Schilling-Hamsterns«.
Die Hoffnungen, die man in die neue Währung setzte, sollten sich vorerst erfüllen: die Inflation wurde gestoppt, der bald *Alpendollar* genannte »harte« Schilling erwies sich als stabil. Erst die nun folgende Weltwirtschaftskrise machte die Währungsreform zunichte und führte zum Zusammenbruch des österreichischen Bankensystems.
Nach dem Einmarsch der Hitler-Truppen im März 1938 wurde der Schilling zum ungünstigen Zwangskurs 1,50 Schilling = 1 Reichsmark umgewechselt.
Seit Frühjahr 1945 wieder Landeswährung, zählte der Schilling in seinen reifen Jahren dann zu den stabilsten Geldeinheiten der Welt.

Es wird kein abrupter Tod sein, sondern ein langsamer, beginnt doch die Übergangsphase bereits drei Jahre vor dem endgültigen Aus, am 1. Jänner 1999. Ein Euro wird ab dann mit rund 13 Schilling zu Buche stehen.
Wie übrigens auch der Wechsel von der Krone zum Schilling gleitend war. Aus dieser Zeit wird uns eine – ziemlich österreichisch anmutende – Episode überliefert: Die alte Krone hatte in der Umstellungszeit noch ihre Gültigkeit, und die neue Währung war erst ab 1. Juli 1926 alleiniges Zahlungsmittel. Zu diesem Zeitpunkt konnte man einer amtlichen Mitteilung entnehmen: »Ab sofort muß in Schilling und Groschen abgerechnet werden. Zuwiderhandelnde Personen werden mit 60 000 Kronen bestraft.«

Ein Paar Würstel um drei Schilling

Was wann wieviel kostete

Ein Paar Würstel war in einem Vorstadtgasthaus um ganze drei Schilling zu haben, ein Beuschel mit Knödel um acht und ein Wiener Schnitzel um achtzehn. Wir schreiben das Jahr 1910, bevor Sie jetzt aber der »guten, alten Zeit« nachtrauern, sei noch verraten: Eine Weißnäherin verdiente damals 400 Schilling in der Woche, ein männlicher Arbeiter 1000. Ein Volksschullehrer 6000 monatlich und ein mittlerer Beamter 6500. Das alles sind die auf unseren heutigen Geldwert umgerechneten Summen. In der Originalwährung hieß das: die Näherin verdiente acht Kronen*, das Schnitzel kostete 35 Heller usw.
Wesentlich dramatischer waren die Einkommensunterschiede ein knappes Jahrhundert davor, in der vielgepriesenen Biedermeierzeit: Während ein Graf 1815 über ein durchschnittliches Monatseinkommen von 75 000 Schilling und ein Fürst gar über 370 000 Schilling verfügte, mußte eine Fabrikarbeiterin mit einem Wochenlohn von 36 Schilling (!) ihr Auslangen finden. Ein Minister erhielt 50 000 Schilling im Monat, ein Hofrat 15 000, ein Mittelschullehrer 1650, ein Briefträger 900. Ein Kilogramm Brot kostete neun Kreuzer – was einem Betrag von 4,40 Schilling entsprach.

---

* Die Gulden-, Kronen-, Kreuzer- und Heller-Beträge wurden mit Hilfe des Statistischen Zentralamtes Wien auf den Schilling-Stand von 1997 umgerechnet.

Durch einen erhalten gebliebenen Bittbrief an Kaiser Franz I. sind uns die Existenzprobleme eines kleinen Hofangestellten im Jahre 1817 überliefert. Ein »Tagschreiber« ersuchte darin den Monarchen um Erhöhung seines Tageslohnes von zwei auf drei Gulden (= heute etwa von 86 auf 130 Schilling). Er begründete dies mit seinen Lebenshaltungskosten: Kammer samt Bett in einem entlegenen Vorort: (umgerechnet) 523 Schilling. Eine warme Mahlzeit pro Tag: 83 Schilling. Für Wäsche und Kleidung gab der Mann jährlich 170 Gulden (= 7300 Schilling) aus. Dies bedeutete, daß er für die dringendsten Bedürfnisse täglich drei Gulden benötigte, mit seinem Gehalt also nicht auskam. Der Kaiser bezeichnete den Lebensunterhalt des Mannes als »kümmerlich« und bewilligte eine Lohnerhöhung. Zu berücksichtigen ist bei all den hier angeführten Summen, daß es damals weder 13. und 14. Gehalt noch Krankengeld, Urlaub, Pension oder andere soziale Leistungen gab.

Auch berühmte Leute hatten bekanntlich finanzielle Sorgen. So wissen wir, daß Franz Schubert als Hilfslehrer ganze achtzig Gulden im Jahr verdiente, was nach heutigem Geldwert einem Monatsgehalt von etwa 300 Schilling (!) entspricht.

Die Wohnungsnot war unvorstellbar. 1815, gerade als der Wiener Kongreß so fidel tanzte, lebten in derselben Stadt immer noch durchschnittlich 32 Personen in einer Wohnung, 1830 sogar 38. Zur Blüte und großen Tradition des Kaffeehauses ist es hierzulande ursprünglich deshalb gekommen, weil die Menschen zu Hause keinen Platz und zu wenig Geld für die Heizung hatten.

Ein Untermietzimmer kostete 1815 im Zentrum von Wien 50 bis 80 Gulden im Jahr (= heute 190 bis 300 Schilling monatlich), in der Vorstadt Liechtenthal vierzehn Gulden (die heute 50 Schilling entsprechen) im Monat. Sie wurden tage- oder wochenweise vergeben, so daß man jederzeit gekündigt werden konnte.

Ganze Wohnungen oder gar Häuser waren nur für wohlhabende Familien erschwinglich. Doch selbst die hatten Probleme, den zweimal im Jahr – zu *Georgi* (24. April) und *Michaeli* (29. September) – fälligen Zins zu zahlen. Der Chronist Johann Pezzl notierte, daß – weil so viele das Geld für die Mieten nicht aufbringen konnten – »zu Georgi und Michaeli die halbe Stadt ihre Quartiere wechselte« (Nestroy nannte den Hausherrn seines Stücks *Zu ebener Erde und erster Stock* Georg Michael Zins).

Eine bürgerliche Mietwohnung mit drei bis fünf Zimmern kostete im Jahre 1824 zwischen zwanzig (3600 Schilling) und fünfzig Gulden (9000 Schilling) pro Monat. Ludwig van Beethoven notierte, daß ihm in diesem Jahr ein Zinshaus um 7500 Gulden (heute ca. 1,3 Millionen Schilling) angeboten wurde, wobei sich der Kaufpreis seit 1810 verdoppelt hatte. Wir wissen übrigens, daß er seiner Küchenmagd 1823 einen für die damalige Zeit fürstlichen Lohn von 2 1/2 Gulden (470 Schilling) in der Woche bezahlte.

Die Lebensmittelpreise waren im biedermeierlichen Wien sehr unterschiedlich: In den Jahren nach 1800 verdreifachte sich der Kilopreis fürs Rindfleisch und pendelte sich 1820 bei 1 1/2 Gulden (260 Schilling) ein. Viele Kinder aus den unteren Schichten gingen betteln, damit ihre Familien nicht hungern mußten.

Auch heute noch gibt es Armut. Mit den Zuständen früherer Tage ist sie aber nicht zu vergleichen.

Wenn es in Dallas geregnet hätte

Wetter macht Weltgeschichte

Wir alle spüren es. Das Wetter nimmt Einfluß auf unser Leben, unsere Gewohnheiten, auf unsere Laune, unsere Gesundheit. Vom Wetter hängt aber noch viel mehr ab, als uns bewußt ist. Das trifft auf unseren persönlichen Bereich zu – und manchmal beeinflußt es sogar den Lauf der Weltgeschichte.
Am 22. November 1963, mittags um 12.30 Uhr, wurde John F. Kennedy erschossen. Sie werden fragen, was das mit dem Wetter zu tun hat. Sehr viel: Es war am Morgen dieses Tages in Dallas/Texas regnerisch und kühl bei Temperaturen um neun Grad Celsius. Doch am späteren Vormittag kam die Sonne heraus, die Luft erwärmte sich auf zwanzig Grad, worauf der US-Präsident doch im offenen Wagen durch die Stadt fuhr. Hätte es weiter geregnet – vielleicht wäre er heute noch am Leben.
»Kriege wurden gewonnen und verloren, weil sich das Wetter anders verhielt, als die Generale dachten«, analysiert der Wiener Meteorologe Ernst Rudel: 1941 war ein extrem kalter Winter, deutsche Panzer blieben im Schnee stecken, der Kampf um Moskau war der Anfang vom Ende des Dritten Reichs.
Erst als 1853 im Krimkrieg etliche Schiffe der alliierten Mächte in Stürmen – die mit den Mitteln der Meteorologie damals schon vorhersehbar gewesen wären – versanken, wurden die ersten internationalen Wetterdienste gegründet, heute arbeiten sie weltweit zusammen.

Fest steht, daß das Aggressionspotential steigt, sobald es heiß ist. Über die Zusammenhänge zwischen Wetter und Kriminalität gibt es zwar keine Statistiken, im Wiener Sicherheitsbüro weiß man aber, daß im Hochsommer die Zahl der Gewalttaten, besonders im Familienkreis, zunimmt und die Selbstmordrate steigt.
Zurück zur Weltgeschichte: Um 1250 v. Chr. entkamen die Israeliten, weil sie durch das ausgetrocknete Rote Meer wateten, während ihnen die Ägypter nicht folgen konnten, da mittlerweile eine Flutwelle eingetreten war. Auch hier schrieb das Wetter Geschichte.
In Berichten über Wolfgang Amadeus Mozarts Beerdigung kann man oft lesen, daß sich kaum Menschen eingefunden hätten, da ein so schrecklicher Schneesturm herrschte.
»Falsch«, sagen die Meteorologen auf der Hohen Warte in Wien, »wir können in unseren Unterlagen, die bis 1775 zurückreichen, an diesem Tag kein Schlechtwetter feststellen.« Zur Kunde vom »Unwetter« ist es wohl gekommen, weil es den Wienern später peinlich war, daß »ihr« Musikgenie alles andere als eine »schöne Leich'« hatte. So schob man's aufs Wetter.
Tatsächlich eiskalt war es hingegen beim Leichenzug Kaiser Franz Josephs am 30. November 1916, dem sich Hunderttausende Menschen anschlossen. Und weil wir gerade in der letzten Phase der Monarchie sind: Als Erzherzog Franz Ferdinand am 28. Juni 1914 in Sarajewo ermordet wurde, schien dort die Sonne, und es hatte 30 Grad. Einen Monat später, am 28. Juli, brach der Erste Weltkrieg aus. In weiten Teilen des Landes war es an diesem Hochsommertag bedeckt, und die Höchsttemperaturen lagen bei 22 Grad.
Als besonders gefährlich für Österreich sollte sich die

Wetterlage am 26. April 1986 erweisen. An diesem Tag war im Atomkraftwerk Tschernobyl ein Reaktorblock explodiert. Während die Strömung des Windes meist von West nach Ost geht, war es ausgerechnet an diesem Tag und an den Tagen danach umgekehrt. So gelangten die hochgiftigen verstrahlten Teilchen zu uns.

Große Hitze kann nicht dazu geführt haben, daß am 1. August 1976 die Wiener Reichsbrücke einstürzte. War es doch an diesem Morgen regnerisch und trüb bei nur zwölf Grad.

In anderen Fällen kommt es immer wieder vor, daß Bauwerke durch thermische Einflüsse – bei großer Hitze – einstürzen oder, daß sich Schienenanlagen verbiegen, Züge entgleisen. Und extreme Temperaturen hatten unzählige Brand-, Dürre- und Hungerkatastrophen zur Folge.

Hier noch ein paar Wettermeldungen aus der Weltgeschichte: Als Adolf Hitler am 12. März 1938 Österreich besetzte, kam das schlechte Wetter – sozusagen mit ihm – von Nordwest nach Ost. Es war kühl und unfreundlich, und es gab leichte Schneeschauer. Trist war das Wetter auch am 1. September 1939, dem Tag, an dem der Zweite Weltkrieg ausbrach.

Die *Titanic* versank am 14. April 1912, nachdem der Luxusdampfer einen 150 Kilometer langen Eisberg gerammt hatte. 1500 Opfer waren zu beklagen. »Ein derartiges Unglück«, behaupten die Meteorologen, »wäre heute praktisch undenkbar: die Weltmeere werden von den internationalen Wetterdiensten ständig beobachtet, und vor einem so großen Eisberg würden Reedereien sofort über Satellit gewarnt.«

Wir können dem Wetter heutzutage also so manches Schnippchen schlagen.

»Mehr Licht!«

Letzte (und vorletzte) Worte

Seien sie im Delirium dahingesagt oder mit der vollen Kraft eines großen Geistes. Letzte Worte faszinieren, weil sie eine Situation wiedergeben, in die jeder von uns dereinst kommen wird. Früher oder später.
Ehe Oscar Wilde im Pariser Luxushotel *d'Alsace* verschied, sagte er: »Ich sterbe, wie ich gelebt habe – über meine Verhältnisse!« Und als Henrik Ibsens Krankenschwester einem Besucher zuflüsterte, es ginge dem Patienten »schon etwas besser«, erwiderte der Dichter: »Im Gegenteil.« Und starb.
Die letzten Worte eines Staatsmannes sind meist weniger originell, können aber Zeugnis über seine Weltanschauung ablegen. Wenn etwa Österreichs erzkonservativer Kaiser Franz seinem Nachfolger Ferdinand am Sterbebett zurief »Verrücke nichts an den Grundlagen des Staatsgebäudes«, so war dies ein klares Vermächtnis. Simpler zwar, aber nicht minder charakteristisch, was der pflichtbewußte Kaiser Franz Joseph am Abend des 20. November 1916 zu guter Letzt noch seinem Kammerdiener Ketterl befahl: »Ich bin mit der Arbeit nicht fertig geworden, morgen um halb vier Uhr wecken wie immer!«
Preußens Soldatenkönig Friedrich Wilhelm I. konnte, als er sein Ende nahen sah, nicht glauben, daß er im Bett und nicht auf dem Schlachtfeld dahingehen würde. Seine letzten Worte daher: »Das ist nicht wahr! Ich werde in der Montur sterben!«

In Napoleons letzter Stunde spielte die Politik keine Rolle mehr. Er starb, den Namen seiner geliebten ersten Frau auf den Lippen: »Joséphine!« Und diese, so wird überliefert, versank in Bewußtlosigkeit, nachdem sie einmal noch »Napoleon!« gehaucht hatte.

Dramatisch die letzten Worte prominenter Attentatsopfer. Der Tod kommt so unerwartet, daß sie den Ernst des Augenblicks meist gar nicht erfassen. Erzherzog Franz Ferdinand stöhnte »Es ist gar nichts«, ehe er den Schüssen von Sarajewo erlag. Als Kaiserin Elisabeth am 10. September 1898, von der Feile ihres Mörders Luigi Lucchoni getroffen, am Kai des Genfer Sees schwer verletzt zu Boden sank, fragte sie: »Was ist denn mit mir geschehen?« Noch ehe ihre Begleiterin antworten konnte, fiel Elisabeth in eine Ohnmacht, aus der sie nicht mehr erwachte.

Legendär der Ausspruch Julius Caesars, der seinem Verschwörer und ehemaligen Freund noch ungläubig den Satz »Auch du, mein Sohn Brutus!« ins Gesicht schmetterte.

Bei Politikern gehört's ja fast zum guten Ton, der Nachwelt letzte Worte zu hinterlassen. Von einer Revolverkugel getroffen, bat der mexikanische Revolutionär Pancho Villa 1923 einen Journalisten, ihn *so* nicht von dieser Welt gehen zu lassen: »Schreiben Sie, daß ich etwas gesagt hätte!«

Zu einem christlichen Leitsatz wurden die letzten Worte des Jesus von Nazareth: »Mein Gott, mein Gott, warum hast du mich verlassen.«

Oft zitiert der Ausspruch des griechischen Mathematikers Archimedes: »Störe meine Kreise nicht.«

So traurig der Anlaß ist, mitunter kann man auch lächeln über die lapidaren Sorgen, die manch einer hatte, bevor er verschied. »Monsieur, entschuldigen Sie bitte!« soll Marie Antoinette zu ihrem Scharfrichter gesagt haben, dem sie

versehentlich auf den Fuß getreten war. Der Hotelmagnat Conrad Hilton rief einem Mitarbeiter als Generalanweisung für alle Zeiten schnell noch »Laßt den Duschvorhang im Inneren der Wanne hängen« zu. Und als man die englische Schriftstellerin Edith Sitwell fragte, wie es ihr ginge, antwortete sie: »Es geht zu Ende, aber sonst ganz gut!« Egon Friedell rief den Passanten vor seinem Wohnhaus in der Wiener Gentzgasse am 16. März 1938 schnell noch ein warnendes »Vorsicht, bitte!« zu, ehe er sich aus einem Fenster in die Tiefe stürzte. Zwei Dichter flehten um ein schnelles Ende. »Töten Sie mich, sonst sind Sie ein Mörder«, sagte Franz Kafka zu seinem Arzt Robert Klopstock, der ihm Morphium versprochen hatte. Und Edgar Allan Poe meinte: »Mein bester Freund wäre, der eine Pistole nähme und eine Kugel in dieses verfluchte, elende Gehirn jagte.«
Letzte Worte bedeutender Dichter werden oft zu geflügelten. Was mag Johann Wolfgang von Goethe gemeint haben, als er sterbend *Mehr Licht!* forderte? Der Bericht seines Dieners Friedrich Krause, er hätte ihm zugerufen »Mach den Fensterladen auf, damit *mehr Licht* hereinkomme« erscheint den Goethe-Forschern zu banal. Eher vermuten sie, der Dichterfürst wollte ausdrücken, daß er sich einem Ziel näherte, das heller sei als alles auf Erden. Nicht ganz seriös Version Nummer drei: Goethe hätte im Frankfurter Dialekt den Komfort seines Sterbelagers bemängelt: »*Mer liecht* so unbequem!«
Über die Lippen des sterbenden Mozart drangen keine Worte, er zeigte vielmehr, wie die Pauken in seinem Requiem – das er auf dem Totenbett komponiert hatte – einzusetzen wären. Ludwig van Beethoven werden die Worte »Im Himmel werde ich hören!« in den Mund gelegt. Gustav Mahlers Sorge, als er seinen letzten Atemzug tat:

»Wer wird sich jetzt um Schönberg kümmern?«
Die Ansicht, daß große Männer an ihrem Sterbelager prinzipiell »eine Bilanz ihrer Existenz ziehen«, wird durch die schlichten Wort Richard Wagners, der zuletzt nach seiner Uhr, und Thomas Manns, der nach der Brille fragte, entkräftet.
Sehr oft ist es natürlich problematisch, die wahren letzten Worte herauszufinden. Picasso soll gemeint haben: »Die Malerei muß erst erfunden werden.« Andererseits hätte er von seinen Angehörigen, um Luft kämpfend, gefordert: »Trinkt auf meine Gesundheit, ich kann nicht mehr trinken.«
Um derlei Unklarheiten zu vermeiden, verfaßte der große Spötter Mark Twain *Tips für letzte Worte:* »Ein Mann, der etwas auf sich hält, sollte sie beizeiten auf einen Zettel schreiben und dazu die Meinung seiner Freunde einholen. Er sollte sich damit keinesfalls erst in der letzten Stunde seines Lebens befassen und darauf vertrauen, daß eine geistvolle Eingebung ihn just dann in die Lage versetzt, etwas Brillantes von sich zu geben. Nein, in einem solchen Augenblick ist man vermutlich sowohl körperlich wie geistig zu ausgelaugt und müde, um zuverlässig zu funktionieren; vielleicht fällt einem das eine rettende Wort, das man unbedingt sagen wollte, partout nicht ein ... Ich würde mir wirklich wünschen, unsere großen Männer würden aufhören, in der letzten Stunde ihres Sterbens diese Banalitäten zu sagen. Sammeln wir lieber vorsorglich ihre vorletzten Worte.«

Quellenverzeichnis

Hans Bankl, *Woran sie wirklich starben, Krankheiten und Tod historischer Persönlichkeiten*, Wien-München-Bern 1989.

Hans Bankl, *Viele Wege führen in die Ewigkeit. Schicksal und Ende außergewöhnlicher Menschen*, Wien-München-Bern 1992.

Laurence Bergreen, *Al Capone, ein amerikanischer Mythos*, München 1996.

Egon Caesar Conte Corti, *Elisabeth, die seltsame Frau*, Salzburg 1934.

Felix Czeike, *Historisches Lexikon Wien*, Wien 1992–1997.

Hans Dichand, *Auch das ist Paris, Liebeserklärung an eine Stadt*, Essen-München-Bartenstein-Venlo-Santa Fé 1995.

Max Edelbacher/Harald Seyrl, *Wiener Kriminalchronik*, Wien 1993.

Erich Feigl, *Universum Austriae* (unveröffentlichtes Manuskript), Wien 1995.

Walter Fritz, *Kino in Österreich 1896–1930*, Wien 1981.

Fürstin Nora Fugger, *Im Glanz der Kaiserzeit*, Wien-München 1980.

Grössing/Funk/Sauer/Binder, *Rot-weiß-rot auf blauen Wellen*, 150 Jahre DDSG, Wien 1979.

Karl S. Guthke, *Letzte Worte*, München 1990.

Ingrid Haslinger, *Kunde: Kaiser, die Geschichte der ehemaligen k. u. k. Hoflieferanten*, Wien 1996.
Waltraud Heindl, Marina Tichy, Marcella Stern, *Durch Erkenntnis zu Freiheit und Glück – Frauen an der Universität Wien*, Wien 1990.
Horst Joseph Kleinmann, *Erzherzog Ludwig Salvator, Mallorcas ungekrönter König*, Graz-Wien-Köln 1991.
Thilo Koch, *Die Goldenen Zwanziger Jahre*, Frankfurt am Main 1970.
Georg Markus, *Das große Karl Farkas Buch*, Wien-München 1993.
Georg Markus, *Sigmund Freud und das Geheimnis der Seele*, München 1989.
Georg Markus, *Der Kaiser. Franz Joseph I. in Bildern und Dokumenten*, Wien-München 1985.
Georg Markus, *Katharina Schratt, die heimliche Frau des Kaisers*, Wien-München 1982.
Georg Markus, *Es hat uns sehr gefreut, Die besten Anekdoten aus Österreich*, Wien-München 1996.
Jean Mathé, *Leonardo da Vinci, Erfindungen*, Genf-Paris 1989.
Josef Meinrad, *Da streiten sich die Leut herum...*, aufgezeichnet von Gerd Holler, Wien-München-Berlin 1995.
Holzer-Schnitt, *Die Wiener Sängerknaben*, Wien 1953.
Christine Kainz, *Die österreichische Post, Vom Botenposten zum Postboten*, Wien 1995.
Johann Nestroy, *Die Welt steht auf kein' Fall mehr lang, Couplets und Monologe*, herausgegeben von Hermann Hakel, Wien 1962.
Marcel Prawy, *Die Wiener Oper, Geschichte und Geschichten*, Wien-München-Zürich 1969.
Klaus Rainer Röhl, *Die verteufelte Lust, Die Geschichte der Prüderie und die Unterdrückung der Frau*, Hamburg 1983.

Friedrich Saathen (Hrsg.), *Anna Nakowski und Kaiser Franz Joseph*, Wien-Köln-Graz 1986.
Christl Schönfeldt, *Der Wiener Opernball*, Wien 1975.
Gerti Senger-Walter Hoffmann, *Österreich intim, Der Senger-Report über Seele, Sex und Sinnlichkeit*, Wien-München 1993.
Harald Seyrl (Hrsg.) *Die Erinnerungen des österreichischen Scharfrichters*, Wien-Scharnstein 1996.
Bartl F. Sinhuber, *Der Wiener Heurige*, Wien-München 1996.
Chris Stadtlaender, Sisi, *Die geheimen Schönheitsrezepte der Kaiserin und des Hofes*, München 1996.
Helga Thoma, *Madame, meine teure Geliebte..., Die Mätressen der französischen Könige*, Wien 1996.
A. Voldben, *Nostradamus und die großen Weissagungen über die Zukunft der Menschheit*, München-Wien 1992.
Adolf Wala (Hrsg.), *Der Schilling, ein Spiegel der Zeiten*, Wien 1994.
Friedrich Weissensteiner, *Reformer, Republikaner und Rebellen, Das andere Haus Habsburg*, Wien 1987.
Friedrich Weissensteiner, Erika Weinzierl (Hrsg.), *Die österreichischen Bundeskanzler*, Wien 1983.
Alois Worliczek, *Wir sind keine Lipizzaner geworden, Eine Chronik der Wiener Sängerknaben der Zwischenkriegszeit*, Wien 1989.
Marlene Zykan, *Der Stephansdom*, Wien-Hamburg 1981.

Namenregister

Abraham, Paul 216
Achill 62
Acton, William Sir 35
Adler, Viktor 188
Albach-Retty, Rosa 117
Albers, Hans 119, 212
Alexander, Peter 119, 190
Alexander I., Zar von Rußland 180
Altenberg, Peter 230f.
Althann, Michael Graf 54
Anday, Rosette 124f.
Anders, Kurt 175
Ange, Frère 49
Angeli, Wachshändler 74
Antel, Franz 119
Archimedes 276
Arnstein, Graf 156
Aslan, Raoul 215

Bagration, Katharina Fürstin 180
Baker, Joséphine 213
Balbino, Catarina di 54
Balzac, Honoré de 37
Bankl, Hans 22, 25, 200
Barschel, Uwe 25, 202
Battisti, Cesare 81
Baudelaire, Charles 37
Bauer, Otto 192

Bauernfeld, Eduard von 145
Beaufort, Armand de 89
Bécu, Jeanne, s. Dubarry, Madame
Beethoven, Ludwig van 145, 180, 190, 271, 277
Bell, Alexander Graham 253ff., 257
Bell, Mabel 257
Benatzky, Ralph 215
Berg, Alban 54
Biela, Wilhelm 244
Billroth, Theodor 27ff.
Birgel, Willy 119
Birkmayer, Jörg 199
Birkmayer, Walter 199
Bismarck, Otto von 200
Böhm, Johann 196
Böhm, Maxi 128
Bohr, Peter von 168f.
Bösendorfer, Ludwig 74
Brahms, Johannes 28
Brandauer, Klaus Maria 106
Braun, Wernher von 132
Brecht, Bert 213
Breisky, Walter 192
Bruckner, Anton 145

Bruegel, Pieter 182
Brutus 276
Budik, Franz 89

Caesar, Julius 276
Capone, Al 91ff.
Capone, Frank 94
Capote, Truman 37
Carreras, José 112f.
Caruso, Enrico 108ff.
Castelli, Ignaz Franz 238ff.
Cervantes, Miguel de 98ff.
Chalaupka, Gustav 89
Chaplin, Charlie 211
Châteauroux, Herzogin von 45
Chevalier, Maurice 213
Chorinsky, Mathilde Gräfin 85
Christomanos, Konstantin 59, 62f.
Churchill, Winston 193, 200
Clemens IX., Papst 179
Cocteau, Jean 38
Colosimo, »Big Jim« 92
Columbus, Christoph 226f.
Conrads, Heinz 128, 190
Corelli, Franco 112

Corti, Egon Caesar Conte 151f., 155
Corwell, Luftschiffer 240
Cowper, Anne Lady 55
Cziffra, Géza von 116
Czokor, Franz Theodor 161, 164, 166

Dante Alighieri 100
Demel, Zuckerbäcker 72f.
Dempsey, Jack 211
Dietl, Hubert 256
Dietrich, Marlene 118, 213
Dimde, Manfred 248ff.
Dix, Otto 213
Doderer, Heimito von 230
Dokovic, Jakob 89
Dollfuß, Engelbert 188, 192
Domingo, Placido 112f.
Donner, Georg Raphael 183
Dos Passos, John 121
Douglas, Michael 70f.
Dubarry, Guillaume Graf 50
Dubarry, Jean Graf 49f.
Dubarry, Madame 44, 49ff.
Dujmic, Hansi 38
Dürer, Albrecht 182ff.

Ebergenyi, Julie von 85
Eden, Anthony Sir 201
Edison, Thomas 115
Einstein, Albert 132, 213, 249

Eleonore, Erzherzogin 179
Eleonore, Kaiserin 178f.
Elisabeth, Kaiserin 25, 53, 57ff., 68f., 72, 151ff., 230, 276
Elisabeth, Zarin von Rußland 180
Elizabeth II., Königin von Großbritannien 39
Elßler, Fanny 158
Erdödy, Josepha von Comtesse 55
Esterhazy, Fürst 174
Eugen, Prinz von Savoyen 207
Eusebius, Ritter 262
Eysler, Edmund 164

Fanta, Robert 163
Farkas, Karl 127, 212, 215, 230, 232, 234
Feifalik, Fanny 151
Fellinger, Karl 201
Ferdinand I., Kaiser 239f., 275
Ferdinand III., Kaiser 178
Ferenczy, Ida von 151, 154f.
Ferstl, Heinrich von 230
»Fiaker-Milli«, Volkssängerin 156
Figl, Leopold 162, 188, 195ff.
Finger, Edi 128
Fischer von Erlach, Joseph Emanuel 177, 207
Fischer-Karwin, Heinz 128
Fitzgerald, Scott F. 122
Fleischl, Ernst von 39

Fontana, Oskar Maurus 164
Forst, Willi 119
Foullon-Norbeeck, Heinrich Freiherr von 88f.
Franco, Francisco 199
Frank, C. M. 72
Franz Ferdinand, Erzherzog 232, 273, 276
Franz I., Kaiser 166, 229, 270, 275
Franz II., Kaiser 174
Franz Joseph I., Kaiser 16f., 24, 30, 40, 53f., 62ff., 68f., 72, 81, 116, 150, 155f., 158, 167, 177f., 190, 222ff., 230, 233ff., 255, 273, 275
Franz Karl, Erzherzog 233
Franz Stephan, Kaiser 54
Freud, Martha 39
Freud, Sigmund 36, 39, 132, 230
Friedell, Egon 213, 277
Friedrich II., König von Preußen 48
Friedrich III., Kaiser 136, 184
Friedrich Wilhelm I., König von Preußen 275
Fritsch, Willy 119
Fritz, August 73
Fuchs, Leonard 228
Fugger, Graf 56
Fugger, Vera Gräfin 56

Gaisberg, Fred 112
Ganz, Bruno 106
Garbo, Greta 118

283

Garland, Judy 38
Gauguin, Paul 20
Gautsch, Paul von Frankenthurn 16
Geis, Gilbert 121
Georg I., König von Griechenland 61
Gessner, Adrienne 104f.
Gigli, Benjamino 112
Giordano, Umberto 108
Girardi, Alexander 40, 111, 118, 234
Goebbels, Joseph 23, 119
Goethe, Johann Wolfgang von 100, 239f., 277
Gogh, Vincent van 19ff., 23, 26, 183
Gorbach, Alfons 196
Gray, Elisha 254
Greenson, Dr. 23
Grillparzer, Franz 145, 190
Grodziski, Stanislaw 223
Grosz, George 213
Gruber, Karl 194
Grünbaum, Fritz 215
Guggenberger, Siegmund 164
Gurlitt, Wolfgang 184

Haberda, Professor 80
Habsburg, Otto von 73, 224, 230
Hackl, Karlheinz 106
Haider, Jörg 198
Hainisch, Michael 18
Halley, Edmond 242ff.
Hartmann, Franz von 144
Harvey, Lilian 214
Haschka, Lorenz Leopold 166
Haydn, Joseph 163, 166, 190
Heine, Heinrich 62, 153
Heinrich II., König von Frankreich 249
Heller, Therese 27
Heltau, Michael 106
Hemingway, Ernest 19, 21f., 24, 26, 120ff.
Hemingway, Hadley 120f., 123
Hemingway, John 120
Hemingway, Margaux 21
Hemingway, Mary 22
Hendrix, Jimi 38
Henz, Rudolf 126, 161, 163f.
Herzl, Theodor 232
Hildebrandt, Johann Lukas von 208
Hilton, Conrad 277
Hitler, Adolf 23, 87, 167, 190, 200, 214, 218, 274
Hochstetter, Ferdinand von 228
Hofer, Andreas 189
Hofmannsthal, Hugo von 101, 213
Hollein, Hans 139
Holler, Gerd 102
Holubar, Karl 90
Holubar, Karl jun. 90
Homar, Catalina 68
Homer 62
Hörbiger, Attila 106, 229
Hörbiger, Hanns 229
Hörbiger, Paul 119, 229
Horváth, Ödön von 146
Howard, Joe 91
Hummel, Juliane 79
Hurdes, Felix 163

Ibsen, Henrik 275
Iffland, August Wilhelm 105
Imhoff, Fritz 215
Innitzer, Theodor Kardinal 104
Isopp, Rosemarie 128

Jauner, Franz Ritter von 159f.
Jeritza, Maria 113
Jesus von Nazareth 276
Johanna I. von Kastilien 227
Johannes Paul II., Papst 224f.
Joplin, Janis 38
Josef I., Kaiser 54
Josef II., Kaiser 54f., 74, 146, 173, 178, 190, 261
Joséphine de Beauharnais 276
Jürgens, Curd 119

Kafka, Franz 277
Kaiser, Ludwig 125
Kálmán, Emmerich 216, 234
Kalmar, Rudolf 175
Kamel, Georg Josef 228
Karl, Erzherzog 232
Karl I., Kaiser 74, 178, 230, 232
Karl V., Kaiser 227
Karl VI., Kaiser 54, 263
Karl IX., König von Frankreich 249
Karl Ludwig, Erzherzog 230

Kasparek, Leopoldine 86
Kästner, Erich 213
Kaunitz, Alois Wenzel Fürst 48
Kennedy, John F. 22, 201, 248, 272
Kennedy, Robert 22
Kepler, Johannes 243
Keßler, Arnold 122
Keßler, Gaby 122
Ketterl, Eugen 275
Khomeini, Ajatollah 250
Kienzl, Wilhelm 166
Kiepura, Jan 112f.
Kisch, Egon Erwin 213
Kittenberger, Theresia 85
Kladanovsky, Max 115
Klammer, Franz 189
Klaus, Josef 197
Kleist, Heinrich von 24
Kleopatra, Königin von Ägypten 25
Klima, Viktor 198
Klimt, Gustav 183f.
Klopstock, Robert 277
Knef, Hildegard 119
Knigge, Adolph Freiherr von 258ff.
Knigge, Henriette von 259
Knigge, Philippine von 259
Kniže, Schneider 74
Koch, Friedrich 256
Koch, Robert 28
Kokoschka, Oskar 183f., 213
Kolowrat, Alexander Graf 118
König, Franz Kardinal 264

Körner, Theodor 196
Krankl, Hans 189
Kraus, Alfredo 112
Kraus, Karl 216, 245, 265
Krause, Friedrich 277
Krauß, Werner 104, 107, 117
Kreisky, Bruno 192, 197, 200f.
Krips, Josef 164
Kuh, Anton 213
Kupelwieser, Leopold 145

Lafite, Peter 165
Lang, Fritz 118
Lang, Hans 137
Lang, Josef 78ff.
Lanner, Josef 180
Larisch, Marie Gräfin 58
Lauda, Niki 189
Lehár, Franz 216, 230, 234
Leicher, Hans 40
Lenau, Nikolaus 234
Lenin, Wladimir Iljitsch 200
Lennon, John 39
Le Normant d'Etioles, Alexandrine 46
Le Normant d'Etioles, Charles-Guillaume 45
Leonardo da Vinci 129ff., 183
Leopold I., Kaiser 178f.
Leopold II., Großherzog von Toskana 64, 69
Leopold II., Kaiser 55
Leopoldi, Hermann 215, 217
Leopoldine, Erzherzogin 229
Lernet-Holenia,

Alexander 161f., 164, 166
Liedtke, Harry 118
Lindbergh, Charles 127, 211
Lobkowitz, Franz 264
Lohner, Helmuth 106
Löhner-Beda, Fritz 216f.
Loubé, Lucie 240
Löwenstein, Susanne 84
Lubitsch, Ernst 118, 213
Lucchheni, Luigi 276
Ludwig II., König von Bayern 24f.
Ludwig XIV., König von Frankreich 148
Ludwig XV., König von Frankreich 44ff.
Ludwig XVI., König von Frankreich 50
Lueger, Karl 188
Lugner, Richard 141
Lumière, Brüder 115
Lütgendorf, Karl 25
Luther, Martin 31

Mahler, Gustav 230, 277
Maitzen, Hans Michael 246
Makart, Hans 183
Maklowicz, Robert 222, 224
Mann, Heinrich 213
Mann, Klaus 24
Mann, Thomas 213, 278
Mao Tse-tung 199
Maradona, Diego 41
Maras, Peter 89
Marek, Emil 83
Marek, Ingeborg 84

285

Marek, Martha 83ff.
Margarethe, Erzherzogin 228
Maria, Leszczyńska, Königin von Frankreich 45
Maria Anna, Erzherzogin 179
Maria Josepha, Kaiserin 55
Maria Luise, Kaiserin 55
Maria Theresia, Erzherzogin 48, 50, 54, 172, 178ff., 182, 189f., 223, 228
Marie Antoinette, Königin von Frankreich 50ff., 276
Marie Valerie, Erzherzogin 62f.
Marischka, Hubert 212, 216
Matejka, Viktor 164
Maulbertsch, Franz 183
Maximilian I., Kaiser 142, 172, 227
Mayer, Friederike 241
Mazan, Leszek 223
McCartney, Paul 38
Medici, Katharina von 250
Meinrad, Germaine 101, 103, 105f.
Meinrad, Josef 101ff.
Meisel, Heribert 128
Melichar, Alois 163
Metternich, Clemens Fürst 55, 180
Meyer, Robert 106
Miller, Arthur 22
Minnelli, Liza 38
Mistinguette 213
Mitterrand, François 202

Mock, Alois 200
Molden, Fritz 165
Molden, Otto 165
Monaco, Mario del 112
Monroe, Marilyn 22ff.
Moran, »Bugs« 94
Moser, Blanca 144
Moser, Hans 119, 137, 144, 190, 215ff.
Moser-Pröll, Annemarie 189
Mozart, Leopold 48
Mozart, »Nannerl« 48
Mozart, Wolfgang Amadeus 48, 161, 163f., 180, 188ff., 259, 273, 277
Muliar, Fritz 106
Müller, Adolph 245
Murnau, F. W. 118
Murphy, Gerald 121f.
Murray, Eunice 22
Musil, Robert 230

Nahowski, Anna 53
Nahowski, Franz Josef 54
Nahowski, Helene 54
Napoleon I., Kaiser von Frankreich 180, 239, 276
Nasser, Gamal Abd el 201
Nels, Josef 122
Nesle, Marquis de 45
Ness, Eliot 94
Nestroy, Johann Nepomuk 190, 230, 234, 238, 242, 244f., 271
Newton, Isaac 132
Nielsen, Asta 117f., 212
Niemann, Albert 39
Niesner, Walter 128

Nostradamus 248ff.
Nüll, Eduard van der 159
Nurmi, Paavo 211

O'Neill, Eugene 37
Öchsel, Jörg 140
Olah, Franz 195
Orth, Johann 64ff., 69

Pabst, G. W. 118
Pacher, Fritz 152ff.
Pacher, Michael 183
Pahlewi, Mohammed Reza, Schah von Persien 201
Pálffy, Marianne Gräfin 54
Pargfrieder, Josef 54
Parker, Charlie 38
Parler, Wenzel 141
Pavarotti, Luciano 108, 112f.
Payer, Julius 228
Pekny, Romuald 106
Pernhaupt, Günter 38
Perotta, Tony 92
Petters, Heinz 106
Pezzl, Johann 271
Pfeiffer, Pauline 120ff.
Philipp II., König von Spanien 88, 227
Picasso, Pablo 38, 278
Piccaver, Alfred 113
Piccolomini, Silvio de, s. Pius II., Papst
Piero, Ser 129
Pignatelli, Mariana 54
Pilgram, Anton 138ff.
Pius II., Papst 136
Poe, Edgar Allan 37, 277
Poisson, Jeanne-Antoinette, s. Pompadour, Madame
Polgar, Alfred 211

Pompadour, Madame 44ff., 49, 51f.
Pompidou, Georges 201
Porten, Henny 117
Possanner, Gabriele von Ehrenthal 14ff.
Prachatitz, Hans von 141
Prawy, Marcel 110, 113, 125
Preminger, Otto 104
Preradovic, Paula von 161, 163ff.
Prichovsky, Gräfin 55
Probus, römischer Kaiser 146f.
Puccini, Giacomo 108
Puchsbaum, Hans 138, 141

Quadflieg, Will 106
Quiros, Pedro 228

Raab, Julius 195ff.
Radetzky, Johann Joseph Wenzel Graf 54, 188
Raffael 182f.
Raimondi, Livia 55
Raimondi, Luigi 55
Raimund, Ferdinand 19f., 26, 145, 190, 230, 238
Reagan, Ronald 201
Redl, Alfred 25
Reinhardt, Max 213
Reis, Philipp 254
Reischek, Andreas 228
Rembrandt 182f.
Renner, Anton 195
Renner, Karl 166, 188, 192, 194ff.
Richelieu, Herzog von 49f.
Rindt, Jochen 189

Ringelnatz, Joachim 213
Rökk, Marika 119
Roosevelt, Franklin D. 200
Rossini, Gioacchino 113
Rothschild, Nathaniel Baron 230
Rubens, Peter Paul 182f.
Ruczizka, Musiklehrer 173
Rudas, Stephan 21, 23, 25
Rudel, Ernst 272
Rudolf I., Kaiser 178
Rudolf der Stifter, Herzog 136
Rudolf, Kronprinz 24f., 30, 62, 72, 230

Sacher, Anna 15
Sacher, Hotelier 74
Sagan, Herzogin von 180
Sailer, Toni 189
Salieri, Antonio 173f.
Salmhofer, Franz 163
Salvator, Johann Erzherzog, s. Orth, Johann
Salvator, Ludwig Erzherzog 68ff.
Schalk, Franz 174
Schalk, Oskar 81f.
Schärf, Adolf 196
Scheer, Rudolf 72
Schenk, Otto 106
Schiele, Egon 183f.
Schmeidel, Hermann 163
Schmeling, Max 211
Schmidl, Gabriele 151
Schmieger, Willy 127
Schneider, Romy 117, 119

Schnitt, Josef 172
Schnitzler, Arthur 34f., 213, 216, 230ff.
Schnitzler, Heinrich 35
Schober, Johannes 192
Schönberg, Arnold 278
Schönborn, Christoph Erzbischof 262f.
Schönborn, Eleonore 263
Schönborn, Franz Graf Erzbischof von Prag 262
Schönborn, Friedrich Karl Graf 263
Schönborn, Friedrich von 262
Schönborn, Hugo Damian Graf 263
Schönborn, Johann Philipp Erzbischof 264
Schönfeldt, Christl 159
Schranz, Karl 189
Schratt, Katharina 40, 53, 59, 156, 234
Schubert, Ferdinand 173
Schubert, Franz 144, 172f., 190, 241, 270
Schuschnigg, Artur 56
Schuschnigg, Herma 56
Schuschnigg, Kurt 55f., 127, 158
Schweitzer, Albert 213
Schwind, Moritz von 145
Sedlnitzky, Josef Graf 241

Seipel, Ignaz 192f., 266
Seipel, Wilfried 182
Selinger, Karl 78f.
Senger, Gerti 32
Shakespeare, William 100
Silving, Bert 125
Simmere, Theresia 85f.
Sindelar, Matthias 189
Sinowatz, Fred 197f.
Sitwell, Edith 277
Slezak, Leo 112, 125
Sophie, Erzherzogin 59, 233
Spangler, Chorleiter 174
Spielberg, Steven 246
Springer, Georg 106
Stalin, Josef W. 200
Stankovski, Ernst 216, 218
Stefano, Giuseppe di 112
Steinhauer, Erwin 106
Stephanie, Kronprinzessin 59
Sternberg, Josef von 213
Stifter, Adalbert 19, 23, 230, 234
Stolz, Robert 216, 219, 234, 257
Stoß, Franz 166
Strauss, Oscar 234
Strauß, Eduard 150, 180
Strauß, Franz Josef 180, 200
Strauß, Johann 148, 150, 158, 180, 190, 234
Strauss, Richard 40
Stubel, Ludmilla 64, 66f.
Suttner, Bertha von 15, 189

Széchenyi, Stephan Graf 170

Taaffe, Eduard Graf 191
Tauber, Richard 112, 216, 234
Tito, Josip Broz 199f.
Tizian 182
Torrio, John 91f.
Tournehem, Monsieur de 45
Trakl, Georg 24
Trenker, Luis 118
Trnka, Gerhard 205
Troger, Paul 183
Tschaikowsky, Peter Iljitsch 19, 26
Tucholsky, Kurt 213
Twain, Mark 278

Valerie, Erzherzogin 155
Velazquez 182
Verdi, Giuseppe 109
Verrocchio, Andrea 129
Vespucci, Amerigo 226f.
Vetsera, Mary 24
Villa, Pancho 276
Vives, Don Antonio 70
Voltaire 46
Voss, Gert 106
Vranitzky, Franz 198
Vulko-Bronko, Milica Fürstin 86

Wagner, Richard 113, 278
Wagner-Jauregg, Julius 40
Waissnix, Carl 231
Waissnix, Olga 231f.
Waldheim, Kurt 198

Waldmüller, Ferdinand Georg 183
Waldseemüller, Martin 226f.
Wanyek, Stefan 80
Warsberg, Alexander von 62
Watt, James 168
Weck, Peter 176
Weil, Robert 109
Weismuller, Johnny 211
Weiss, Friedl 215ff.
Werfel, Franz 213, 230
Werner, Oskar 106
Wessely, Paula 119
Weyprecht, Carl 228
Weyr, Siegfried 180
Wilde, Oscar 275
Wildgans, Anton 164, 216
Wildgans, Friedrich 164
Wilhelm II., deutscher Kaiser 63
Wilhelm, Erbprinz von Hessen 258f.
Winterhalter, Franz Xaver 58
Wirer, Franz 233f.
Wohlschläger, Scharfrichter 79
Worliczek, Alois 174f.

Yale, Frankie 92

Zehetner, Wolfgang 137
Zollikofer, Franziska 259
Zuckmayer, Carl 213
Zweig, Lotte 24
Zweig, Stefan 19, 24, 26
Zyblikiewicz, Mikolaj 224